중세 일본 설화모음집 3
- 일한대역 『우지슈이모노가타리宇治拾遺物語』③ -

『이 저서는 인하대학교의 지원에 의하여 연구되었음.』
『This work was supported by INHA UNIVERSITY Research Grant.』

중세 일본 설화모음집 3

- 번역본 『우지슈이모노가타리宇治拾遺物語』③ -

민병찬 옮김

도서출판 시간의물레

目次 Contents

일러두기 / 7

114. 결국은 드러날 일 ········· 8
115. 사람이 곧 찾아올 테니 ········· 14
116. 지금도 전해지는 피리 ········· 15
117. 얼어붙은 강도들 ········· 17
118. 소를 빌려 가서 ········· 18
119. 목숨 건 사랑 ········· 21
120. 임명권은 누구에게 ········· 32
121. 갑작스러운 죽음을 대하는 태도 ········· 34
122. 액막이 요령 ········· 37
123. 개심한 해적 ········· 41
124. 늘 푸른 나으리 ········· 49
125. 도둑이 권력을 쥐었으니 ········· 53
126. 도장 깨기 실패 ········· 55
127. 개구리 죽이기 술법 ········· 58
128. 지름길을 아는 사람 ········· 60
129. 잘 보고 오라 했더니 ········· 65
130. 어찌 이리 어두운가? ········· 68
131. 하찮아 보이는 가림막이 ········· 71
132. 나를 대신하여 ········· 74
133. 강물에 몸을 던지긴 했지만 ········· 81
134. 죽지 아니하는 벌 ········· 85
135. 사람을 알아보고 ········· 88

目次 Contents

136. 더 늦기 전에 …………………………………… 90
137. 다양한 수행법 …………………………………… 94
138. 척하면 알아들어야지 …………………………… 97
139. 주지승의 예지력 ………………………………… 100
140. 무엇이 중한가? …………………………………… 102
141. 부정한 몸으로 불경을 외어도 ………………… 105
142. 꺾인 팔뚝을 고쳐준 사례 ……………………… 108
143. 사람을 잘못 불렀나? …………………………… 111
144. 온몸을 다 바쳐서 ……………………………… 114
145. 먹은 대로 나오는 법이니 ……………………… 117
146. 또 보자 말 것을 ………………………………… 119
147. 꼬락서니가 어때서? …………………………… 120
148. 노래로 받은 선물로 …………………………… 121
149. 자식을 앞세우고 ……………………………… 124
150. 반딧불이를 보고서 …………………………… 125
151. 딴 세상 이야기 ………………………………… 126
152. 공자에게 던진 질문 …………………………… 128
153. 효심이 하늘에 닿아 …………………………… 129
154. 제 마음이 곧 부처요 ………………………… 130
155. 신라에서의 무용담 …………………………… 132
156. 범을 때려잡은들 ……………………………… 138
157. 입 한번 잘못 놀렸다가 ……………………… 140
158. 핑계를 대다가 그만 ………………………… 144

目次 Contents

159. 잡고 보니 …………………………………………………… 146
160. 거기엔 두 번 다시 ………………………………………… 148
161. 눈썰미가 좋아서 …………………………………………… 150
162. 정색하고 웃음거리가 되어 ……………………………… 155
163. 귀신에게 홀렸나? ………………………………………… 159
164. 착한 일을 했더니 ………………………………………… 162
165. 남의 꿈을 차지해서 ……………………………………… 164
166. 죽지 않은 게 다행이지 …………………………………… 168
167. 환생한 딸인 줄도 모르고서 ……………………………… 172
168. 어차피 잡아먹힐걸 ………………………………………… 176
169. 염불에만 외골수 …………………………………………… 181
170. 간신히 살아 돌아와서 …………………………………… 184
171. 궁금하기에 ………………………………………………… 190
172. 바리때 날리기 신공 ……………………………………… 192
173. 잘난 척하더니 ……………………………………………… 194
174. 제대로 망신살이 뻗치고 나서 …………………………… 198
175. 여인을 멀리하라 하셨기에 ……………………………… 202
176. 살짝 걷어찼는데 …………………………………………… 207
177. 뱀과의 사투 ………………………………………………… 211
178. 물고기가 실어다 준 아이 ………………………………… 215
179. 바다를 뛰어넘은 기도의 영험 …………………………… 218
180. 얼마나 값진 구슬인데 …………………………………… 220

일러두기

1. 본서는 13세기 초 성립한 것으로 추정되는 설화집인 『우지슈이모노가타리(宇治拾遺物語)』의 일본어 옛글을 한국어로 대역한 책이다.
2. 기본 텍스트로는 『日本古典文学全集28 宇治拾遺物語』(小学館, 1973년)을 쓴다. 이하 『全集』이라고 한다.
3. 『全集』은 고바야시 도모아키(小林智昭)가 교정한 『宇治拾遺物語』의 일본어 옛글과 주석, 그리고 그의 현대일본어역으로 구성된다. 이하 『全集』의 일본어 옛글을 〈원문〉이라고 한다.
4. 본서에서는 〈원문〉의 총 197개 이야기 가운데 114번째 이야기에서 180번째 이야기까지 대역한다.
5. 본서에서는 한국어 대역문을 상단에, 〈원문〉을 하단에 각주 형태로 교차 제시한다.
6. 일본어 옛글의 가나표기법이나 한자 등은 모두 〈원문〉에 따른다.
7. 〈원문〉에는 한자 읽기가 모두 적혀있지 않으나, 〈역사적가나표기법〉에 준하여 이를 모두 기입한다.
8. 〈원문〉을 한국어로 대역할 때는 일본어의 모든 문법 형식을 빠짐없이 반영하며, 다소 어색한 부분이 있더라도 축어역을 지향한다.
9. 〈원문〉을 제외한 주석에서는 단어의 뜻을 사전적 방식으로 기술하는데, 각종 문법 형식에 관한 언급은 지양한다.
10. 일본어 단어의 뜻풀이는 주로 『広辞苑』(제6판)과 『日本国語大辞典』(제2판)을 참조한다. 또한 한국어의 경우 국립국어원에서 제공하는 〈표준국어대사전〉의 검색 결과를 활용한다.
11. 지명 소개 등 필요한 경우 대역문 안에서 괄호를 치고 간략히 풀이한다.

114. 결국은 드러날 일[1]

    지금은 옛날, 미즈노오노 미카도(水の尾の御門=세이와[清和]덴노[天皇, 850-880])가 재위하고 있을 때, 오텐몬(応天門)[2]이 불타버리고 말았다.[3] 누군가가 불을 놓았던 것이었다.[4] 그것을 도모노 요시오(伴善男)라고 하는 다이나곤(大納言)이 "이는 마코토노 오토도(信の大臣=미나모토노 마코토[源信_810-868])가 벌인 짓입니다."라고[5] 조정에 아뢰었기에, 그 대신을 벌하시고자 하셨다.[6]

    그런데 당시 추진코(忠仁公=후지와라노 요시후사[藤原良房_804-872])는 세상의 정치를 그 동생인 니시산죠노 우다이진(西三条の右大臣=후지와라노 요시미[藤原良相_813-867])에게 넘기고, 시라카와(白川_교토 북부 지역)에서 칩거하시던 때였는데,[7] 이 사건을 듣고 놀라셔서, 평상복 차림으로 관리들이 번갈아 타는 말을 타시고,[8] 말에 올라탄 채로 궁궐 경호부대가 있는 북문으로 오셨다.[9]

---

1) 『日本古典文学全集』 [10巻1] 「伴大納言応天門を焼く事」(반 다이나곤이 오텐몬을 불태운 일)
2) 「応天門(おうてんもん)」은 헤이안쿄(平安京) 궁성 핫쇼인(八省院) 남쪽 정문이다. 스자쿠몬(朱雀門)과 마주하고 있다. 866년 발생한 정치적 음모 사건인 「応天門の変(へん)」으로 소실되었다가 871년에 재건된다.
3) 今は昔、水の尾の御門の御時に、応天門焼けぬ。
4) 人のつけたるになんありける。
5) それを伴善男といふ大納言、「これは信の大臣のしわざなり」と
6) おほやけに申しければ、その大臣を罪せんとせさせ給うけるに、
7) 忠仁公、世の政は御弟の西三条の右大臣に譲りて、白川に籠り居給へる時にて、
8) この事を聞き驚き給ひて、御烏帽子直垂ながら、移の馬に乗り給ひて、
9) 乗りながら北の陣までおはして、

그리고 어전으로 오르시어 "이번 일은 아뢴 자가 참언한 것일 수도 있겠습니다.10) 이를 무겁게 벌하시는 것은 너무나 흔치 않은 일입니다.11) 이러한 일은 거듭거듭 제대로 살피셔서,12) 참인지 거짓인지 뚜렷해지고 난 연후에 처분하셔야 옳을 것입니다."라고 아뢰셨다.13)

이를 참으로 마땅하다고 여기셔서, 잘 살피도록 하시니, 확실하지도 않은 일이기에14) "용서하신다는 이야기를 전하라."라는 칙명을 받잡고 나서야 비로소 대신은 집으로 돌아가셨다.15)

사다이진(左大臣)은 잘못을 범한 적도 없는데, 이러한 가당찮은 죄를 뒤집어쓴 일을 억울해 한숨지으며,16) 관복을 차려입고, 마당에 성긴 거적을 깔고 나아가서, 하느님에게 하소연하고 계셨는데,17) 용서하신다는 칙명을 받고 찾아오는 사신인 궁중 의전 담당 관리가 말을 타고 내달려오기에,18) 서둘러 벌하시려는 사신인 줄 지레짐작하고, 온 집안사람들이 울고불고 아우성쳤다.19) 그런데 용서하신다는 분부를 전하고 돌아가니, 다시 기쁨의 눈물바다로 넘쳐났다.20)

하지만 비록 용서받으시기는 했지만21) "조정에 출사하다 보면, 가당찮은 죄가 생겨나

---

10) 御前に参り給ひて、「この事、申す人の讒言にも侍らん。
11) 大事になさせ給ふ事、いと異様の事なり。
12) かかる事は、返す返すよく糺して、
13) まこと、空言顕して行はせ給ふべきなり」と奏し給ひければ、
14) まことに思し召して、糺させ給ふに、一定もなき事なれば、
15) 「許し給ふ由仰せよ」とある宣旨承りてぞ、大臣は帰り給ひける。
16) 左の大臣はすぐしたる事もなきに、かかる横ざまの罪に当るを、思し歎きて、
17) 日の装束して、庭に荒薦を敷きて出でて、天道に訴へ申し給ひけるに、
18) 許し給ふ御使に、頭中将馬に乗りながら、馳せまうでければ、
19) 急ぎ罪せらるる使ぞと心得て、ひと家泣きののしるに、
20) 許し給ふ由仰せかけて帰りぬれば、また悦び泣きおびたたしかりけり。
21) 許され給ひにけれど、

기도 하는 법이다."라고 하며,22) 딱히 원래 하던 것처럼 궁에 출사하시지도 않았다.23)

이 일은, 지난가을 무렵, 궁궐 경호대 하급 관리를 맡아보던 사람이, 궁궐 동쪽 시치죠(七条)에 살고 있었는데,24) 관청에 들었다가 밤이 깊어 집으로 돌아간다며 오텐몬(応天門) 앞을 지나갔는데,25) 어디선가 인기척이 느껴지며 누군가 소곤거린다.26) 행랑 곁에 숨어들어서 가만히 지켜보니, 기둥을 타고 내려오는 자가 있다.27) 수상쩍어 살펴보니 그것은 반(伴) 다이나곤(大納言)이다.28)

이어서 그의 아들도 내려온다.29) 또 다음으로 허드렛일을 하는 도요키요라는 자가 내려온다.30) 무슨 일을 벌이고 계시는 것인지, 전혀 짐작도 가지 않은 채 지켜보고 있는데,31) 그 세 사람이 다 내려오기가 무섭게 쏜살같이 달음박질쳤다.32) 그리고 남쪽에 자리한 스자쿠몬(朱雀門) 쪽으로 내달려 사라졌다.33)

이에 그 하급 관리도 자기 집 쪽으로 향하는데, 니죠(二条)34)의 호리카와(堀川)35) 부

---

22) 「おほやけにつかうまつりては、横ざまの罪出で来ぬべかりけり」といひて、
23) 殊にもとのやうに、宮仕もし給はざりけり。
24) この事は、過ぎにし秋の比、右兵衛の舎人なる者、東の七条に住みけるが、
25) 司に参りて、夜更けて家に帰るとて、応天門の前を通りけるに、
26) 人のけはひしてささめく。
27) 廊の脇に隠れ立ちて見れば、柱よりかかぐりおるる者あり。
28) 怪しくて見れば、伴大納言なり。
29) 次に子なる人おる。
30) また次に雑色とよ清といふ者おる。
31) 何わざしておるるにかあらんと、露心も得で見るに、
32) この三人おり果つるままに、走る事限なし。
33) 南の朱雀門ざまに走りて去ぬれば、
34) 「二条(にじょう)」는 지금의 교토(京都)시 중심부에 자리한 헤이안쿄(平安京)에서 동서로 뻗은 큰길 가운데 하나다.
35) 「堀川(ほりかわ)」는 교토(京都)시의 서부를 북에서 남으로 흐르는 강의 이름 혹은 거리의 이름이다. 또는 헤이안쿄(平安京)에 있던 좁은 골목길의 이름이다.

근에 다다랐을 때,36) "궁궐 쪽에 불이 났다."라며 큰길이 떠들썩하다.37) 뒤돌아보니 궁궐 쪽으로 보인다.38)

내달려 돌아갔더니 오텐몬(応天門)이 절반쯤 타버리고 만 상황이었다.39) 아까 거기 있었던 사람들이 이 불을 놓으려고 올라갔던 것이었으리라고 짐작이 가긴 했지만,40) 남이 벌인 너무나 엄청난 일이었기에 감히 입 밖에 내지 않는다.41)

그런데 이후에 "사다이진(左大臣)이 벌이신 일."이라며, "벌을 받으실 것이다."라고 사람들이 입방아 찧는다.42)

아이고, 일을 저지른 사람은 따로 있는데, 참담한 일이라고는 생각했지만,43) 섣불리 말을 꺼낼 일도 아니기에, 가엾다고 생각하며 지내고 있었는데44) "대신이 용서받았다."라는 이야기를 들으니, 역시 죄가 없으니 끝내 벗어나는 법이라고 생각했다.45)

그러다가 9월 무렵이 됐다.46) 어느 날 반(伴) 다이나곤의 출납을 맡아보는 집의 어린아이와 그 하급 관리의 아이가 싸움을 벌였다.47) 거기에서 출납 집 아이가 떠들어대기에, 하급 관리가 나가서 싸움을 말리려고 했다.48) 그런데 그 출납을 맡아보는 사

---

36) この舎人も家ざまに行く程に、二条堀川の程行くに、
37) 「大内の方に火あり」とて、大路ののしる。
38) 見返りて見れば、内裏の方と見ゆ。
39) 走り帰りたれば、応天門の半らばかり燃えたるなりけり。
40) このありつる人どもは、この火つくるとて、登りたりけるなりと心得てあれども、
41) 人のきはめたる大事なれば、敢へて口より外に出さず。
42) その後、「左の大臣のし給へる事」とて、「罪蒙り給ふべし」といひのしる。
43) あはれ、したる人のあるものを、いみじきことかなと思へど、
44) 言ひ出すべき事ならねば、いとほしと思ひありくに、
45) 「大臣許されぬ」と聞けば、罪なき事は、遂に逃るるものなりけりとなん思ひける。
46) かくて九月ばかりになりぬ。
47) かかる程に、伴大納言の出納の家の幼き子と、舎人が小童といさかひをして、
48) 出納ののしれば、出でて取りさへんとするに、

람도 마찬가지로 나와서 보고는, 가까이 다가가서 서로 떼어놓았다.49) 그리고 자기 아이는 집에 들여보내고서, 그 하급 관리 아이의 머리끄덩이를 부여잡아 내동댕이쳐 눕혀놓고 죽어라 짓밟는다.50)

하급 관리의 생각으로는, 내 아이나 남의 아이나 모두 애들 다툼인 게다.51) 그냥 내버려 두지 아니하고, 자기 아이만 이렇게 인정사정없이 짓밟는 것은,52) 너무나도 못된 일이라고 울화가 치밀어,53) "너는 어찌 인정사정없이 어린 아이를 이렇게 다루는가?"라고 했다.54)

그러자 출납 담당이 말하길 "너는 무슨 말을 지껄이는 것이냐?55) 하급 관리에 지나지 않는 너 같은 벼슬아치를 내가 때렸다손 치더라도 무슨 문제가 있겠는가?56) 우리 주군인 다이나곤께서 계시니 엄청난 잘못을 저질렀다 해도, 무슨 일이 생기겠느냐?57) 헛소리 지껄이는 빌어먹을 놈이로군."이라고 했다.58)

이에 하급 관리가 크게 격분하여 "너는 무슨 말을 하느냐?59) 자기 주군인 다이나곤을 고상하다고 생각하느냐?60) 네 주군은 내 입으로 인해 살아서 사람 노릇 하며 지내신다는 것을 알지 못하는가?61) 내가 입을 뻥끗하기라도 하면 네 주군이 사람 노릇을

---

49) この出納同じく出でて、見るに、寄りて引き放ちて、
50) 我が子をば家に入れて、この舎人が子の髪を取りて、打ち伏せて、死ぬばかり踏む。
51) 舎人思ふやう、我が子も人の子も、共に童部いさかひなり。
52) たださてはあらで、我が子をしも、かく情なく踏むは、
53) いと悪しき事なりと腹立たしうて、
54) 「まうとは、いかで情なく、幼き者をかくはするぞ」といへば、
55) 出納いふやう、「おれは何事いふぞ。
56) 舎人だつるおればかりのおほやけ人を、我が打ちたらんに、何事のあるべきぞ。
57) 我が君大納言殿のおはしませば、いみじき過をしたりとも、何事の出で来べきぞ。
58) 痴言いふ乞児かな」といふに、
59) 舎人大きに腹立ちて、「おれは何事いふぞ。
60) 我が主の大納言を高家に思ふか。

하며 살 수 있겠느냐?"라고 했다.62) 이에 출납 담당은 화가 치밀어오르는 걸 누르고 집으로 기어들어 가고 말았다.63)

이 싸움을 구경하겠다며, 동네 이웃 사람들이 문전성시를 이루어 그 이야기를 들었으니,64) 도대체 무슨 말을 하는 것인지 궁금하여, 혹은 처자식에게 이야기하고,65) 또 혹은 다음에서 다음으로 전해 퍼져나가 떠들썩해졌다.66)

이렇게 온 세상에 퍼지다 보니 조정에서도 들으시고, 하급 관리를 불러들여서 물으시니,67) 처음에는 손사래 쳤지만,68) 자신도 벌을 받게 될 거라고 하기에, 있는 그대로를 아뢰었다.69) 그 이후에 다이나곤도 심문받거나 하여 일이 명명백백 드러나고 나서 유배 보내졌다.70)

오텐몬(応天門)을 불사르고서, 마코토노 오토도(信の大臣=미나모토노 마코토[源信])에게 뒤집어씌워서 그 대신을 벌 받게 만들고,71) 으뜸 자리인 다이나곤에 오른 것인데, 대신이 되고자 꾸몄던 일이,72) 거꾸로 자신을 벌하도록 만들었으니, 그 얼마나 원통했으려나.73)

---

61) をのが主は、我が口によりて、人にてもおはするは知らぬか。
62) 我が口あけては、をのが主は人にてはありなんや」といひければ、
63) 出納は腹立ちさして、家に這ひ入りにけり。
64) このいさかひを見るとて、里隣の人、市をなして聞きければ、
65) いかにいふ事にかあらんと思ひて、あるは妻子に語り、
66) あるは次々語り散して、言ひ騒ぎければ、
67) 世に広ごりて、おほやけまで聞し召して、舎人を召して問はれければ、
68) 初はあらがひけれども、
69) 我も罪蒙りぬべくといひければ、ありの件の事を申してけり。
70) その後大納言も問はれなどして、事顕れての後なん流されける。
71) 応天門を焼きて、信の大臣に負ほせて、かの大臣を罪せさせて、
72) 一の大納言なれば、大臣にならんと構へける事の、
73) かへりて我が身罪せられけん、いかにくやしかりけん。

115. 사람이 곧 찾아올 테니[1]

이것도 지금은 옛날, 방응락(放鷹楽)이라고 하는 아악을, 묘젠(明暹) 스님이 오직 혼자서만 배워 잇고 있었다.[2]

시라카와(白河)[3] 상황(上皇)의 매사냥 구경 행차가 모레로 다가왔는데, 야마시나데라(山階寺_나라[奈良]시에 있는 법상종[法相宗]의 대본산) 삼면의 방사에 머무르고 있었다.[4] 그런데 "오늘 저녁에는 문을 잠그지 마시오. 찾아오는 사람이 있으려나."라고 하며 기다렸는데,[5] 생각했던 것과 같이 정말로 들어오는 사람이 있다.[6] 누구냐고 물으니 "나는 고레스에(是季)입니다."라고 한다.[7] "방응락을 배우러 왔는가?"라고 하니[8] "그렇습니다."라고 대답한다.[9] 곧바로 방사 안으로 들여서 그 아악을 전했다.[10]

---

1) 『日本古典文学全集』[10巻2]「放鷹楽明暹に是季が習ふ事」(방응락을 묘젠에게 고레스에가 배운 일)
2) これも今は昔、放鷹楽といふ楽を、明暹已講ただ一人、習ひ伝へたりけり。
3) 「白河天皇(しらかわてんのう)」는 제72대 덴노(天皇)다. 1086년 양위. 1097년에는 출가하여 법황(法皇). 1053-1129.
4) 白河院野行幸明後日といひけるに、山階寺の三面の僧坊にありけるが、
5) 「今宵は門なさしそ。尋ぬる人あらんものか」といひて待ちけるが、
6) 案のごとく、入り来たる人あり。
7) これを問ふに、「是季なり」といふ。
8) 「放鷹楽習ひにか」といひければ、
9) 「然なり」と答ふ。
10) 則ち坊中に入れて、件の楽を伝へけり。

116. 지금도 전해지는 피리[1]

　이것도 지금은 옛날, 호리카와 덴노(堀河天皇_제73대, 1079-1107)가 양위하고 상황(上皇)으로 계실 때, 나라(奈良)에 있는 승려들을 불러들이셔서[2] 대반야경의 독경 의식을 치르셨는데, 그 가운데 묘젠(明暹)이 있었다.[3]

　그때 주상이 피리를 연주하셨는데,[4] 각양각색으로 가락을 바꾸어가며 연주하셨다.[5] 그런데 묘젠이 가락에 맞춰 목소리를 틀리지 않게 독경해냈기에,[6] 주상이 신기하게 여기셔서 그 승려를 부르셨기에[7] 묘젠이 무릎 꿇고 마당에 대령했다.[8] 분부에 따라 올라가서 대자리에 대령했는데,[9] "피리는 부는가?"라고 물으시니,[10] "어설프게 흉내만 냅니다."라고 아뢰었다.[11]

---

1) 『日本古典文学全集』[10卷3]「堀河院明暹に笛吹かさせ給ふ事」(호리카와 상황이 묘젠에게 피리를 불도록 하신 일)
2) これも今は昔、堀河院の御時、奈良の僧どもを召して、
3) 大般若の御読経行はれけるに、明暹この中に参る。
4) その時に、主上御笛を遊ばしけるが、
5) やうやうに調子を変へて、吹かせ給ひけるに、
6) 明暹調子ごとに、声違へず上げければ、
7) 主上怪しみ給ひて、この僧を召しければ、
8) 明暹ひざまづきて庭に候。
9) 仰によりて、上りて簀子に候に、
10)「笛や吹く」と問はせおはしましければ、
11)「かたのごとく仕り候」と申しければ、

그러자 "역시 그렇구나."라며 연주하시던 피리를 내리시어 불도록 하셨더니,12) '만세락(万歳楽_즉위식 등 축하연에서 연주하는 아악)'을 말도 못 하게 멋들어지게 불었다.13) 이를 듣고 감동하셔서 곧바로 그 피리를 하사하셨다.14) 그 피리가 전해져서 지금 이와시미즈하치만구(石清水八幡宮_교토[京都] 야와타[八幡]시에 있는 큰 사찰)의 도감스님15)인 고세이(幸清)가 가지고 있다나 뭐라나.16)

---

12) 「さればこそ」とて、御笛賜びて吹かせられけるに、
13) 万歳楽をえもいはず吹きたりければ、
14) 御感ありて、やがてその笛を賜びてけり。
15) 원문의 「別当(べっとう)」는 승관(僧官)의 하나다. 서무(庶務) 등 절의 업무 전반을 관장하는 역할을 했다. 이를 스님 가운데 '절에서 돈이나 곡식 따위를 맡아보는 직책. 또는 그 사람'(표준국어대사전)의 뜻을 가진 〈도감(都監)스님〉으로 옮긴다.
16) 件の笛伝りて、今八幡別当幸清がもとにありとか。

117. 얼어붙은 강도들[1]

　이것도 지금은 옛날, 950년[2] 무렵, 죠조(浄蔵_헤이안[平安]시대 천태종의 승려, 891-964) 스님이 머물던 야사카(八坂) 절의 방사에 수많은 강도가 어지러이 들이닥쳤다.[3]

　그런데 불을 밝히고 큰 칼을 뽑아 들고 눈을 부라리며[4] 죄다 그 자리에 얼어붙어서 조금도 꼼짝하지 않는다.[5]

　그렇게 한참 시간이 흘렀다.[6] 날이 차츰 밝아지려 할 때 여기에서 죠조 스님이 본존에게 삼가 아뢰길[7] "어서 용서하여 보내셔야 마땅하겠습니다."라고 했다.[8]

　그러자 도둑들이 빈손으로 줄행랑쳐 돌아갔다나 뭐라나.[9]

---

1) 『日本古典文学全集』[10卷4]「浄蔵が八坂の坊に強盗入る事」(죠조 스님의 야사카 방사에 강도가 든 일)
2) 원문의 「天暦」는 947년부터 957년까지 사용된 무라카미 덴노(村上天皇) 시절의 연호다.
3) これも今は昔、天暦のころほひ、浄蔵が八坂の坊に、強盗その数入り乱れたり。
4) 然るに火をともし、太刀を抜き、目を見張りて、
5) おのおの立ちすくみて、更にする事なし。
6) かくて数刻を経。
7) 夜やうやう明けんとする時、ここに浄蔵、本尊に啓白して、
8) 「早く許し遣はすべし」と申しけり。
9) その時に盗人ども、いたづらにて逃げ帰りけるとか。

118. 소를 빌려 가서[1]

　지금은 옛날, 하리마(播磨_현재 효고[兵庫]현 남서부의 옛 지역명)의 영주인 긴유키(公行)의 아들로 사다이후(佐大夫)라고 하여,[2] 고죠(五条_교토[京都] 소재 지역명) 부근에 있던 사람은, 요즘 살아있는 아키무네(顕宗)라고 하는 사람의 아버지다.[3]

　그 사다이후는 아와(阿波_현재 도쿠시마[徳島]현의 옛 지역명)의 태수인 사토나리를 수행하여 아와 지방으로 내려갔는데, 그만 가는 길에 죽고 말았다.[4] 그 사다이후는 가와치(河内_현재 오사카[大阪]부 동부의 옛 지명) 지방의 전임 태수였던 사람의 친척이었다.[5]

　그 가와치 태수에게 털이 누런 점박이 소가 있었다.[6] 그 소를 어떤 사람이 빌려서 수레를 걸어 요도(淀_교토[京都]시 후시미[伏見]구[区]의 지명)로 향했는데,[7] 히즈메(樋爪) 지역에 놓인 다리에서 소몰이가 잘못해서 한쪽 바퀴를 다리 밖으로 떨어뜨렸다.[8] 그러자 그에 딸려가서 수레가 다리에서 아래로 떨어지고 말았다.[9]

　그런데 수레가 떨어지는 줄 알아차리고 소가 발을 벌려 버티고 섰기에,[10] 가슴걸이가

---

1) 『日本古典文学全集』 [10巻5] 「播磨守佐大夫が事」(하리마 태수 사다이후의 일)
2) 今は昔、播磨守公行が子に、佐大夫とて、
3) 五条わたりにありし者は、この比ある顕宗といふ者の父なり。
4) その佐大夫は阿波守さとなりが供に、阿波へ下りけるに、道にて死にけり。
5) その佐大夫は、河内前司といひし人の類にてぞありける。
6) その河内前司がもとに、飴斑なる牛ありけり。
7) その牛を人の借りて、車掛けて、淀へやりけるに、
8) 樋爪の橋にて、牛飼悪しくやりて、片輪を橋より落したりけるに、
9) 引かれて車の橋より下に落ちけるを、
10) 車の落つると心得て、牛の踏み広ごりて立てりければ、

끊어져서 수레는 바닥에 떨어져 박살 나고 말았지만,11) 소는 홀로 다리 위에 그대로 남아 있었다.12) 사람도 타지 않는 수레였기에 다친 사람도 없었다.13)

"이게 여느 소였다면 딸려가 떨어져서 소도 다쳤을 것이다.14) 대단한 소의 힘이로군."이라며 그 주변 사람들이 입 모아 치켜세웠다.15)

그렇게 이 소를 소중히 키우고 있었는데,16) 이 소가 어찌 사라졌는지 소리소문없이 감쪽같이 사라지고 말았다.17) "이는 어찌 된 영문인고?"라며 법석을 떨며 찾았지만 없다.18) "떠나가 버린 것일까?"라며 가까이에서 멀리까지 물어 찾게 하였지만 없었기에,19) "대단했던 소를 잃었구나."라며 탄식하고 있었다.20)

그때 가와치의 전임 태수가 꿈에 보길, 그 사다이후가 찾아왔기에,21) 이는 바다에 빠져서 죽었다 들은 사람인데,22) 어찌 찾아온 것인지 이리저리 생각하며 나아가 맞이했더니,23) 사다이후가 말하길 "나는 예서 북동쪽 구석빼기에 있소이다.24) 거기에서 날마다 한 차례 히즈메 다리 아래로 가서 고통을 받고 있소이다.25)

---

11) 鞅切れて、車は落ちて砕けにけり。
12) 牛は一つ、橋の上にとどまりてぞありける。
13) 人も乗らぬ車なりければ、そこなはるる人もなかりけり。
14) 「ゑせ牛ならましかば、引かれて落ちて、牛もそこなはれまし。
15) いみじき牛の力かな」とて、その辺の人いひほめける。
16) かくて、この牛をいたはり飼ふ程に、
17) この牛、いかにして失せたるといふ事なくて、うせにけり。
18) 「こはいかなる事ぞ」と、求め騒げどなし。
19) 「離れて出でたるか」と、近くより遠くまで、尋ね求めさすれどもなければ、
20) 「いみじかりつる牛を失ひつる」と歎く程に、
21) 河内前司が夢に見るやう、この佐大夫が来たりければ、
22) これは海に落ち入りて死にけると聞く人は、
23) いかに来たるにかと、思ひ思ひ出であひたりければ、
24) 佐大夫がいふやう、「我はこの丑寅の隅にあり。

그런데 내 죄가 깊어서 몸이 몹시 무겁기에,26) 탈것이 견디지 못하여 걸어서 가는 게 힘들었는데,27) 이 누런 점박이 수레 끄는 소가 힘이 세서 타고 있는데,28) 백방으로 찾으시니 이제 닷새 지나서29) 엿새가 되는 날 오전 열 시 무렵에는 돌려드리겠소.30) 그리 심하게 찾지 마십시오."라는 꿈을 꾸고 깨어났다.31)

"이런 꿈을 꾸었구나."라며 시간이 흘렀다.32)

그 꿈을 꾼 지 엿새 되는 날 오전 열 시 무렵에,33) 별안간 그 소가 걸어들어왔는데,34) 엄청나게 대단한 일을 한 듯한 모습으로, 괴로운 양 혀를 늘어뜨리고 땀범벅이 돼서 들어왔다.35)

"그 히즈메 다리에서 수레가 떨어졌는데 소는 버티고 서있던 때를 목격하고,36) 힘이 드센 소로구나 생각하여,37) 빌려서 타고 있던 것일 테지 생각했지만 역시 무서운 일이었다."라고38) 가와치 전임 태수가 이야기했던 것이다.39)

---

25) それより日に一度、樋爪の橋のもとにまかりて、苦を受け侍るなり。
26) それに、おのれが罪の深くて、身のきはめて重く侍れば、
27) 乗物の耐へずして、徒よりまかるが苦しきに、
28) この飴斑の御車牛の、力の強くて乗りて侍るに、
29) いみじく求めさせ給へば、今五日ありて、
30) 六日と申さん巳の時ばかりには返し奉らん。
31) いたくな求め給ひそ」と見て、覚めにけり。
32) 「かかる夢をこそ見つれ」といひて過ぎぬ。
33) その夢見つるより六日といふ巳の時ばかりに、
34) そぞろにこの牛歩み入りたりけるが、
35) いみじく大事したりげにて、苦しげに舌垂れ、汗水にてぞ入りたりける。
36) 「この樋爪の橋にて車落ち入り、牛はとまりたりける折なんどに行き合ひて、
37) 力強き牛かなと見て、
38) 借りて乗りてありきけるにやありけんと思ひけるも、恐ろしかりける」と、
39) 河内前司語りしなり。

119. 목숨 건 사랑1)

　지금은 옛날, 산요도(山陽道_옛 지역명) 미마사카(美作_옛 지역명) 지역에 추산(中山)과 고야(高野)라고 이르는 신령이 계신다.2) 고야(高野)는 뱀이고 추산(中山)은 원숭이이시다.3) 그 신령에게 해마다 벌어지는 제사에 반드시 산 제물을 바친다.4) 사람의 여식 가운데 생김새가 뛰어나고, 머리가 길며, 살결이 희고, 치장을 멋지게 하여,5) 자태가 사랑스러운 사람을 뽑아서 바쳤다.6) 예로부터 지금에 이르기까지 그 제사를 게을리하지 아니한다.7)

　그러다가 어떤 사람의 여식이 산 제물로 뽑히고 말았다.8) 부모들이 울며 슬퍼하기가 한량없다.9) 누구의 부모 자식이 되는 일은 전생의 인연이기에,10) 못난 자식이라고 한들 어찌 하찮게 여기겠는가?11) 하물며 만사에 빼어나기에 더할 나위 없이 소중하게

---

1) 『日本古典文学全集』[10巻6]「吾妻人生贄をとどむる事」(아즈마 사람이 산 제물을 가로막은 일)
2) 今は昔、山陽道美作国に、中山、高野と申す神おはします。
3) 高野は蛇、中山は猿丸にてなんおはする。
4) その神、年ごとの祭に、必ず生贄を奉る。
5) 人の女のかたちよく、髪長く、色白く、身なりをかしげに、
6) 姿らうたげなるをぞ、選び求め奉りける。
7) 昔より今にいたるまで、その祭怠り侍らず。
8) それにある人の女、生贄にさし当てられにけり。
9) 親ども泣き悲しむ事限なし。
10) 人の親子となる事は、前の世の契なりければ、
11) あやしきをだにも、おろかにやは思ふ。

생각하는데,12) 그렇다고 해서 벗어날 수 없을 듯하기에 탄식하며 시간을 보냈다.13) 그러는 사이에 차츰차츰 목숨이 줄어드는데, 부모 자식으로 마주하는 일이14) 이제 얼마 남지 않았다고 생각할수록 날수를 세고 낮이고 밤이며 목놓아 운다.15)

그러고 있는데 아즈마(吾妻_일본의 동부 지방) 사람으로 오직 사냥하는 일만을 업으로 삼는 이가 찾아왔다.16) 멧돼지가 성나 날뛸 때면 몹시 두렵기 마련인데,17) 그조차도 대수롭지 않게 여기고, 마음먹은 대로 잡아 죽여 먹어버리는 일을 업으로 하는 사람이다.18) 이는 매우 신체가 강건하고 성품이 용맹하며 사납고 거친 무사인데,19) 제 발로 찾아와서 그 부근을 돌아다니다가20) 그 여식의 부모 집으로 찾아들어 왔다.21)

이야기를 나누는 끝에 여식의 아비가 말하길,22) "나는 딸이 딱 하나 있는데, 이러저러한 연유로 산 제물로 뽑혔기에,23) 걱정하고 한숨지으며 세월을 보내고 있습니다.24) 세상에 이런 일도 있구려.25) 전생에 무슨 죄를 지어, 여기에 태어나 이런 꼴을 당하는지요?26) 저 여식도 '원치 않게 참담한 죽음을 맞이하려는지요?'라고 합니다.27) 너무나도

---

12) ましてよろづにめでたければ、身にもまさりておろかならず思へども、
13) さりとて逃るべからねば、歎きながら月日を過す程に、
14) やうやう命つづまるを、親子とあひ見ん事、
15) 今いくばくならずと思ふにつけて、日を数へて、明暮はただねのみ泣く。
16) かかる程に、あづまの人の、狩といふ事をのみ役として、
17) 猪のししといふものの、腹立ち叱りたるは、いと恐ろしきものなり、
18) それをだに何とも思ひたらず、心に任せて、殺し取り食ふ事を役とする者の、
19) いみじう身の力強く、心猛く、むくつけき荒武者の、
20) おのづから出で来て、そのわたりに立ちめぐる程に、
21) この女の父母のもとに来にけり。
22) 物語するついでに、女の父のいふやう、
23) 「おのれ、女のただ一人侍るをなん、かうかうの生贄にさし当てられ侍れば、
24) 思ひ暮し、歎き明してなん、月日を過し侍る。
25) 世にはかかる事も侍りけり。

안쓰럽고 가슴 아픈 노릇입니다.28) 아무리 그래도 내 여식이라 그런 게 아니라 너무나도 곱습니다."라고 했다.29) 그러자 아즈마 사람이 "그런데 그 사람이 이제 돌아가시려고 하는 사람인 게지요.30) 사람의 목숨보다 중한 것은 없습니다.31) 제 몸을 위해서라야 신령도 무서운 법이지요.32) 이번에 산 제물을 내지 말고 그 따님을 제게 맡기심이 옳겠습니다.33) 설령 돌아가신다 해도 매한가지입니다.34) 어찌 딱 하나 가지고 계신 따님을,35) 눈앞에서 산채로 회 쳐서 펼쳐놓고 지켜보실 수 있겠습니까?36) 끔찍하기 짝이 없는 노릇입니다.37) 그런 지경을 당하는 것도 마찬가지입니다.38) 그냥 그분을 나에게 맡기십시오."라고 깍듯이 이야기했다.39) 그러자 "차마 눈앞에서 끔찍한 꼴로 죽는 걸 지켜보기보다는."이라며 건네주었다.40)

여차여차하여 아즈마 사람이 그 여인이 머무는 곳으로 가서 보니, 생김새며 몸가짐이 빼어나다.41) 사랑스러움이 돋보인다.42) 근심하는 모습으로 기대앉아 글쓰기를 하는데,43)

---

26) 前の世にいかなる罪を作りて、この国に生れて、かかる目を見侍るらん。
27) かの女子も、『心にもあらず、あさましき死をし侍りなんずるかな』と申す。
28) いとあはれに悲しう侍るなり。
29) さるは、おのれが女とも申さじ、いみじう美しげに侍るなり」といへば、
30) あづまの人、「さてその人は、今は死に給ひなんずる人にこそはおはすれ。
31) 人は命にまさる事なし。
32) 身のためにこそ神も恐ろしけれ。
33) この度の生贄を出さずして、その女君をみづからに預け給ふべし。
34) 死に給はんも同じ事にこそおはすれ。
35) いかでか、ただ一人持ち奉り給へらん御女を、
36) 目の前に、生きながら膾につくり、切り広げさせては見給はん。
37) ゆゆしかるべき事なり。
38) さる目見給はんも同じ事なり。
39) ただその君を我に預け給へ」と、ねんごろにいひければ、
40) 「げに目の前に、ゆゆしきさまにて死なんを見んよりは」とて取らせつ。

눈물이 소매 위에 떨어져서 모두 젖었다.44) 그러다가 인기척이 나기에 머리카락을 얼굴에 덮어 가리는 모습을 보니,45) 머리카락도 젖고 얼굴도 눈물범벅으로 상념에 잠긴 모습인데,46) 누군가가 찾아왔기에 몹시 삼가는 낯빛으로,47) 조금 옆으로 돌린 모습이 참으로 사랑스럽다.48) 무릇 기품이 있고 우아하고 아름답기가 도저히 시골 사람의 아이라고 할 수 없다.49) 아즈마 사람이 이를 보니 슬프기가 말로 못 한다.50)

그러니 차라리 이 몸이 죽어버린들 어쩌겠느냐?51) 그저 이 여인을 대신하고자 하여 그 부모에게 이르길,52) "제게 생각이 있습니다.53) 만일 따님의 일로 인해 파멸하기라도 하신다면, 괴롭게 여기시겠습니까?"라고 물으니,54) "이로 인해 내가 몹쓸 처지에 놓인들 어쩌겠소?55) 조금도 거리끼지 않소.56) 살아있은들 무슨 소용이 있겠소?57) 그저

---

41) かくてあづま人、この女のもとに行きて見れば、かたち姿をかしげなり。
42) 愛敬めでたし。
43) 物思ひたる姿にて寄りふして、手習をするに、
44) 涙の、袖の上にかかりて濡れたり。
45) かかる程に、人のけはひのすれば、髪を顔にふりかくるを見れば、
46) 髪も濡れ、顔も涙に洗はれて、思ひ入りたるさまなるに、
47) 人の来たれば、いとどつつましげに思ひたるけはひして、
48) 少しそば向きたる姿、まことにらうたげなり。
49) およそけだかくしなじなしう、をかしげなる事、田舎人の子といふべからず。
50) あづま人これを見るに、かなしき事いはん方なし。
51) されば、いかにもいかにも我が身亡くならばなれ。
52) ただこれにかはりなんと思ひて、この女の父母にいふやう、
53) 「思ひ構ふる事こそ侍れ。
54) もしこの君の御事によりて、滅びなどし給はば、苦しとや思さるべき」と問へば、
55) 「このために、みづからはいたづらにもならばなれ。
56) 更に苦しからず。
57) 生きても何にかはし侍らんずる。

생각하시는 대로 부디 어떻게든 하십시오."라고 대답했다.58) 그러자 "그렇다면 이번 제사를 위하여 재계한다고 하여,59) 주변을 금줄로 둘러치고, 무슨 일이 있어도 결코 사람을 들이지 마십시오.60) 또 여기에 내가 있다고 사람들에게 절대로 알리지 마십시오."라고 한다.61) 그러고서 여러 날을 틀어박혀 머물며 그 여식과 사랑하며 지내는데 너무나도 애절하다.62)

그즈음에 오랫동안 산중에서 부리며 길들인 개가 있는데, 수많은 가운데 똑똑한 개를 두 마리 골라서,63) 살아있는 원숭이를 붙잡게 하여, 낮이고 밤이며 일삼아 잡아먹도록 길들였다.64) 그렇지 않아도 원숭이와 개는 원수지간인데, 심하게 이렇게만 길들이니,65) 원숭이를 보기만 해도 달려들어서 물어뜯어 죽이는 일이 끝이 없다.66)

그리고 밤낮으로 날 선 큰 칼을 닦고, 도검을 갈아 늘 채비하면서,67) 한결같이 그 여식과 이야깃거리로 삼는 것은,68) "아아, 전생에 무슨 약조가 있었길래 당신의 목숨을 대신하여69) 내가 죽고자 하는 것일까요?70) 하지만 당신 대신이라 생각하니 내 목숨은 조금도 아깝지 않습니다.71) 다만 헤어졌다고 생각하실 일이 너무나 안타깝고 애

---

58) ただ思されんままに、いかにもいかにもし給へ」といふれば、
59) 「さらば、この御祭の御清めするなりとて、
60) しめ引きめぐらして、いかにもいかにも人な寄せ給ひそ。
61) またこれにみづから侍りと、な人にゆめゆめ知らせ給ひそ」といふ。
62) さて日比籠り居て、この女房と思ひ住む事いみじ。
63) かかる程に、年比山に使ひ習はしたる犬の、いみじき中にかしこきを二つ選りて、
64) それに生きたる猿丸を捕へて、明暮は、やくやくと食ひ殺させて習はす。
65) さらぬだに、猿丸と犬とは敵なるに、いとかうのみ習はせば、
66) 猿を見ては躍りかかりて、食ひ殺す事限なし。
67) さて明暮はいらなき太刀を磨き、刀を研ぎ、剣を設けつつ、
68) ただこの女の君と言種にするやう、
69) 「あはれ、前の世にいかなる契をして、御命にかはりて、
70) いたづらになり侍りなんとすらん。

절합니다."라고 했다.72) 그러자 여인도 "참으로 어떤 사람이 이처럼 찾아와서 나를 걱정해 주시겠습니까?"라고 이어서 말하니,73) 슬프고 애처롭기가 막심하다.74)

　이처럼 세월을 보내다가 바로 그 제삿날에 이르러서,75) 제사장을 위시하여 수많은 사람이 모여들었는데,76) 떠들썩하게 맞이하러 와서는 새로 만든 긴 궤짝을 그 여인이 머무는 곳에 들여놓고서 이르길,77) "옛날과 같이 여기에 넣어서 그 산 제물을 내보내십시오."라고 했다.78) 그러자 아즈마 사람이 "이번만큼은 내가 아뢰는 대로 하십시오."라며,79) 그 궤짝에 슬그머니 들어가 누웠는데, 좌우 곁에는 그 개들을 함께 두었다. 그리고 말하길,80) "너희들은 오랫동안 보살펴 키운 보람이 있게,81) 이번에 내 목숨을 대신하거라. 너희들아."라며 쓰다듬으니,82) 낮은 소리로 으르렁거리며 곁에 기대어 모두 누웠다.83) 또 날마다 갈았던 큰 칼과 도검들을 모두 함께 넣었다.84)

　그리고 궤짝 뚜껑을 덮고 끈으로 묶어 봉하고서,85) 자기 여식을 넣어 둔 마냥 보이

---

71) されど御かはりと思へば、命は更に惜しからず。
72) ただ別れ聞えなんずと思ひ給ふるが、いと心細くあはれなる」などいへば、
73) 女も、「まことに、いかなる人のかくおはして、思ひ物し給ふにか」と言ひ続けられて、
74) 悲しうあはれなる事いみじ。
75) さて過ぎ行く程に、その祭の日になりて、
76) 宮司より始め、万の人々こぞり集まりて、
77) 迎へにののしり来て、新しき長櫃を、この女の居たる所にさし入れていふやう、
78) 「例のやうにこれに入れて、その生贄出されよ」といへば、
79) このあづま人、「ただこの度の事は、みづからの申さんままにし給へ」とて、
80) この櫃にみそかに入り伏して、左右の側にこの犬どもを取り入れて、いふやう、
81) 「おのれら、この日比いたはり飼ひつるかひありて、
82) この度の我が命にかかれ。おのれらよ」といひて、かきなづれば、
83) うちうめきて、脇にかい添ひてみな伏しぬ。
84) また、日比研ぎつる太刀、刀、みな取り入れつ。
85) さて櫃の蓋を掩ひて、布して結ひて、封つけて、

고서 내놓았다.86) 그러자 창과 신나무와 방울과 거울 같은 제기를 흔들어대며 앞길을 트고 떠들썩하게 들고 가는 모습이 너무나 무시무시하다.87)

그런데 그 여식은 그 이야기를 듣고서, 나를 대신하여,88) 그 사내가 이렇게 떠나버리는 것을 너무나도 애달프게 생각했는데,89) 한편으로는 이번 일이 무위로 그친다면 우리 부모들은 어찌 되시려나 하여 이래저래 한숨짓고 있었다.90) 하지만 부모가 말하길,91) "제 몸을 생각하니 신령도 부처도 무서운 법이다.92) 어차피 죽을 처지기에 이젠 무서워할 일도 없구나.93) 마찬가지이니 이렇게 죽어버리겠다.94) 이제 스러질 일도 거리낌이 없구나."라고 하며 함께 머물렀다.95)

이렇게 하여 산 제물을 신사로 가지고 가서, 제주가 축문을 힘껏 올리고서,96) 신령 앞에 있는 문을 열고 그 긴 궤짝을 밀어 넣었다.97) 그리고 문을 원래대로 닫고서 거기에서 바깥쪽으로,98) 제사장을 위시하여 아래아래 벼슬아치들이 차례대로 모두 줄지어 늘어서 있었다.99)

---

86) 我が女を入れたるやうに思はせて、さし出したれば、
87) 桙、榊、鈴、鏡を振り合せて、先追ののしり持て参るさま、いといみじ。
88) さて女これを聞くに、我にかはりて、
89) この男のかくして去ぬるこそ、いとあはれなれと思ふに、
90) また無為に事出で来ば、我が親たちいかにおはせんと、かたかたに歎き居たり。
91) されども父母のいふやうは、
92) 「身のためにこそ、神も仏も恐ろしけれ。
93) 死ぬる事なれば、今は恐ろしき事もなし。
94) 同じ事を、かくてをなくなりなん。
95) 今は滅びも苦しからず」と言ひ居たり。
96) かくて生贄を御社に持て参り、神主祝詞いみじく申して、
97) 神の御前の戸をあけて、この長櫃をさし入れて、
98) 戸をもとのやうにさして、それより外の方に、
99) 宮司を始め、かく次第次第の司ども、次第にみな並び居たり。

그러는 사이에, 그 궤짝 안에서 칼끝으로100) 슬그머니 구멍을 내서는 아즈마 사람이 엿보고 있었다.101) 정말로 말도 못 하게 커다란 원숭이가, 키는 칠팔 척 남짓한데,102) 얼굴과 꽁무니는 빨갛고, 틀어놓은 솜을 걸친 듯 도드라지게 새하얀 것이,103) 털은 곤두선 모양새로, 윗자리에 앉아 있다.104) 그리고 다음 차례인 원숭이들이 좌우로 이백 마리 남짓 늘어섰는데,105) 여러 모양으로 얼굴을 붉히고, 눈썹을 치켜세우고, 목청껏 울부짖어 왁자지껄하다.106) 굉장히 커다란 도마에 기다란 부엌칼을 차려두었다.107) 둘레에는 식초와 술, 그리고 소금이 들어 있는 병으로 보이는 것들을 수도 없이 늘어놓았다.108)

그렇게 한참 있다가 그 윗자리에 앉은 원숭이가 다가와서,109) 긴 궤짝을 묶은 끈을 풀고 뚜껑을 열려고 하자,110) 다음 차례인 원숭이들이 모두 다가서려 했다.111) 그 찰나에 그 아즈마 사내가 "개들아, 물어뜯어라. 너희들."이라고 하니,112) 두 마리 개가 뛰쳐나가서 그 가운데 커다란 원숭이를 물어서,113) 자빠뜨리고선 끌어당겨 물어 죽이

---

100) さる程に、この櫃の刀の先して、
101) みそかに穴をあけて、あづま人見ければ、
102) まことにえもいはず大きなる猿の、長七八尺ばかりなる、
103) 顔と尻とは赤くして、むしり綿を着たるやうに、いらなく白きが、
104) 毛は生ひあがりたるさまにて、横座により居たり。
105) 次々の猿ども、左右に二百ばかり並み居て、
106) さまざまに顔を赤くなし、眉をあげ、声々に啼き叫びののしる。
107) いと大きなるまな板に、長やかなる包丁刀を具して置きたり。
108) めぐりには、酢、酒、塩入りたる瓶どもなめりと見ゆる、あまた置きたり。
109) さて暫しばかりある程に、この横座に居たるをけ猿寄り来て、
110) 長櫃の結緒を解きて、蓋をあけんとすれば、
111) 次第次第の猿ども、みな寄らんとする程に、
112) この男、「犬ども食へ。おのれ」といへば、
113) 二つの犬躍り出でて、中に大きなる猿を食ひて、

려고 했다.114) 그때 사내가 헝클어진 머리로 궤짝에서 뛰쳐나와,115) 얼음과도 같은 칼을 뽑아서, 그 원숭이를 도마 위에 잡아 눕히고서,116) 목에 칼을 들이대고 말하길,117) "네놈이 사람의 목숨을 끊고 그 살을 먹거나 하는데 그 사람은 바로 이러하다.118) 네 잘 들어라. 내 분명 네 목을 베어서 개에게 먹일 것이다."라고 했다.119)

그러자 얼굴을 붉히고 눈을 껌뻑이며 이빨을 새하얗게 드러내고,120) 눈에서 피눈물을 흘리며 참으로 넋이 나간 낯으로,121) 손을 비비며 슬퍼하지만, 조금도 봐주려 하지 않는다.122) "네가 수많은 세월 동안 사람의 아이를 잡아먹고,123) 사람의 씨를 끊는 대신, 네 목을 쳐서 버려버리는 일이 바로 지금일 것이다.124) 네놈 자신이 그렇다면 나를 죽여라.125) 조금도 거리낌이 없다."라고 하면서도 그 목을 냉큼 베어버리지 않는다.126)

그러는 사이에 두 마리 개에게 쫓겨서,127) 수많은 원숭이가 모두 나무 위로 도망쳐 올라가서,128) 어찌할 바를 몰라 수선을 피우고 울부짖어 시끄러운데, 산도 울리고 땅도

---

114) うち伏せてひき張りて、食ひ殺さんとする程に、
115) この男髪を乱りて、櫃より躍り出でて、
116) 氷のやうなる刀を抜きて、その猿をまな板の上に引き伏せて、
117) 首に刀を当てていふやうは、
118) 「おのれが、人の命を絶ち、その肉むらを食ひなどするものは、かくぞある。
119) おのづから承れ。たしかにしや首斬りて、犬に飼ひてん」といへば、
120) 顔を赤くなして、目をしばたたきて、歯を真白にくひ出して、
121) 目より血の涙を流して、まことにあさましき顔つきして、
122) 手を摺り悲しめども、更に許さずして、
123) 「おのれがそこばくの多くの年比、人の子どもを食ひ、
124) 人の種を絶つかはりに、しや頭斬りて捨てん事、只今にこそあめれ。
125) おのれが身、さらば我を殺せ。
126) 更に苦しからず」といひながら、さすがに首をばとみに斬りやらず。
127) さる程に、この二つ犬どもに追はれて、
128) 多くの猿どもみな木の上に逃げ登り、

뒤집힐 정도다.129)

그러고 있는데 한 제주가 신들려서 말하길,130) "오늘부터 이후로는 절대로 절대로 이런 산 제물을 받지 않겠다.131) 오래도록 그만두겠다.132) 사람을 죽이는 일도 이제 지긋지긋해지고 말았다.133) 목숨을 끊는 일은 이제부터 오랫동안 없을 것이다.134) 그리고 나를 이리 했다고 해서 그 사내를 어떻게 하거나,135) 또 오늘 산 제물로 뽑힌 사람의 친인척을 괴롭혀서는 아니 될 것이다.136) 용서를 빌어 그 사람의 자손 대대에 이르기까지 내가 수호신이 될 것이다.137) 이제 어서 이번에 내 목숨을 구하라.138) 너무나 슬프도다. 나를 살리라."라고 하셨다.139)

그러자 제사장과 제주를 비롯하여 수많은 사람이 놀라서,140) 모두 사당 안으로 들어가서 몸 둘 바를 몰라 손을 비비며,141) "이치로 보면 지당합니다.142) 하지만 신령을 봐서 용서하십시오. 신령께서도 간절히 말씀하십니다."라고 했다.143) 하지만 그 아즈마

---

129) 惑ひ騒ぎ、叫びののしるに、山も響きて、地も返りぬべし。
130) かかる程に、一人の神主に神憑きていふやう、
131) 「今日より後、更に更にこの生贄をせじ。
132) 長くとどめてん。
133) 人を殺す事、懲りとも懲りぬ。
134) 命を絶つ事、今より長くし侍らじ。
135) また我をかくしつとて、この男をかくし、
136) また今日の生贄に当りつるの人のゆかりを、れうじ煩はすべからず。
137) あやまりて、その人の子孫の末々にいたるまで、我、守りとならん。
138) ただとくとく、この度の我が命を乞ひ受けよ。
139) いとかなし。我を助けよ」とのたまへば、
140) 宮司、神主より始めて、多くの人ども驚きをなして、
141) みな社の内に入り立ちて、騒ぎあわてて、手を摺りて、
142) 「ことわりおのづからさぞ侍る。
143) ただ御神に許し給へ。御神もよくぞ仰せらるる」といへども、

사람은 "그리 용서하지 마십시오.144) 사람의 목숨을 끊고 죽이는 자이기에, 그런 놈에게 슬픔을 맛보게 하고 싶은 것입니다.145) 내 몸이 어찌 되든 말든. 그냥 죽임을 당한들 거리낌 없습니다."라고 하며 한 치도 봐주지 않는다.146)

그러는 사이에 그 원숭이 목이 잘려 나갈 것으로 보이니,147) 제사장도 당황하여 정말로 어찌할 바를 모르기에,148) 크게 맹세하는 말들을 늘어놓고 기도하며,149) "이제부터 이후로는 이러한 일을 절대 하지 않겠습니다."라고 신령도 말하기에,150) "그렇다면 좋다. 이제부터 이후로는 이러한 일을 하지 마시오."라고 다짐을 하고 놓아주었다.151) 그리고 그 이후로는 무슨 일이 있어도 사람을 산 제물로 삼지 않게 되었다.152)

이제 그 사내는 집으로 돌아가서 너무나도 둘이 서로 사랑하여,153) 오랫동안 부부가 되어 지냈다.154) 사내는 본디 유서 있는 집안의 자손이었기에,155) 남부럽지 않은 신분을 가진 사람이었다.156) 그 이후로는 그 지역에서 멧돼지나 사슴을 산 제물로 바쳤다고 한다.157)

---

144) このあづま人、「さなゆるされそ。
145) 人の命を絶ち殺すものなれば、きやつに、物の侘しさ知らせんと思ふなり。
146) 我が身こそあなれ。ただ殺されん苦しからず」といひて、更に許さず。
147) かかる程に、この猿の首は斬り放たれぬと見ゆれば、
148) 宮司も手惑ひして、まことにすべき方なければ、
149) いみじき誓言どもを立てて、祈り申して、
150) 「今より後は、かかる事更に更にすべからず」など神もいへば、
151) 「さらばよしよし。今より後は、かかる事なせそ」と言ひ含めて許しつ。
152) さてそれより後は、すべて人を生贄にせずなりにけり。
153) さて、その男家に帰りて、いみじう男女あひ思ひて、
154) 年比の妻夫になりて過しけり。
155) 男はもとより故ありける人の末なりければ、
156) 口惜しからぬさまにて侍りけり。
157) その後は、その国に、猪、鹿をなん生贄にし侍りけるとぞ。

120. 임명권은 누구에게[1]

지금은 옛날, 간무 덴노(桓武天皇)[2]의 아들의 다섯째 아들로 도요사키(豊前) 대군이라고 하는 사람이 있었다.[3] 위계는 4위로 관직은 형부성(刑部省)[4]의 수장이었다.[5] 세상 돌아가는 일을 잘 알고, 성정이 올곧으며,[6] 조정의 정치에 대해서도 옳고 그름을 잘 알고 있다.[7]

관리를 임명하는 일이 있다고 하면, 우선 지방관이 결손이 생겨서 그 자리를 원하는 사람이 있다고 해도,[8] 그 지역의 사정에 비춰서 "그 사람은, 그 지역의 수장으로 삼으실 것이다.[9] 그 사람은 이유를 들어 원하지만, 되지 않을 것이다."와 같이,[10] 각각의 지역마다 달리 이야기하고 있었는데, 이를 사람들이 들었다.[11]

---

1) 『日本古典文学全集』 [10권7] 「豊前王の事(とよさきわうのこと)」 (도요사키 왕에 관한 일)
2) 원문은 '柏原の御門'인데 『日本古典文学全集』에 이는 제50대 간무(桓武)덴노(재위 781-806)를 가리킨다고 풀이되어 있다.
3) 今は昔、柏原の御門の御子の五の御子にて、豊前の大君といふ人ありけり。
4) 원문의 '刑部卿'는 소송에 대한 재판이나 죄인에 대한 처벌을 관장한 관청인 '刑部省(ぎょうぶしょう)'의 수장을 일컫는다.
5) 四位にて、司は刑部卿、大和守にてなんありける。
6) 世の事をよく知り、心ばへすなほにて、
7) おほやけの御政をも、善き悪しきよく知りて、
8) 除目のあらんとても、まづ国のあまたあきたる、望む人あるをも、
9) 国の程に当てつつ、「その人は、その国の守にぞなさるらん。
10) その人は道理立て望むとも、えならじ」など、
11) 国ごとに言ひ居たりける事を、人聞きて、

그런데 임명한 이튿날 아침에 맞춰보니 이 대군이 짐작했던 것이 조금도 어긋남이 없기에,12) "이 대군의 임명에 대한 짐작이 용하다."라며,13) 임명이 있기 전에 그 대군의 집으로 모여들었다.14) 그러고선 "될 것이오."라고 하는 사람은 손을 비비며 기뻐하고,15) "되지 못할 것이오."라고 들은 사람은 "무슨 헛소리를 하는 늙수그레한 대군인고.16) 액막이 신을 모시다가 돌아버린 게로군."이라고 투덜거리며 돌아갔다.17)

　"이렇게 될 것이오."라고 한 사람이 되지 않고 뜻밖에 다른 사람이 자리에 올랐을 때는,18) "그르게 하셨구나."라며 세상 사람들이 숙덕거렸다.19) 그러다 보니 조정에서도 "도요사키 대군은 이번 임명을 어찌 이야기하시는고?"라며,20) 가까이 시중드는 사람에게 "찾아가 물어보라."라고 분부하셨다.21) 이는 분토쿠(文德), 세이와(清和)22) 덴노 시절 이야기이려나.23)

---

12) 除目の朝に、この大君の推し量り事にいふ事は、露違はねば、
13) 「この大君の推し量り除目かしこし」といひて、
14) 除目の前には、この大君の家にいき集ひてなん、
15) 「なりぬべし」といふ人は、手を摺りて悦び、
16) 「えならじ」といふを聞きつる人は、「何事いひ居る古大君ぞ。
17) 塞の神祭りて、狂ふにこそあめれ」などつぶやきてなん帰りける。
18) 「かくなるべし」といふ人のならで、不慮に異人なりたるをば、
19) 「悪しくなされたり」となん、世にはそしりける。
20) さればおほやけも、「豊前の大君は、いかが除目をばいひける」となん、
21) 親しく候人には、「行きて問へ」となん仰せられける。
22) 원문은 '田村、水の尾'인데『日本古典文学全集』에 이는 각각 제55대 분토쿠(文德)덴노(재위 850-858), 제56대 세이와(清和)덴노(재위 858-876)를 가리킨다고 풀이되어 있다.
23) これは、田村、水の尾などの御時になんありけるにや。

121. 갑작스러운 죽음을 대하는 태도[1]

    지금은 옛날, 엔유 덴노(円融天皇_제64대, 재위 969-984)가 상황(上皇)으로 계실 때, 궁궐이 불타버렸기에, 양위 후에 지내는 별궁에 머무셨다.[2] 어전 식탁에 사람들이 많이 둘러앉아서 음식을 먹고 있었는데,[3] 궁중 대소사를 관장하던 벼슬아치인 사다타카(貞高)가 식탁에 이마를 대고 깊은 잠에 빠져서 코를 고는 게 아닌가 싶었다.[4] 그게 한참 이어지다 보니 수상쩍게 여기고 있었는데,[5] 식탁에 이마를 대고 목을 캑캑거리며 쥐어짜는 듯한 소리를 냈다.[6]

    오노노미야(小野宮)[7] 대신(大臣)은 당시 아직 궁중 의전 담당 관리[8]로 계셨는데,[9] 궁중 관리[10]에게 "사다타카님의 잠든 모습이 도무지 이해가 가지 않습니다. 어서 깨우세요."라고 말씀하셨기에,[11] 궁중 관리가 다가가서 깨웠는데, 몸이 오그라든 양 꿈쩍도

---

1) 『日本古典文学全集』 [10巻8] 「蔵人頓死の事」(궁중 관리가 급사한 일)
2) 今は昔、円融院の御時、内裏焼けにければ、後院になんおはしましける。
3) 殿上の台盤に人々あたま着きて、物食ひけるに、
4) 蔵人貞高台盤に額を当てて、ねぶり入りて、いびきをするなめりと思ふに、
5) やや暫しになれば、怪しと思ふ程に、
6) 台盤に額を当てて、喉をくつくつと、くつめくやうに鳴せば、
7) 『日本古典文学全集』에 이는 헤이안(平安) 중기 귀족인 후지와라노 사네스케(藤原実資_957-1046)라고 풀이되어 있다.
8) 원문의 「頭中将」는 덴노(天皇)를 가까이 모시며 각종 궁중 의식 등을 관장하던 두 명의 장관 가운데 하나를 가리킨다.
9) 小野宮大臣殿、いまだ頭中将にておはしけるが、
10) 원문의 「主殿(とのもり)」는 「主殿寮(とのもりょう)」와 같은 말인데, 옛날 궁내성(宮内省)에 속해 궁중의 잡무를 관장하던 관청이다. 여기에 「司(つかさ)」가 붙어 벼슬아치라는 뜻이다.

하지 않는다.12) 괴이하여 손으로 쓰다듬어보고는 "이미 돌아가셨습니다.13) 기가 막힐 노릇이로군."이라고 하는 말을 듣고서,14) 거기에 있던 모든 사람이 넋을 잃고 두려움에 떨고 있다가,15) 그대로 사방팔방으로 혼비백산 꽁무니를 빼버렸다.16)

오노노미야는 "그래도 이렇게 두어서는 아니 될 일이다.17) 여봐라, 유관 관리들을 불러 모아서 들어내거라."라고 하신다.18) 이에 "어느 방향으로 들어내야 옳겠습니까?"라고 여쭙자,19) "동쪽으로 내어야 옳을 것이다."라고 하신다.20) 이를 듣고서 궐 안에 있는 모든 사람이 동쪽으로 이렇게 들려 나가는 것을 보겠다며 모여들었다.21) 그런데 이와는 다르게 서쪽으로 궁에 까는 깔개를 통째로 들어내 나갔기에 사람들도 못 보게 되었다.22)

문밖으로 들어내는 찰나에 높은 벼슬아치인 그 부친이 와서 맞아 거두어 갔다.23) "용하게 사람들 눈에 띄지 않게 끝내셨군."이라고 사람들이 이야기했다.24)

그러고서 스무날 남짓 지나서 오노노미야의 꿈에25) 마치 살아있는 듯한 모습으로

---

11) 主殿司に、「その式部丞の寝様こそ心得ね。それ起せ」とのたまひければ、
12) 主殿司寄りて起すに、すくみたるやうにて動かず。
13) 怪しさにかい探りて、「はや死に給ひにたり。
14) いみじきわざかな」といふを聞きて、
15) ありとある殿上人、蔵人物も覚えず、物恐ろしかりければ、
16) やがて向きたる方ざまに、みな走り散る。
17) 頭中将、「さりとてあるべき事ならず。
18) これ、諸司の下部召してかき出でよ」と行ひ給ふ。
19) 「いづ方の陣よりか出すべき」と申せば、
20) 「東の陣より出すべきなり」とのたまふを聞きて、
21) 内の人ある限、東の陣にかく出で行くを見んとて、つどひ集りたる程に、
22) 違へて、西の陣より、殿上の畳ながらかき出でて出でぬれば、人々も見ずなりぬ。
23) 陣の口かき出づる程に、父の三位来て、迎へ取りて去りぬ。
24) 「かしこく、人々に見あはずなりぬるものかな」となん人々いひける。

몹시 울며 다가와서 이야기한다.26) 그 이야기는 "너무나도 다행스럽게 내 죽음의 치욕을 감추어 주신 일은 영원토록 잊지 않을 것입니다.27) 꾀를 내어 서쪽으로 내시지 않으셨다면,28) 수많은 사람에게 얼굴을 보여 죽음의 치욕을 당했을 겁니다."라고 했다.29) 그러면서 울며불며 손을 비비며 기뻐하는 모습이 꿈에 보였던 것이었다.30)

---

25) さて甘日ばかりありて、頭中将の夢に、
26) ありしやうにて、いみじう泣きて、寄りて物をいふ。
27) 聞けば、「いと嬉しく、おのれが死の恥を隠させ給ひたる事は、世々に忘れ申すまじ。
28) はかりごちて、西より出させ給はざらましかば、
29) 多くの人に面をこそは見えて、死の恥にて候はましか」とて、
30) 泣く泣く手を摺りて悦ぶとなん、夢に見えたりける。

122. 액막이 요령1)

　지금은 옛날, 회계를 담당하던 벼슬아치인 오츠키 마사히라(小槻当平)라고 하는 사람이 있었다.2) 그 아들 가운데 산술을 교수하는 교관이 있다.3) 이름은 모스케(茂助)라고 했다.4) 회계 담당관인 다다오미(忠臣)의 아버지이며, 아와지(淡路_현재의 효고[兵庫]현[県]에 속하는 옛 지역명) 지방관의 서무 담당인 도모치카(奉親)의 할아버지이다.5) 살아있었다면 지체 높은 분이 되었을 터인데, 어찌 돌아가신 것인지 모르겠다.6) 그가 세상에 나섰더라면 회계 담당관이며 출납 담당관이며 벼슬아치며 서무 담당으로는7) 다른 사람이 겨루는 일은 없었을 것이다.8)

　대대로 이어져 온 벼슬인데다가 학식도 빼어나고 성품도 훌륭했기에,9) 낮은 직급이지만 세상의 평판이 점차 높아져 갔다.10) 그러기에 차라리 없어져 버렸으면 하고 생각하는 사람도 있었다.11) 그런데 그 사람 집에 신의 계시가 있었기에 당대 유명한 음

---

1) 『日本古典文学全集』[10巻9]「小槻当平の事」(오츠키 마사히라에 관한 일)
2) 今は昔、主計頭小槻当平といふ人ありけり。
3) その子に算博士なる者あり。
4) 名は茂助となんいひける。
5) 主計頭忠臣が父、淡路守大夫史奉親が祖父なり。
6) 生きたらば、やんごとなくなりぬべき者なれば、いかでなくもなりなん。
7) これが出で立ちなば、主計頭、主税頭、助、大夫史には、
8) 異人はきしろふべきやうもなかんめり。
9) なり伝りたる職なる上に、才かしこく、心ばへもうるせかりければ、
10) 六位ながら、世の覚え、やうやう聞え高くなりもてゆけば、

양사(陰陽師)에게 연유를 물으니,12) 너무나도 엄중히 삼가야 할 날들을 적어서 건넸기에,13) 그대로 문을 굳게 걸어 잠그고 액막이14)를 수행하고 있었다.15)

그와 원수지간인 사람이 숨어서 음양사에게 죽일 수 있는 방도를 찾도록 했더니,16) 그런 저주를 하는 음양사가 말하길,17) "액막이를 하고 있다는 것은, 삼가야 할 날이기 때문일 것입니다.18) 바로 그날 저주를 보탠다면 효험이 있을 것입니다.19) 그러니 나로 더불어서 그 집으로 가셔서 그를 불러내십시오.20) 문은 액막이 중이면 절대로 열지 않을 것입니다.21) 그냥 목소리만이라도 듣는다면 반드시 저주하는 효험이 있을 것입니다."라고 했다.22)

이에 음양사로 더불어 그 집으로 가서 문을 수도 없이 두드리니,23) 하인이 나와서 "누구요, 이렇게 문을 두드리는 것은?"이라고 하니,24) "내가 급한 볼일이 있기에 찾아온 것입니다.25) 너무나도 엄중한 액막이라고 하더라도 아주 살짝 문을 열어서 들여보내

---

11) なくてもありなんと思ふ人もあるのに、
12) この人の家にさとしをしたりければ、その時の陰陽師に物を問ふに、
13) いみじく重く慎むべき日どもを書き出でて、取らせたりければ、
14) 〈원문〉의 「物忌(ものいみ)」는 제례나 법회에 관여하는 사람이 특정한 기간 동안 술과 고기를 멀리하고 행동을 삼가며 목욕을 하는 등으로 심신의 더러움을 씻어내는 일을 가리킨다. 재계(齋戒)나 근신(謹愼)하는 일.
15) そのままに門を強くさして、物忌して居たるに、
16) 敵の人、隠れて陰陽師に、死ぬべきわざどもをせさせければ、
17) そのまじわざする陰陽師の日く、
18) 「物忌して居たるは、慎むべき日にこそあらめ。
19) その日のろひ合せばぞ、験あるべき。
20) さればおのれを具して、その家におはして、呼び出で給へ。
21) 門は物忌ならばよもあけじ。
22) ただ声をだに聞きてば、必ずのろふ験ありなん」といひければ、
23) 陰陽師を具して、それが家に行きて、門をおびたたしく叩きければ、
24) 下種出で来て、「誰そ、この門叩くは」といひければ、

주십시오.26) 중요한 일입니다."라고 했다.27) 이에 하인이 들어가서 이러하다고 하니,28) "전혀 가당치 않은 일이다. 세상에 어느 누가 제 몸을 생각하지 않는 자가 있겠는가?29) 안으로 들일 수 없소이다. 전혀 쓸모없는 일이오.30) 냉큼 돌아가시오."라고 이르게 시켰다.31)

그러자 다시 말하길 "그렇다면 문을 여시지 않더라도 그 미닫이 쪽문으로 얼굴을 내밀어 주십시오.32) 몸소 아뢰겠습니다."라고 했다.33) 죽어야 할 팔자였던 건지 "무슨 일이오?"라며,34) 미닫이문으로 얼굴을 내밀었더니,35) 음양사가 목소리를 듣고, 얼굴을 보고 나서 할 수 있는 온갖 저주를 퍼부었다.36)

그렇게 만나고자 했던 사람은 "너무나 중요한 일을 말하겠습니다."라고 하면서도,37) 할 말도 떠오르지 않기에,38) "지금 시골로 내려가니 그 일을 아뢰고자 하여 찾아온 것입니다.39) 어서 들어가십시오."라고 했다.40) 그러자 "별 중요하지도 않은 일로 이렇게

---

25) 「それがしが、とみの事にて参れるなり。
26) いみじき堅き物忌なりとも、細目にあけて入れ給へ。
27) 大切の事なり」といはすれば、
28) この下種男、帰り入りて、かくなんといへば、
29) 「いとわりなき事なり。世にある人の、身思はぬやはある。
30) え入れ奉らじ。さらに不用なり。
31) とく帰り給ひね」といはすれば、
32) またいふやう、「さらば、門をばあけ給はずども、その遣戸から顔を差し出で給へ。
33) みづから聞えん」といへば、
34) 死ぬべき宿世にやありけん、「何事ぞ」とて、
35) 遣戸から顔をさし出でたりければ、
36) 陰陽師は声を聞き、顔を見て、すべき限のろひつ。
37) このあはんといふ人は、「いみじき大事いはん」といひつれども、
38) いふべき事も覚えねば、
39) 「只今、田舎へまかれば、その由申さんと思ひて、まうで来つるなり。

사람을 불러내서,41) 제정신이 아닌 작자로군."이라고 하고 들어갔다.42) 그리고 나서 이내 머리가 아파져서 사흘 만에 죽고 말았다.43)

그러니 액막이 때는 목청을 높이거나 다른 사람을 만나거나 해서는 아니 되는 것이다.44) 이처럼 주술을 하는 사람에게는 그 틈을 노려 그러한 짓을 벌이니,45) 너무나도 두려운 일이다.46) 그런데 그렇게 저주를 퍼붓게 한 사람도 얼마 지나지 않아 재앙을 당해 죽고 말았다고 한다.47) "자신에게 액이 밀어닥친 탓이려나? 까무러칠 일이로군."이라고 사람들이 수군댔다.48)

---

40) はや入り給ひね」といへば、
41) 「大事にもあらざりける事により、かく人を呼び出でて、
42) 物も覚えぬ主かな」といひて入りぬ。
43) それよりやがて頭痛くなりて、三日といふに死にけり。
44) されば、物忌には、声高く、余所の人にはあふまじきなり。
45) かやうにまじわざする人のためには、それにつけてかかるわざをすれば、
46) いと恐ろしき事なり。
47) さて、そののろひ事せさせし人も、いく程なくて、殃にあひて死にけりとぞ。
48) 「身に負ひけるにや。あさましき事なり」となん人の語りし。

123. 개심한 해적[1]

　지금은 옛날 셋츠(摂津_현재의 오사카[大阪]부[府]로 일부는 효고[兵庫]현[県]에 속하는 옛 지역명) 지역에 엄청나게 나이 든 스님[2]이 오직 수행에만 전념하고 있었는데,[3] 어떤 사람이 "해적을 만났다."라고 이야기하는 끝에 이렇게 말했다.[4]

　"내가 젊었을 때는 정말로 넉넉한 집안이었다.[5] 입을 것이며 먹을 것이 차고 넘쳐서, 매일같이 바다에 떠돌며 세월을 보내고 있었다.[6] 아와지(淡路_현재의 효고[兵庫]현에 속하는 섬)의 로쿠로(六郎) 추포사(追捕使)[7]라고 불렀다.[8] 그런데 아키(安芸_현재의 히로시마[広島]현에 속하는 옛 지역명) 섬 부근에서 다른 배도 딱히 없었는데, 배 한 척이 가까이 다가온다.[9] 살펴보니 스물대여섯 남짓 한 정갈해 보이는 사내가 배의 주인인 모양인데 거기 타고 있다.[10] 그리고 젊은 사내 두엇 남짓으로, 사람이 적은 듯 보인다.[11]

---

1) 『日本古典文学全集』 [10卷10] 「海賊発心出家の事」(해적이 발심하여 출가한 일)
2) 원문의 「入道(にゅうどう)」는 번뇌의 더러움이 없는 무루(無漏;むろ)의 깨달음에 드는 것이다. 또한 불문에 들어가서 머리를 밀고 승려나 비구니가 되는 것(사람)을 가리킨다.
3) 今は昔、摂津国にいみじく老いたる入道の、行うちしてありけるが、
4) 人の、「海賊にあひたり」といふ物語するついでにいふやう、
5) 「我は若かりし折は、まことに頼もしくてありし身なり。
6) 着る物、食物に飽き満ちて、明暮海に浮びて、世をば過ししなり。
7) 원문의 「追捕使(ついぶくし)」는 옛날 흉악한 무리를 체포하기 위해 각 지역의 지방관이 용맹한 자를 뽑아 보임한 벼슬아치를 가리킨다. 그밖에 반란을 진압하기 위해 중앙에서 임시로 파견하는 경우도 있었다.
8) 淡路の六郎追捕使となんいひし。
9) それに安芸の嶋にて、異舟も殊になかりしに、舟一艘近く漕ぎ寄す。
10) 見れば、廿五六ばかりの男の、清げなるぞ、主と思しくてある。

그리고 아름다운 여인들도 있는 듯싶다.12) 언뜻 발 틈새로 보니 봇짐 같은 것이 수도 없이 보인다.13) 짐을 잔뜩 실었는데, 이렇다 할 믿음직한 사람도 없이, 그저 우리 배를 졸졸 따라다닌다.14) 지붕 올린 배 위에 젊은 스님이 홀로 앉아 불경을 외고 있다.15) 아래로 내려가니 한가지로 따라서 내려왔다가, 섬에 가까이 가니 마찬가지로 다가온다.16) 그리고 배를 멈추니 또한 멈추거나 하니, 이 배를 그런 배라고는 짐작할 도리가 없던 것이다.17)

수상쩍게 여겨 물어보고자 하여,18) '이는 누구신데 이렇게 우리 배만 따라다니십니까?19) 어디에 계시는 분입니까?'라고 물었다.20) 그러자 '스호(周防_현재의 야마구치[山口]현에 속하는 옛 지역명) 지역에서 급한 볼일이 있어서 내려가는데, 마땅한 믿음직한 분도 함께하지 않으니,21) 두렵기에 귀하의 배에 의지하여 이렇게 따라다니는 것입니다.'라고 했다.22) 그러자 몹시 우스꽝스럽게 생각하여,23) '이 배는 도읍으로 가는 것도 아닙니다. 여기에서 사람을 기다리고 있는 겁니다.24) 기다렸다가 스호 쪽으로 내려가려

---

11) さては若き男二三人ばかりにて、わづかに見ゆ。
12) さては、女どものよきなどあるべし。
13) おのづから簾の隙より見れば、皮籠などあまた見ゆ。
14) 物はよく積みたるに、はかばかしき人もなくて、ただこの我が舟に付きてありく。
15) 屋形の上に、若き僧一人居て、経読みてあり。
16) 下れば同じやうに下り、嶋へ寄れば、同じやうに寄る。
17) とまればまたとまりなどすれば、この舟をえ見も知らぬなりけり。
18) 怪しと思ひて、問ひてんと思ひて、
19) 『こはいかなる人の、かくこの舟にのみ具してはおはするぞ。
20) いづくにおはする人にか』と問へば、
21) 『周防国より、急ぐ事ありてまかるが、さるべき頼もしき人も具せねば、
22) 恐ろしくて、この御舟を頼みて、かく付き申したるなり』といへば、
23) いとをこがましと思ひて、
24) 『これは京にまかるにもあらず。ここに人待つなり。

합니다.25) 어찌 함께 간다고 합니까?26) 도읍으로 올라갈 배를 따라서 함께 가십시오.'라고 했다.27) 그러자 '그럼 내일은 꼭 그렇게 어떻게든 하겠습니다.28) 오늘 밤은 마찬가지로 귀하의 배와 더불어 있겠습니다.'라며 섬 그늘에서 함께 머물렀다.29)

사람들도 '바로 지금이 알맞은 시기인 모양이다. 이제 이 배의 것을 옮겨야겠다.'라며,30) 이 배에 모두 올라타니, 기가 막혀 어찌할 바를 몰라 하고 있었다.31) 물건은 남김없이 모두 우리 배로 집어넣었다.32) 사람들은 모두 사내며 여자며 죄다 바다로 던져넣었는데,33) 그러는 사이에 배의 주인이 손바닥을 싹싹 빌며,34) 수정으로 만든 염주의 끈이 끊어지기라도 한 듯이 눈물을 방울방울 흘리면서 이렇게 말했다.35) '온갖 물건은 죄다 가져가십시오.36) 다만 그저 내 목숨만은 살려주십시오.37) 도읍에 있는 나이 든 부모가 오늘내일하는 중한 병이 들어,38) "이제 한번 봐야지."라고 했기에, 밤낮으로 서둘러 알리려 보냈기에,39) 급히 올라가는 겁니다.'라고 전하지도 못하고,40)

---

25) 待ちつけて、周坊の方へ下らんずるは。
26) いかで具してとはあるぞ。
27) 京に上らん舟の具してこそおはせめ』といへば、
28) 『さらば明日こそは、さもいかにもせめ。
29) 今宵はなほ、御舟に具してあらん』とて、嶋隠れなる所に具して泊りぬ。
30) 人々も、『只今こそよき時なめれ。いざこの舟移してん』とて、
31) この舟にみな乗る時に、覚えず、あきれ惑ひたり。
32) 物のある限、我が舟に取り入れつ。
33) 人どもはみな男女、みな海に取り入るる間に、
34) 主人手をこそこそと摺りて、
35) 水精の数珠の緒切れたらんやうなる涙を、はらはらとこぼして曰く、
36) 『万の物はみな取り給へ。
37) ただ我が命の限は助け給へ。
38) 京に老いたる親の、限り煩ひて、
39) 「今一度見ん」と申したれば、夜を昼にて、告げに遣はしたれば、

나와 눈을 맞추고 손바닥을 비비는 모습이 간절하다.41) '어이, 그리 말하게 내버려 두지 말라. 늘 하던 대로 서둘러라.'라고 하니,42) 눈을 맞추고 울며 애원하는 모습이 너무나도 간절하다.43) 안쓰럽고 무참스레 보였지만, 그렇다고 어쩔 도리가 없다고 마음먹고, 결국 바다에 던져넣었다.44)

지붕 올린 배 위에 스무 살 남짓으로, 여리여리한 스님이 불경을 담은 주머니를 목에 걸고,45) 밤낮으로 불경을 외고 있었는데, 그 스님을 붙잡아서 바다로 던져넣었다.46) 그때 어찌할 바를 몰라 불경 담은 주머니를 들어 물 위에 떠 올라서,47) 손을 뻗쳐 그 불경을 치켜들고, 떴다 가라앉았다 하는 사이에,48) '희한한 중이 아직도 죽지 않는구나.'라며,49) 배 젓는 노를 가지고 머리를 퍽하고 치고, 등짝을 찍어누르거나 했지만,50) 떴다 가라앉았다 하면서 그 불경을 치켜든다.51)

괴이하게 여겨 가만히 살펴보니, 그 스님이 물에 떠 있는 뒤편으로,52) 잘 차려입고 머리를 곱게 따고 흰 나뭇가지를 들고 있는 동자가 두어 명 남짓 보인다.53) 스님의 머

---

40) 急ぎまかり上るなり』ともえいひやらで、
41) 我に目を見合せて、手を摺るさまいみじ。
42) 『これ、かくないはせそ。例のごとくとく』といふに、
43) 目を見合せて泣き惑どうさま、いといといみじ。
44) あはれに無慙に覚えしかども、さいひていかがせんと思ひなして、海に入れつ。
45) 屋形の上に廿ばかりにて、ひはづなる僧の、経袋首にかけて、
46) 夜昼経読みつるを取りて、海にうち入れつ。
47) 時に手惑ひして、経袋を取りて、水の上に浮びながら、
48) 手を捧げてこの経を捧げて、浮き出で浮き出でする時に、
49) 『希有の法師の、今まで死なぬ』とて、
50) 舟の櫂して、頭をはたと打ち、背中を突き入れなどすれど、
51) 浮き出で浮き出でしつつ、この経を捧ぐ。
52) 怪しと思ひて、よく見れば、この僧の水に浮びたる跡枕に、
53) 美しげなる童の、びづら結ひたるが、白き楉を持ちたる、二三人ばかり見ゆ。

리에 손을 대고, 한 사람은 불경을 치켜든 팔을 붙들고 있는 것으로 보인다.54) 곁에 있는 사람들에게 '저것 보아라. 이 스님에게 붙어있는 동자들은 무엇인가?'라고 하니,55) '어디 어디, 어디에도 사람이 없다.'라고 한다.56) 하지만 내 눈에는 또렷이 보인다.57)

그 동자가 함께하여 일절 바다에 가라앉는 법이 없다.58) 계속 떠 있다.59) 괴이하기에 살펴보고자 하여, '여기에 붙잡고 와라.'라며 노를 내미니,60) 거기에 매달린 것을 끌어당기니,61) 사람들이 '어찌 그렇게 하십니까? 가당찮은 일을 하는군요.'라고 하지만,62) '아무튼 이 스님 하나는 살려두겠다.'라며 배에 태웠다.63) 그런데 가까워지니 그 동자는 보이지 아니한다.64)

그 스님에게 묻는다.65) '그대는 도읍 사람인가? 어디로 가시는고?'라고 물으니,66) '저는 시골 사람입니다. 중이 되고 나서 한동안 수계를 받지 못하였기에,67) "어떻게든 도읍으로 올라가 수계 받고자 합니다."라고 아뢰었더니,68) "그럼 나와 더불어 가서,

---

54) 僧の頭に手をかけ、一人は、経を捧げたる腕をとらへたりと見ゆ。
55) かたへの者どもに、『あれ見よ。この僧に付きたる童部は何ぞ』といへば、
56) 『いづらいづら、更に人なし』といふ。
57) 我が目にはたしかに見ゆ。
58) この童部添ひて、敢へて海に沈む事なし。
59) 浮びてあり。
60) 怪しければ、見んと思ひて、『これに取り付きて来』とて、棹をさしやりたれば、
61) 取り付きたるを引き寄せたれば、
62) 人々、『などかくはするぞ。よしなしわざする』といへど、
63) 『さはれ、この僧一人は生けん』とて、舟に乗せつ。
64) 近くなれば、この童部は見えず。
65) この僧に問ふ。
66) 『我は京の人か。いづこへおはするぞ』と問へば、
67) 『田舎の人に候。法師になりて、久しく受戒をえ仕らねば、
68) 「いかで京に上りて、受戒せん」と申ししかば、

산에 아는 사람이 있으니 부탁하여 받게 하겠다."라고 했기에,69) 함께 올라가는 것입니다.'라고 한다.70) '당신 머리와 팔에 달라붙었던 아이들은 누구인가? 무엇인가?'라고 물으니,71) '언제 그런 사람이 있었습니까? 전혀 알지 못합니다.'라고 했다.72) '그런데 불경을 치켜든 팔에도 동자가 함께였는데.73) 그나저나 무엇을 생각하여 이제 죽을 지경인데,74) 이 불경을 담은 주머니를 치켜든 것이냐?'라고 물었다.75) 그러자 '죽을 지경인 것은 이미 짐작했던 일이니, 목숨은 아깝지 않았습니다.76) 나는 죽더라도 불경을 한시라도 젖게 해드리지 말아야지 생각하여,77) 치켜들어 올린 것이니, 팔이 지치지도 않았습니다.78) 오히려 가볍고 팔도 길어진 것 같아서,79) 높이 치켜들어 올렸더니, 불경의 영험인지,80) 죽을 것 같은 심경에서도 그리 생각했던 것입니다.81) 목숨을 살리신 일은 기쁜 일입니다.'라며 울었다.82) 이러한 바라문과 같은 마음에도 절절하고 존귀하게 생각하여,83) '이제 고향으로 돌아가고자 생각하는가?84) 아니면 도읍으로 올라가

---

69)「いざ我に具して、山に知りたる人のあるに申しつけて、せさせん」と候ひしかば、

70) まかり上りつるなり』といふ。

71)『わ僧の頭や腕に取り付きたりつる児どもは誰そ。何ぞ』と問へば、

72)『いつかさる者候ひつる。更に覚えず』といへば、

73)『さて経捧げたりつる腕にも、童添ひたりつるは。

74) そもそも何と思ひて、只今死なんとするに、

75) この経袋をば捧げつるぞ』と問へば、

76)『死なんずるは思ひ設けたれば、命は惜しくもあらず。

77) 我は死ぬとも、経を暫しが程も、濡し奉らじと思ひて、

78) 捧げ奉りしに、腕たゆくもあらず。

79) あやまりて軽くて、腕も長くなるやうにて、

80) 高く捧げられ候ひつれば、御経の験とこそ、

81) 死ぬべき心地にも覚え候ひつれ。

82) 命生けさせ給はんは嬉しき事』とて、泣くに、

83) この婆羅門のやうなる心にも、あはれに貴く覚えて、

수계를 마치고자 마음먹는다면 보내주겠다.'라고 했다.85) 그러자 '전혀 수계할 뜻도 지금은 없습니다. 그냥 돌아가겠습니다.'라고 했다.86) 그러자 '이제 돌려보내겠다.87) 그런데 눈부셨던 동자는 어찌 그리 보였던 것일까?'라고 하니,88) 그 스님이 절절하고 존귀하게 여겨 뚝뚝 눈물 흘렸다.89) '일곱 살 때부터 법화경을 독경했는데, 평소에도 다름없이,90) 또 무서울 때도 독경했기에,91) 십나찰이 찾아오셨던 게 아닐까요.'라고 하니,92) 이 바라문과 같은 자의 마음에,93) 그렇게 불경은 우러러 존귀하신 것이었던 게로군 하고 생각하여,94) 그 스님과 더불어 산사로 떠나고자 하는 마음이 일었다.95)

이에 그 스님과 둘이 함께 양식을 조금 챙기고, 남은 것들은 모르겠고,96) 죄다 그 사람들에게 맡기고 떠나니,97) 사람들이 '실성한 걸까? 이는 어찌 된 영문인고?98) 느닷없이 생기는 신앙심이 진짜는 아니겠지. 귀신 들린 건가?'라며,99) 막아 세워보지만

---

84) 『これより国へ帰らんとや思ふ。
85) また京に上りて、受戒遂げんとの心あらば、送らん』といへば、
86) 『更に受戒の心も今は候はず。ただ帰り候ひなん』といへば、
87) 『これより返しやりてんとす。
88) さても美しかりつる童部は、何にかかく見えつる』と語れば、
89) この僧あはれに貴く覚えて、ほろほろ泣かる。
90) 『七つより、法華経読み奉りて、日比も異事なく、
91) 物の恐ろしきままにも読み奉りたれば、
92) 十羅刹のおはしましけるにこそ』といふに、
93) この婆羅門のやうなる者の心に、
94) さは、仏経は、めでたく貴くおはしますものなりけりと思ひて、
95) この僧に具して、山寺などへ去なんと思ふ心つきぬ。
96) さて、この僧と二人具して、糧少しを具して、残の物どもは知らず、
97) みなこの人々に預けて行けば、
98) 人々、『物に狂ふか。こはいかに。
99) にはかの道心世にあらじ。物の憑きたるか』とて、

듣지 아니하고, 활과 화살통, 큰 칼과 작은 칼들을 모두 버리고서,100) 그 스님과 더불어, 그 스승이 있는 산사로 가서,101) 법사가 되어 거기에서 불경 한 부를 다 읽고 수행하며 지냈다.102)

그렇게 죄만 일삼았던 것을 무참하게 생각하여,103) 그 사내가 손을 비비며 뚝뚝 눈물 흘리며 어찌할 바를 몰라 했는데,104) 바다에 밀어 넣고 나서부터 조금 신심이 일었던 것이었다.105) 게다가 더더욱 이 스님에게 십나찰이 따라붙어 지키셨다고 생각하니,106) 법화경이 존귀하여 독경해 바치고자 생각하여,107) 갑작스럽게 이렇게 되고 만 것이다."라고 이야기했던 것이었다.108)

---

100) 制しとどむれども、聞かで、弓、箙、太刀、刀もみな捨てて、
101) この僧に具して、これが師の山寺なる所に行きて、
102) 法師になりて、そこにて経一部読み参らせて、行ひありくなり。
103) かかる罪をのみ作りしが、無慙に覚えて、
104) この男の手を摺りて、はらはらと泣き惑ひしを、
105) 海に入れしより、少し道心起りにき。
106) それにいとどこの僧に、十羅刹の添ひておはしましけると思ふに、
107) 法華経のめでたく、読み奉らまほしく覚えて、
108) にはかにかくなりてあるなり」と語り侍りけり。

124. 늘 푸른 나으리[1]

지금은 옛날, 무라카미(村上_제62대 덴노[天皇], 재위 946-967) 연간에, 예로부터 황족의 아드님으로 도읍의 절반을 관할하는 벼슬을 맡은 분이 계셨다.[2] 몸집이 조금 홀쭉한데, 매우 기품 있는 차림은 하고 있지만,[3] 모양새가 온통 우스꽝스러웠다.[4] 고루한 모습을 하고 있었다.[5] 뒤통수가 튀어나온 머리 모양이다 보니 머리에 쓰는 관에 달린 끈이 등에도 닿지 않고 떨어져서 흔들렸다.[6] 낯빛은 달개비꽃을 발라놓은 듯 푸르스름하고, 눈두덩이는 푹 패이고, 코는 눈에 띄게 높고 붉다.[7] 입술은 얇은데 핏기도 없고, 웃기라도 하면 이빨이 드러나는데, 잇몸이 붉으며, 수염도 붉고 치렁거렸다.[8] 목소리는 콧소리에 높고 앙칼져서 말을 하기라도 하면 온 집안에 울려 퍼졌다.[9] 걸음은 몸을 건들거리고 어깨를 건들거리며 걸었다.[10] 안색이 몹시 푸르뎅뎅했기 때문에 〈늘 푸른 나으리〉라고 궁중 벼슬아치들이 별명을 붙여 웃음거리로 삼았다.[11]

---

1) 『日本古典文学全集』 [11巻1] 「青常の事」(아오츠네에 관한 일)
2) 今は昔、村上の御時、古き宮の御子にて、左京大夫なる人おはしけり。
3) ひととなり少し細高にて、いみじうあてやかなる姿はしたれども、
4) 様体などもをこなりけり。
5) かたくなはしき様ぞしたりける。
6) 頭の、鐙頭なりければ、纓は背中にもつかず、離れてぞ振られける。
7) 色は花を塗りたるやうに、青白にて、まかぶら窪く、鼻のあざやかに高く赤し。
8) 唇薄くて色もなく、笑めば歯がちなるものの、歯肉赤くて、鬚も赤くて長かりけり。
9) 声は鼻声にて高くて、物いへば、一うち響きて聞えける。
10) 歩めば、身を振り、肩を振りてぞ歩きける。

젊은 사람들이 그의 일거수일투족에 도에 넘치게 비웃어 놀려댔기에,12) 덴노가 들으시고 지나치다 싶어서 "이 사내들이 그를 이처럼 비웃는 것은 편치 않은 일이다.13) 그의 아버지가 아들의 일을 듣고서 말리지 않았다며 나를 원망하지 않겠느냐?"라고 말씀하시며,14) 진정으로 꾸짖으시니,15) 궁중 벼슬아치들이 혀를 차며 모두 비웃지 않을 것을 서로 이야기 나누었던 것이었다.16)

　그리고 이야기 나누기를 "이처럼 꾸짖으시니, 이제부터 장구히 맹세하겠다.17) 만일 이렇게 맹세한 연후에 〈늘 푸른 나으리〉라고 부르기라도 하는 자에게는,18) 술과 안주 따위를 내도록 하여 죄를 깊게 할 것이다."라고 굳게 다짐했다.19) 그런데 그렇게 맹세한 후에 얼마 지나지 않아서, 호리카와(堀川)20)님이 아직 궁궐 벼슬아치로 계셨을 때인데,21) 별생각 없이 일어나서 나가는 그 뒷모습을 보고 깜빡하여,22) "저 〈늘 푸른 나으리〉는 어디 가는가?"라고 말씀하고 말았다.23) 궁중 벼슬아치들이 "이렇게 맹세를 깨뜨린 것은 너무나 편치 않은 일이다."라며,24) "약조한 대로 냉큼 술과 안주를 마련하게

---

11) 色のせめて青かりければ、青常の君とぞ、殿上の君達はつけて笑ひける。
12) 若き人たちの、立居につけて、やすからず笑ひののしりければ、
13) 御門聞し召し余りて、「このをのこどもの、これをかく笑ふ、便なき事なり。
14) 父の御子、聞きて制せずとて、我を恨みざらんや」など仰せられて、
15) まめやかにさいなみ給へば、
16) 殿上の人々したなきをして、みな笑ふまじき由言ひ合へりけり。
17) さて言ひ合へるやう、「かくさいなめば、今より長く起請す。
18) もしかく起請して後、青常の君と呼びたらん者をば、
19) 酒、くだ物など取り出させて、あがひせん」と言ひ固めて、
20) 『日本古典文学全集』에 의하면 이는 헤이안(平安) 중기 귀족으로 태정대신(太政大臣)을 역임한 후지와라노 가네미치(藤原兼通_925-977)라고 한다.
21) 起請して後、いくばくもなくて、堀川殿の殿上人にておはしけるが、
22) あうなく立ちて行く後手を見て、忘れて、
23) 「あの青常まるはいづち行くぞ」とのたまひてけり。

하여 이번 일을 갚으시오."라며,25) 모여들어서 다그치며 떠들썩했다.26) 하지만 이에 맞서서 "하지 않겠다."라며 버티셨지만, 거듭거듭 진정으로 다그쳤기에,27) "그렇다면 모레쯤 〈늘 푸른 나으리〉에 대한 빚을 갚겠소.28) 궁중 벼슬아치들은 그날 모이시오."라고 하고 나가셨다.29)

그날에 이르러 "호리카와(堀川)님이 〈늘 푸른 나으리〉에게 진 빚을 갚을 것이다."라며,30) 그 자리에 찾아오지 않는 사람이 없다.31) 궁중 벼슬아치들이 즐비하게 늘어서서 기다리고 있는데, 호리카와님이 평상복 차림으로,32) 용모는 빛이 나는 듯한 사람인데, 이루 말할 수 없이 향기로운 향내를 풍기고,33) 멋들어짐이 차고 넘치는 모습으로 나오셨다.34)

평상복의 기다랗고 멋진 옷자락 너머로 푸르게 다린 겉에 드러나는 속옷을 입고,35) 아랫도리옷도 푸른 빛의 것을 입고 있었다.36) 수하에 둔 세 사람에게 푸른 웃옷과 아랫도리옷을 입히고, 또 한 사람에게는 푸른색을 입힌 밥상에,37) 청자 접시에 청미래덩

---

24) 殿上人ども、「かく起請を破りつるは、いと便なき事なり」とて、
25) 「言ひ定めたるやうに、すみやかに酒、くだ物取りにやりて、この事あがへ」と、
26) 集りて責めののしりければ、
27) あらがひて、「せじ」と、すまひ給ひけれど、まめやかにまめやかに責めければ、
28) 「さらば、明後日ばかり、青常の君のあがひせん。
29) 殿上人、蔵人、その日集り給へ」といひて、出で給ひぬ。
30) その日になりて、「堀川中将殿の、青常の君のあがひすべし」とて、
31) 参らぬ人なし。
32) 殿上人居並びて待つ程に、堀川中将直衣姿にて、
33) かたちは光るやうなる人の、香はえもいはず香ばしくて、
34) 愛敬こぼれにこぼれて、参り給へり。
35) 直衣の長やかにめでたき裾より、青き打ちたる出衵して、
36) 指貫も青色の指貫を着たり。
37) 随身三人に、青き狩衣、袴着せて、一人には、青く色どりたる折敷に、

굴을 가득 담아 올렸다.38) 또 한 사람에게는 대나무 지팡이에 산비둘기를 네댓 마리 매달아서 들게 했다.39) 다른 한 사람에게는 청자로 만든 병에 술을 담아, 푸른 얇은 종이로 병의 아가리를 감쌌다.40)

그렇게 궁궐 앞으로 연이어서 가지고 나왔기에, 궁중 벼슬아치들이 그걸 보고서,41) 한목소리로 웃으며 떠들썩하기가 굉장하다.42) 그 소리를 덴노(天皇)가 들으시고 "무슨 일인가? 궁궐에 엄청나게 들려오는 이 소리는."이라고 하문하시니,43) 궁녀가 말하길 "가네미치(兼通)가 〈늘 푸른〉이라고 불렀기에, 그 일로 인해,44) 벼슬아치들에게 몰아붙여져서 그 죄를 갚는 것을 웃는 것입니다."라고 아뢰었다.45) 그러자 "어떤 식으로 갚느냐?"라며 궁궐 옥좌로 나가셔서,46) 작게 낸 창 너머로 살펴보시니, 그 자신을 비롯하여,47) 새파랗게 차려입고, 푸른 음식들을 들리고서 갚고 있으니,48) 바로 이것을 웃는 것이라고 보시고서, 차마 화를 내지 못하시고 엄청나게 웃으셨다.49)

그리고 나서는 진정으로 꾸짖는 사람도 없었기에 더더욱 비웃으며 놀려댔던 것이었다.50)

---

38) 青磁の皿に、こくはを盛りて捧げたり。
39) 今一人は、竹の杖に、山鳩を四つ五つばかりつけて持たせたり。
40) また一人には、青磁の瓶に酒を入れて、青き薄様にて、口を包みたり。
41) 殿上の前に、持ち続きて出でたれば、殿上人ども見て、
42) 諸声に笑ひとよむ事おびたたし。
43) 御門聞かせ給ひて、「何事ぞ。殿上におびたたしく聞ゆるは」と問はせ給へば、
44) 女房、「兼通が、青常呼びて候へば、その事によりて、
45) をのこどもに責められて、その罪あがひ候を笑ひ候なり」と申しければ、
46) 「いかやうにあがふぞ」とて、昼御座に出でさせ給ひて、
47) 小蔀より覗かせ給ひければ、我より始めて、
48) ひた青なる装束にて、青き食物どもを持たせてあがひければ、
49) これを笑ふなりけりと御覧じて、え腹立たせ給はで、いみじう笑はせ給ひけり。
50) その後は、まめやかにさいなむ人もなかりければ、いよいよよなん笑ひ嘲りける。

125. 도둑이 권력을 쥐었으니[1]

지금은 옛날, 단고(丹後_교토[京都]부[府] 북부 지역) 지방관인 야스마사(保昌)의 동생으로, 궁궐경비대의 장교로 임관한 야스스케(保輔)라고 하는 사람이 있었다.[2] 그런데 이 자는 도둑의 우두머리였다.[3] 사는 집은 아네가고지(姉小路_현재 교토[京都]시 추쿄[中京]구를 동서로 가르는 길)에서 남쪽, 다카쿠라(高倉)에서 동쪽에 있었다.[4]

집안 깊숙한 곳에 창고를 짓고 아래를 깊이 우물처럼 파서,[5] 큰 칼과 안장과 갑옷과 투구와 비단과 옷감 등, 수많은 장사꾼을 불러들였다.[6] 그리고 값을 따지지 않고 닥치는 대로 사들이고는, "값을 치르겠다."라며,[7] "안쪽 창고 쪽으로 함께 가라."라고 했다.[8] 이에 "값을 받겠구나."라며 갔는데, 창고 안으로 불러들여서는,[9] 미리 파놓은 구덩이로 밀어 넣고 또 밀어 넣어버리고는, 가지고 온 물건들을 죄다 빼앗았다.[10]

이렇게 야스스케에게 물건을 가지고 들어간 사람 가운데 돌아 나온 자가 없다.[11]

---

1) 『日本古典文学全集』[11巻2]「保輔、盗人たる事」(야스스케가 도둑인 일)
2) 今は昔、丹後守保昌の弟に、兵衛尉にて冠賜りて、保輔といふ者ありけり。
3) 盗人の長にてぞありける。
4) 家は姉が小路の南、高倉の東に居たりけり。
5) 家の奥に蔵を造りて、下を深き井のやうに掘りて、
6) 太刀、鞍、鎧、兜、絹、布など、万の売る者を呼び入れて、
7) いふままに買ひて、「値を取らせよ」といひて、
8) 「奥の蔵の方へ具して行け」といひければ、
9) 「値賜らん」とて行きたるを、蔵の内へ呼び入れつつ、
10) 掘りたる穴へ突き入れ突き入れして、持て来たる物をば取りけり。

이 일을 장사꾼들이 수상하게 여겼지만, 파묻어 죽여버렸기에 그 일을 떠드는 사람이 없었다.12)

　이뿐만 아니라, 온 도읍을 헤집고 다니며 도둑질을 해서 지냈다.13) 그 일이 어렴풋이 소문이 났지만, 어찌 된 영문인지,14) 야스스케가 붙잡혀 오랏줄 받는 일 없이 지내고 있었다.15)

---

11) この保輔がり物持て入りたる者の、帰り行くなし。
12) この事を物売怪しう思へども、埋み殺しぬれば、この事をいふ者なかりけり。
13) これならず、京中押しありきて、盗みをして過ぎけり。
14) この事おろおろ聞えたりけれども、いかなりけるにか、
15) 捕へからめらるる事もなくてぞ過ぎにける。

126. 도장 깨기 실패1)

　　옛날에 세이메이(晴明_헤이안[平安]시대를 대표하는 음양가[陰陽家])가 사는 츠치미카도(土御門_헤이안쿄[平安京]를 동서로 가르는 길)에 있는 집에, 나이 들어 센머리 노승이 찾아왔다.2) 열 살 남짓한 동자 둘을 거느리고 있었다.3) 세이메이가 "뭐라 하시는 분이십니까?"라고 물었다.4) 그러자 "하리마(播磨_현재 효고[兵庫]현 남서부의 예 지역명) 지역의 사람입니다. 음양사에게 배우고자 뜻하고 있습니다.5) 이 방면에 지극히 출중하시다는 이야기를 듣고서,6) 조금 배우고자 하여 찾아온 것입니다."라고 했다.7)

　　그러자 세이메이가 생각하길, 이 법사는 용한 사람인 듯싶다.8) 나를 시험하고자 하여 찾아온 사람이다.9) 그런 사람에게 못나게 보여서는 좋지 않을 것이다.10) 그러니 이 법사를 조금 골탕 먹이고자 생각했다.11)

---

1) 『日本古典文学全集』[11巻3]「晴明を試みる僧の事」(세이메이를 시험하는 스님에 관한 일)
2) 昔、晴明が土御門の家に、老い白みたる老僧来たりぬ。
3) 十歳ばかりなる童部二人具したり。
4) 晴明、「何ぞの人にておはするぞ」と問へば、
5) 「播磨国の者にて候。陰陽師を習はん志にて候。
6) この道に、殊にすぐれておはします由を承りて、
7) 少々習ひ参らせんとて、参りたるなり」といへば、
8) 晴明が思ふやう、この法師は、かしこき者にこそあるめれ。
9) 我を試みんとて来たる者なり。
10) それに悪く見えては悪かるべし。
11) この法師少し引きまさぐらんと思ひて、

노승이 거느리고 온 동자는 꼭두각시 정령(精靈)12)을 부려서 데리고 온 것이리라.13) 그런 꼭두각시 정령이라면 그 모습을 감추라고 마음속으로 염원하며,14) 옷소매 안에서 손가락을 구부려 결인(結印)하고 가만히 주문을 외웠다.15) 그리고 법사에게 이르길 "어서 돌아가십시오.16) 나중에 길일을 택하여, 배우겠다고 말씀하신 것들을 가르쳐드리겠습니다."라고 했다.17) 이에 법사는 "아아, 귀하도다."라며 손을 비비며 이마에 대고 서둘러 떠났다.18)

이제 갔으려나 했는데, 법사가 멈춰서서,19) 여기저기 수레 보관 창고 따위를 두리번거리다가 다시 앞으로 다가와서 말하길,20) "제가 거느리고 온 동자가 둘 다 사라졌습니다.21) 그걸 찾은 연후에 돌아가겠습니다."라고 했다.22)

그러자 세이메이가 "스님은 희한한 말씀을 하시는 스님이시군요.23) 이 세이메이가 무슨 연유로 남이 거느리고 온 사람을 빼앗겠습니까?"라고 했다.24)

법사가 이르길 "나으리, 너무나도 지당하신 말씀입니다.25) 하지만 그저 용서해주십

---

12) 원문의 「式神(しきがみ)」는 음양오행설을 바탕으로 길흉화복을 점치는 음양도(陰陽道)에서, 음양사(陰陽師)의 명령에 따라 신출귀몰하며 신비한 재주를 부린다고 하는 정령(精靈)을 가리킨다.
13) 供なる童部は、式神を使ひて来たるなめりかし。
14) 式神ならば召し隠せと、心の中に念じて、
15) 袖の内にて印を結びて、ひそかに呪を唱ふ。
16) さて法師にいふやう、「とく帰り給ひね。
17) 後によき日して、習はんとのたまはん事どもは、教へ奉らん」といへば、
18) 法師、「あら、貴」といひて、手を摺りて額に当てて、立ち走りぬ。
19) 今は去ぬらんと思ふに、法師とまりて、
20) さるべき所々、車宿など覗き歩きて、また前に寄り来ていふやう、
21) 「この供に候ひつる童の、二人ながら失ひて候。
22) それ賜りて帰らん」といへば、
23) 晴明、「御坊は、希有の事いふ御坊かな。
24) 晴明は何の故に、人の供ならん者をば取らんずるぞ」といへり。

시오."라며 빌기에,26) "좋습니다. 스님이 남을 시험한다며,27) 꼭두각시 정령을 부려서 찾아온 것이 부러웠고, 각별하게 느껴졌는데,28) 이런 일은 다른 사람에게나 그렇게 시험하십시오.29) 이 세이메이에게 어찌 그런 일을 하실 수 있습니까?"라며,30) 글을 읽는 양으로 한동안 가만히 있었다.31)

그러자 밖에서 동자 둘이 뛰어 들어와서 법사 앞으로 나왔기에,32) 그때 법사가 아뢰길 "정말로 시험했던 것입니다.33) 저들을 부리는 것은 손쉬운 일입니다.34) 그런데 다른 사람이 부리는 것을 감추는 일은 도무지 해내기 어려운 노릇입니다.35) 이제부터는 한마음으로 제자가 되고자 합니다."라며,36) 품속에서 명부(名簿)37)를 꺼내 건넸던 것이었다.38)

---

25) 法師のいふやう、「更にあが君、大きなる理候。
26) さりながら、ただ許し給らん」と詫びければ、
27) 「よしよし、御坊の、人の試みんとて、
28) 式神使ひて来るが、うらやましきを、ことに覚えつるが、
29) 異人をこそ、さやうには試み給はめ。
30) 晴明をば、いかでさる事し給ふべき」といひて、
31) 物よむやうにして、暫しばかりありければ、
32) 外の方より童二人ながら走り入りて、法師の前に出で来ければ、
33) その折、法師の申すやう、「まことに試み申しつるなり。
34) 使ふ事はやすく候。
35) 人の使ひたるを隠す事は、更にかなふべからず候。
36) 今よりは、ひとへに御弟子になりて候はん」といひて、
37) 원문의 「名簿(みょうぶ)」는 고대(古代)·중세(中世)에 귀인(貴人)을 뵙거나, 주인을 모시거나, 또는 스승에게 입문할 때 그 증명으로 내민 명찰을 가리킨다. 여기에는 직위와 성명, 생년월일을 써넣는다. 참고로 「명부(名簿) : 어떤 일에 관련된 사람의 이름, 주소, 직업 따위를 적어놓은 장부」(표준국어대사전)
38) 懐より名簿引き出でて取らせけり。

127. 개구리 죽이기 술법[1]

그 세이메이(晴明_헤이안[平安]시대를 대표하는 음양가[陰陽家])가 어느 날 히로사와(広沢) 승정(僧正)의 방사로 찾아가서,[2] 대화 나누고 있었을 때, 젊은 승려들이 세이메이에게 말하길,[3] "꼭두각시 정령(式神)을 부리신다고 하는데, 순식간에 사람을 죽이십니까?"라고 했다.[4] 그러자 "쉽사리 죽일 수는 없겠지요. 힘을 담아 죽여야지요."라고 했다.[5] 그리고 "그런데 벌레 같은 것은 조금만 해도 어김없이 죽이겠지요.[6] 하지만 살리는 방도를 모르기에 죄를 얻을 테니,[7] 그런 일은 가당찮습니다."라고 했다.[8]

그러고 있는데 마당에 개구리가 튀어나왔는데, 대여섯 마리 남짓 돌아다니다가 연못 쪽으로 갔다.[9] 그때 "저 가운데 한 마리를, 그렇다면 죽여보십시오. 시험해봅시다."라고 스님이 말했다.[10] 그러자 "죄를 만드시는 스님이로군요. 하지만 시험하시니 죽여 보여드리지요."라며,[11] 풀잎을 잡아 뜯어 무언가 외듯 하고 개구리가 있는 쪽으로 내

---

1) 『日本古典文学全集』[11巻3続]「晴明蛙を殺す事」(세이메이가 개구리를 죽인 일)
2) この晴明、ある時、広沢の僧正の御房に参りて、
3) 物申し承りける間、若き僧どもの晴明にいふやう、
4) 「式神を使ひ給ふなるは、たちまちに人をば殺し給ふや」といひければ、
5) 「やすくはえ殺さじ。力を入れて殺してん」といふ。
6) 「さて虫なんどをば、少しの事せんに、必ず殺しつべし。
7) さて生くるやうを知らねば、罪を得つべければ、
8) さやうの事よしなし」といふ程に、
9) 庭に蛙の出で来て、五つ六つばかり躍りて、池の方ざまへ行きけるを、
10) 「あれ一つ、さらば殺し給へ。試みん」と僧のいひければ、

던졌더니,12) 그 풀잎이 개구리 위에 덮쳐 개구리가 납작하게 깔려 죽고 말았다.13) 이를 보고서 스님들이 낯빛이 바뀌어 두렵게 여겼다.14)

집안에 사람이 없을 때면 이 꼭두각시 정령을 부렸던 까닭인지,15) 아무도 없는데 차양을 쳤다 걷었다, 문을 닫았다 하거나 했던 것이었다.16)

---

11) 「罪を作り給ふ御坊かな。されども試み給へば、殺して見せ奉らん」とて、
12) 草の葉を摘み切りて、物を誦むやうにして、蛙の方へ投げやりければ、
13) その草の葉の、蛙の上にかかりければ、蛙真平にひしげて死にたりけり。
14) これを見て、僧どもの色変りて、恐ろしと思ひけり。
15) 家の中に人なき折は、この式神を使ひけるにや、
16) 人もなきに、蔀を上げ下し、門をさしなどしけり。

128. 지름길을 아는 사람[1]

옛날 가와치(河内_현재 오사카[大阪]부[府] 동부의 옛 지명) 지역 태수인 요리노부(頼信)가 가미쓰케노(上野_지금의 군마[群馬]현에 해당하는 옛 지역명) 지역의 태수였을 때, 간토(関東) 지역에 다이라노 다다쓰네(平忠恒)라고 하는 무사가 있었다.[2] 윗분의 명령을 하찮게 여기기에, 이를 치고자 하여,[3] 크게 군대를 일으켜서 그 거처 쪽으로 향해 가는데,[4] 그 무사는 호수 저편 깊숙이 들어간 곳에 집을 짓고 살고 있었다.[5] 그 호수를 빙 돌아간다면 칠팔일은 걸릴 듯싶다.[6] 가로질러 곧바로 건넌다면 그날 안에 밀려들 듯싶기에,[7] 다다쓰네가 나룻배들을 죄다 감춰버렸다.[8] 그러니 건널 수 있는 도리도 없다.[9]

호숫가에 물끄러미 서서, 이 호숫가를 따라 돌아서 갈 수밖에 없겠다고,[10] 병사들이 생각하고 있었는데, 가미쓰케노 태수가 말하길,[11] "이 물가를 따라 돌아서 간다면 오랜

---

1) 『日本古典文学全集』[11巻4]「河内守頼信、平忠恒を攻むる事」(가와치 태수 요리노부가 다이라노 다다쓰네를 공격한 일)
2) 昔、河内守頼信上野守にてありし時、坂東に平忠恒といふ兵ありき。
3) 仰せらるる事、なきがごとくにする、討たんとて、
4) 多くの軍起して、かれがすみかの方へ行き向ふに、
5) 岩海の遙にさし入りたる向ひに、家を造りて居たり。
6) この岩海をまはるものならば、七八日にめぐるべし。
7) すぐに渡らば、その日の中に攻めつべければ、
8) 忠恒、渡の舟どもをみな取り隠してけり。
9) されば渡るべきやうもなし。
10) 浜ばたにうち立ちて、この浜のままにめぐるべきにこそあれと、

시간이 걸릴 것이다.12) 그러는 사이에 도망치거나, 아니면 쳐들어오지 못하도록 대비도 할 수 있을 것이다.13) 오늘이 가기 전에 다다라서 공격해야만, 그 자식이 뜻밖이라 허둥대 어찌할 바를 모를 것이다.14) 그런데 배들을 모두 감춰두었으니, 어찌해야 좋겠느냐?"라고,15) 병사들에게 물으셨다.16) 이에 병사들은 "도무지 건너실 수 있는 방도가 없습니다.17) 빙 돌아서 쳐들어가게 하셔야 마땅하겠습니다."라고 아뢰었다.18)

그러자 "우리 병사들 가운데 아무래도 여기 길을 잘 알고 있는 사람이 있을 것이다.19) 나 요리노부는 이쪽 간토 지역을 이번에 처음 본다.20) 하지만 우리 집안에 전해지는 이야기로 들어둔 것이 있다.21) 이 물속에는 마치 둑처럼, 넓이가 삼 미터 남짓으로,22) 질러서 건널 수 있는 길이 있다고 한다.23) 깊이는 말의 아랫배에 물이 닿는다고 들었다.24) 이 언저리에 그 길이 닿아있을 것이다.25) 그래도 이렇게 수많은 병사 가운데 알고 있는 자도 있겠지.26) 그러면 그가 앞서서 건너거라.27) 나 요리노부가 뒤이어서

11) 兵ども思ひたるに、上野守のいふやう、
12) 「この海のままに廻りて寄せば、日比経なん。
13) その間に逃げもし、また寄せられぬ構へもせられなん。
14) 今日のうちに寄せて攻めんこそ、あのやつは存じの外にして、あわて惑はんずれ。
15) 然るに、舟どもはみな取り隠したる、いかがはすべき」と、
16) 軍どもに問はれけるに、
17) 軍ども、「更に渡し給ふべきやうなし。
18) まはりてこそ、寄せさせ給ふべく候」と申しければ、
19) 「この軍どもの中に、さりとも、この道知りたる者はあるらん。
20) 頼信は、坂東方はこの度こそ初めて見れ。
21) されども我が家の伝へにて、聞き置きたる事あり。
22) この海中には、堤のやうにて、広さ一丈ばかりして、
23) すぐに渡りたる道あるなり。
24) 深さは馬の太腹に立つと聞く。
25) この程にこそ、その道は当りたるらめ。

건너겠다."라며 말을 재촉하여 다가갔다.28)

그러자 길을 알고 있는 자가 있었던 것인지, 네다섯 기 남짓 말을 물속으로 담가서,29) 거침없이 건너고 또 건너니, 그를 따라서 오백 기 남짓한 병사들도 건너갔다.30) 정말로 말의 아랫배에 물이 찰랑이는데 건너간다.31)

수많은 병사 가운데 오직 셋 남짓이 이 길을 알고 있던 것이었다.32) 나머지는 눈곱만큼도 알지 못한 일이었다.33) 들은 일조차 없던 것이다.34) 그러니 "저 나리는 이 지역을 이번에 처음 오셨는데,35) 우리는 여기에 대대로 살면서도 듣지도 못하고 전혀 몰랐는데,36) 저리 아시는 것은 참으로 남보다 출중한 무사의 본보기로군."이라고 모두 수군댔다.37)

그렇게 두려워하며 건너갈 즈음에, 다다쓰네가 생각하길, 호수를 돌아서 밀려드시겠지,38) 배는 모두 감춰두었으니, 얕은 물길은 나만 알고 있으니,39) 질러서 건너실 수는 없을 테지.40) 물가를 돌아서 오시는 사이에 여러모로 해서 도망치기라도 해야겠다.41)

---

26) さりとも、この多くの軍どもの中に、知りたるもあるらん。
27) さらば先に立ちて渡せ。
28) 頼信続きて渡さん」とて、馬をかき早めて寄りければ、
29) 知りたる者にやありけん、四五騎ばかり、馬を海にうちおろして、
30) ただ渡りに渡りければ、それにつきて、五六百騎ばかりの軍ども渡しけり。
31) まことに馬の太腹に立ちて渡る。
32) 多くの兵どもの中に、ただ三人ばかりぞ、この道は知りたりける。
33) 残は露も知らざりけり。
34) 聞く事だにもなかりけり。
35) 然るに、「この守殿、この国をばこれこそ始にておはするに、
36) 我らはこれの重代の者どもにてあるに、聞きだにもせず、知らぬに、
37) かく知り給へるは、げに人にすぐれたる兵の道かな」と皆ささやき、
38) 怖ぢて渡り行く程に、忠恒は、海をまはりてぞ寄せ給はんずらん、
39) 舟はみな取り隠したれば、浅道をば我ばかりこそ知りたれ。

이렇게 쉽사리 쳐들어오실 수 없을 걸로 생각하여 태평하게 병사를 정비하고 있었다.42) 그런데 집 부근에 있는 부하가 허둥지둥 뛰어 들어와 이르길,43) "저 나리는 이 물속에 얕은 길이 있었기에,44) 수많은 병사를 이끌고 이미 여기에 다다르셨습니다.45) 이제 어찌하시겠습니까?"라고 떨리는 목소리로 허둥대며 이야기했다.46)

이에 다다쓰네는 미리 마련해둔 것과 다르기에,47) "나는 이제 곧 공격받을 테지. 이렇게 아뢰어야겠다."라며,48) 순식간에 이름표49)를 적어서, 문서를 매다는 가지에 달아,50) 작은 배에 부하를 하나 태워 들려서 맞이하러 찾아가도록 했다.51)

그 나리가 그걸 보고, 그 이름표를 받아들고 이르길,52) "이처럼 이름표와 반성문을 덧붙여서 내미는구나.53) 이미 찾아왔구나.54) 그러니 무리하게 공격해서는 아니 될 것이다."라며,55) 그 글월을 가지고 말을 돌리니 병사들도 모두 돌아갔다.56) 그러고 나서

---

40) すぐにはえ渡り給はじ。
41) 浜をまはり給はん間には、とかくもし、逃げもしてん。
42) 左右なくは、え攻め給はじと思ひて、心静かに軍揃へて居たるに、
43) 家のめぐりなる郎等、あわて走り来て曰く、
44) 「上野殿は、この海の中に浅き道の候ひけるより、
45) 多くの軍を引き具して、すでにここへ来給ひぬ。
46) いかがせさせ給はん」とわななき声に、あわてていひければ、
47) 忠恒、かねての仕度に違ひて、
48) 「我すでに攻められなんず。かやうにしたて奉らん」といひて、
49) 원문의 「名簿(みょうぶ)」는 직위와 성명, 생년월일을 써넣은 명찰로, 귀인(貴人)을 뵙거나, 주인을 섬기거나, 또는 스승에게 입문할 때 그 증명으로 내민 것이다.
50) たちまちに名簿を書きて、文挟にはさみてさし上げて、
51) 小舟に郎等一人乗せて、持たせて、迎へて、参らせたりければ、
52) 守殿見て、かの名簿を受け取らせて曰く、
53) 「かやうに、名簿に怠文を添へて出す。
54) すでに来たれるなり。
55) さればあながちに攻むべきにあらず」とて、

더더욱 그 나리를,57) "특별히 출중한 대단한 분이십니다."라고 더욱 널리 명성이 자자하셨다.58)

---

56) この文を取りて、馬を引き返しければ、軍どもみな帰りけり。
57) その後より、いとど守殿をば、
58) 「殊にすぐれて、いみじき人におはします」と、いよいよいはれ給ひけり。

129. 잘 보고 오라 했더니[1]

　이것도 지금은 옛날, 시라카와(白河) 법황[2]이 도바(鳥羽) 별궁[3]에 머물고 계셨을 때,[4] 신하들에게 지방관으로 부임하는 지역으로 내려가는 흉내를 내도록 하시고, 그걸 보시겠다고 하여,[5] 의전 담당관인 히사타카(久孝)라는 사람을 지방관으로 삼아서, 의관을 갖추어 내보내고,[6] 그 밖의 벼슬아치들을 앞세우고,[7] 경비부대원들을 무장시켜서 보여드리겠다고 했다.[8]

　그러니 각자 비단옷을 걸치고, 남보다 못하지 않으려고 애쓰고 있었는데,[9] 그 가운데 경비대 장교인 미나모토노 유키히로(源行遠)가 각별하게 차려입고서,[10] "다른 사람에게 먼저 눈에 띄고 나면 뻔하게 보이겠지."라며,[11] 궁궐 가까이 사는 사람의 집에

---

1) 『日本古典文學全集』[11巻5]「白河法皇北面受領の下りのまねの事」(시라카와 법황의 신하가 지방관 부임하러 떠나는 흉내를 낸 일)
2) 「白河天皇(しらかわてんのう)」는 제72대 덴노(天皇)다. 1086년 어린 堀河(ほりかわ) 天皇에게 양위한 이후에도 상황(上皇)으로서 원정(院政)을 펼쳤다. 1097년에는 출가하여 법황(法皇)이 된다.(1053-1129)
3) 원문의 「鳥羽殿(とばどの)」는 교토(京都)시 후시미(伏見)구에 있던 시라카와(白河), 도바(鳥羽_1103-1156) 상황(上皇)의 이궁(離宮)이다.
4) これも今は昔、白河法皇、鳥羽殿におはしましける時、
5) 北面の者どもに、受領の国へ下るまねせさせて、御覧あるべしとて、
6) 玄審頭久孝といふ者をなして、衣冠に衣出して、
7) その外の五位どもをば前駆せさせ、
8) 衛府どもをば、胡籙負ひにして御覧あるべしとて、
9) おのおの錦、唐綾を着て、劣らじとしけるに、
10) 左衛門尉源行遠、心殊に出で立ちて、

들어가 머물러있으며, 하인을 불러서,12) "여봐라, 궁궐 언저리에서 보고 오너라."라며 보고 오게 시켰다.13)

하지만 한참 지나서도 보이지 않으니 "어찌 이리 늦느냐?"라며,14) 오전 여덟 시에 행사가 시작된다 했는데 늦어진다고 해도,15) 열두 시나 오후 두 시에는 행렬이 건너 올 텐데 하며 기다리고 있었다.16) 그런데 그때 대문 쪽에서 목소리가 들리는데,17) "아아, 늠름하고 또 늠름했도다."라고 했다.18) 그것을 그저 궁에 드는 모습을 말하는 것이려니 여기고 있었는데,19) "의전 담당관의 지방관 차림이 참으로 멋졌도다."라고 한다.20) "후지(藤) 경비대 나리는 비단옷을 입으셨네.21) 미나모토(源) 경비대 나리는 자수를 놓아 금색 문양을 붙였는데."라고 이야기한다.22)

이에 의아하게 여겨 "여봐라." 하고 부르니,23) 그 "보고 오라."고 하여 보냈던 사내가 웃으며 앞으로 나와서는,24) "아무렴, 그런 정도의 장관을 본 적이 없습니다.25) 그

---

11) 「人にかねて見えなば、めなれぬべし」とて、
12) 御前近かりける人の家に入り居て、従者を呼びて、
13) 「やうれ、御前の辺にて見て来」と、見て参らせてけり。
14) 無期に見えざりければ、「いかにかうは遅きにか」と、
15) 辰の時とこそ催はありしか、さがるといふ定、
16) 午未の時には、渡らんずらんものをと思ひて、待ち居たるに、
17) 門の方に声して、
18) 「あはれ、ゆゆしかりつるものかなゆゆしかりつるものかな」といへども、
19) ただ参るものをいふらんと思ふ程に、
20) 「玄蕃殿の国司姿こそ、をかしかりつれ」といふ。
21) 「藤左衛門殿は錦を着給ひつ。
22) 源兵衛殿は縫物をして、金の文をつけて」など語る。
23) 怪しう覚えて、「やうれ」と呼べば、
24) この「見て来」とてやりつる男、笑みて出で来て、
25) 「大方かばかりの見物候はず。

가모(賀茂) 축제도 축에도 끼지 못합니다.26) 궁에 마련된 단상 쪽으로 건너가시는 모습은, 정말 눈으로 담을 수 없을 정도입니다."라고 한다.27) "그리고 어찌?"라고 하니, "아까 끝났습죠."라고 한다.28) "그런데 어찌 와서 알리지 않았느냐?"라고 하니,29) "이건 무슨 말씀을 하십니까? '가서 보고 와라.'라고 말씀하셨기에,30) 눈도 끔벅이지 아니하고, 잘 보고 온 겁죠."라고 한다.31) 당최 뭐라 할 말도 없다.32)

그러고 있는데, "유키하라는 행사에 불참했는데, 거듭거듭 기괴한 일이다.33) 제대로 문초하여 가두라."라고 말씀 내리시니,34) 스무날 남짓 그렇게 있다가, 그 자초지종을 들으시고,35) 웃음을 터뜨리시고 나서, 풀려났다나 뭐라나.36)

---

26) 賀茂祭も物にても候はず。
27) 院の御桟敷の方へ、渡しあひ給ひたりつるさまは、目も及び候はず」といふ。
28) 「さていかに」といへば、「早う果て候ひぬ」といふ。
29) 「こはいかに、来ては告げぬぞ」といへば、
30) 「こはいかなる事にか候らん。『参りて見て来』と仰せ候へば、
31) 目もたたかず、よく見て候ぞかし」といふ。
32) 大方とかくいふばかりなし。
33) さる程に、「行遠は進奉不参、返す返す奇怪なり。
34) たしかに召し籠めよ」と仰せ下されて、
35) 廿日余り候ひける程に、この次第を聞し召して、
36) 笑はせおはしましてぞ、召し籠めはゆりてけるとか。

130. 어찌 이리 어두운가?[1]

　이것도 지금은 옛날, 나라(奈良)에서 창고지기 자리에 있는 에이인(惠印)이라고 하는 스님이 있었다.[2] 코가 무척 크고 붉었기 때문에 "큰 코를 가진 창고지기 자리"라고 불렀는데,[3] 나중에는 말이 길다고 하여 "코 창고지기"라고 했다.[4] 또 한참 지나서는 "코주부, 코주부"라고만 불렀다.[5]

　그가 젊었을 때, 사루사와(猿沢_나라[奈良]시 고후쿠지[興福寺] 남문 앞에 있는 연못) 연못 가장자리에,[6] "그달 그날, 이 연못에서 용이 올라갈 것이다."라고 하는 표찰을 세웠는데,[7] 오가는 사람들이, 젊건 늙건, 세상을 알 법한 사람들이,[8] "참으로 보고 싶은 일이로세."라며 수군대고 있었다.[9]

　이 코주부가 "희한한 노릇이군.[10] 내가 저지른 일인데, 사람들이 이처럼 떠들썩하군.

---

1) 『日本古典文学全集』 [11권6] 「蔵人得業猿沢の池の龍の事」(창고지기 스님과 사루사와 연못에서 벌어진 용에 관한 일)
2) これも今は昔、奈良に蔵人得業恵印といふ僧ありけり。
3) 鼻大きにて、赤かりければ、「大鼻の蔵人得業」といひけるを、
4) 後ざまには、ことながしとて、「鼻蔵人」とぞいひける。
5) なほ後々には、「鼻蔵鼻蔵」とのみいひけり。
6) それが若かりける時に、猿沢の池の端に、
7) 「その月のその日、この池より龍登らんずるなり」といふ札を立てけるを、
8) 往来の者、若き老いたる、さるべき人々、
9) 「ゆかしき事かな」と、ささめき合ひたり。
10) この鼻蔵人、「をかしき事かな。

우스꽝스러운 일이로군."이라고,11) 마음속으로 희한하게 생각했지만, 내버려 두기로 하고,12) 모르는 체하고 지내고 있다 보니, 마침내 그달이 됐다.13)

온통 야마토(大和_현재 나라[奈良]현 소재 옛 지역명), 가와치(河内_현재 오사카[大阪]부[府] 동부의 옛 지명), 이즈미(和泉_현재 오사카부 남부의 옛 지명), 셋츠(摂津_현재의 오사카부로 일부는 효고[兵庫]현에 속하는 옛 지역명) 지방 사람에게까지 이야기가 전해져 모여들었다.14) 에이인 스님은 "어찌 이리 모여드는가?15) 무언가 벌어질 모양이라 그런 건가?16) 괴이한 일이로군."이라고 생각하면서도, 별일 아닌 듯 지내고 있는데,17) 어느덧 그날이 되고 보니, 길도 지나다닐 수 없을 정도로, 바글바글 모여들었다.18)

그 시각이 되어 그 스님이 생각하기를, 예사로운 일도 아닌 모양일세.19) 내가 꾸며낸 일이지만 까닭이 있으니 그렇겠거니 생각했기에,20) "그 일이 어쩌면 있을지도 모르잖아. 가서 봐야겠군." 하며,21) 머리를 덮어 가리고 간다.22) 하지만 당최 가까이 다가갈 수 있을 것 같지도 않다.23) 고후쿠지(興福寺)의 남대문에 있는 단 위에 올라가 서서,24)

---

11) 我がしたる事を、人々騒ぎ合ひたり。をこの事かな」と、
12) 心中にをかしく思へども、すかしふせんとて、
13) 空知らずして過ぎ行く程に、その月になりぬ。
14) 大方大和、河内、和泉、摂津国の者まで聞き伝へて、集ひ合ひたり。
15) 恵印、「いかにかくは集る。
16) 何かあらんやうのあるにこそ。
17) 怪しき事かな」と思へども、さりげなくて過ぎ行く程に、
18) すでにその日になりぬれば、道もさり敢へず、ひしめき集る。
19) その時になりて、この恵印思ふやう、ただごとにもあらじ。
20) 我がしたる事なれども、やうのあるにこそと思ひければ、
21) 「この事さもあらんずらん。行きて見ん」と思ひて、
22) 頭つつみて行く。
23) 大方近う寄りつくべきにもあらず。
24) 興福寺の南大門の壇の上に登り立ちて、

이제나 용이 올라가려나, 저제나 올라가려나 하며 기다렸지만 뭐가 올라가겠는가?25) 날도 이미 저물었다.26)

칠흑같이 어두운 밤이 되어, 이런 상황이고 보면 그렇게 가만히 있을 수 없는 노릇이기에,27) 그냥 돌아갔는데, 그런데 그 길에 어떤 한 다리를 봉사가 건너고 있었다.28)

그 스님이 "에구머니, 위험천만한 어두운 눈[봉사]이로세."라고 했다.29) 그러자 봉사가 그 말을 듣기가 무섭게 곧바로 "그럴 리가. 어두운 코[코주부]30)인 게지."라고 했다.31)

그 스님을 남들이 코주부라고 부르는 것도 몰랐지만,32) 어두운 눈[봉사]이라고 하기에,33) "그럴 리가. 어두운 코[코주부]인 게지."라고 했던 것인데,34) 코주부라는 말에 딱 들어맞았기에, 재미나는 일 가운데 하나라나 뭐라나.35)

---

25) 今や龍の登るか登るかと待ちたれども、何の登らんぞ。
26) 日も入りぬ。
27) 暗々になりて、さりとては、かくてあるべきならねば、
28) 帰りける道に、一つ橋に、盲が渡り合ひたりけるを、
29) この恵印、「あな、あぶなのめくらや」といひたりけるを、
30) 원문은 「めくら」와 「はなくら」를 대비시키고 있는데, 즉 「目[め]が暗[くら]い(盲[めくら])」와 「鼻[はな]가 暗[くら]い(鼻蔵[はなくら])」에서 웃음을 자아낸다.
31) 盲とりもあへず、「あらじ。鼻くらなるなり」といひたりける。
32) この恵印を、鼻蔵といふも知らざりけれども、
33) めくらといふにつきて、
34) 「あらじ。鼻暗ななり」といひたるが、
35) 鼻蔵に言ひ合せたるが、をかしき事の一つなりとか。

131. 하찮아 보이는 가림막이[1]

　지금은 옛날, 전혀 의지할 곳 없던 한 여인이 기요미즈데라(清水寺_교토[京都] 소재 법상종[法相宗]의 사찰)에 온 힘을 다해 참배하고 있었다.[2] 참으로 오랜 세월이 쌓였지만, 눈곱만큼도 그 은총으로 여겨지는 일이 없다.[3] 그러니 더더욱 의지할 곳이 없게 되어, 이윽고 오랫동안 살던 거처까지도,[4] 까닭도 없이 떠나와, 머물 곳도 이제 없어지고 말았다.[5]

　이에 울며불며 관음보살을 원망하는데,[6] "어떠한 전생의 업보가 있다고 해도, 아주 조금의 의지할 거리는 내리실 수 있지 않겠습니까?"라고 끈질기게 아뢰며,[7] 불전에 드러누웠던 어느 날 밤의 꿈에, "불전에서."라며,[8] "이렇게 온 힘을 다해 아뢰니 참으로 안쓰럽게 보이지만,[9] 아주 작은 것이라도 베풀 만한 거리가 없으니, 그걸 생각하여 한숨짓는 것이다.[10] 이것을 받거라."라며 가림막의 천 조각을 너무나 조심스럽게 접어서,

---

1) 『日本古典文学全集』[11巻7]「清水寺御帳賜る女の事」(기요미즈데라의 가림막을 받은 여인에 관한 일)
2) 今は昔、便なかりける女の、清水にあながちに参るありけり。
3) 年月積りけれども、露ばかりその験と覚えたる事なく、
4) いとど便なくなりまさりて、果ては年比ありける所をも、
5) その事となくあくがれて、寄りつく所もなかりけるままに、
6) 泣く泣く観音を恨み申して、
7) 「いかなる先世の報なりとも、ただ少しの便賜り候はん」と、いりもみ申して、
8) 御前にうつぶし臥したりける夜の夢に、「御前より」とて、
9) 「かくあながちに申せば、いとほしく思し召せど、
10) 少しにてもあるべき便のなければ、その事を思し召し歎くなり。

앞에 놓아두신 꿈을 꾸었다.11)

　꿈에서 깨어 등불에 비추어 살펴보니,12) 꿈에서와 한가지로 가림막의 천 조각이 접혀서 앞에 있는 것을 보았다.13) 그리고 이걸 보니 이것 이외에 주실 재물이 없기 때문인 줄로 생각했다.14) 그러니 자기 처지를 새삼 깨닫고서 슬퍼하며 아뢰길,15) "이것을 절대 받지 않겠습니다.16) 조금의 거리라도 있다면, 비단이라도 가림막에 꿰매어 넘겨 주셨으리라 생각하는데,17) 이런 가림막만을 받아서는, 가지고 나가야 소용도 없습니다.18) 되돌려드리고자 합니다."라며, 낮은 울타리 안으로 들여놓아 두었다.19)

　다시 꾸벅꾸벅 졸다가 꾼 꿈에, "어찌 건방진 짓을 하느냐?20) 그저 내리는 것을 받지 아니하고, 이렇게 되돌려놓다니, 고약한 일이로다."라며,21) 다시 받는 꿈을 꾼다.22)

　그리고 꿈에서 깨니, 다시 마찬가지로 그게 앞에 있으니, 울며불며 다시 되돌려놓았다.23)

　이렇게 하며 세 차례 되돌려드렸는데, 여전히 다시 돌려주시며,24) 마지막 차례인 이번에 되돌려 바친다면 무례한 처사가 될 거라며 꾸짖으셨다.25) 그런 줄도 모르는 절의 승려가

---

11) 「これを賜れ」とて、御帳の帷をいとよく畳みて、前にうち置かると見て、
12) 夢覚めて、御あかしの光に見れば、
13) 夢のごとく御帳の帷、畳まれて前にあるを見るに、
14) さは、これより外に、賜ぶべき物のなきにこそあんなれと思ふに、
15) 身の程の思ひ知られて、悲しくて申すやう、
16) 「これ更に賜はらじ。
17) 少しの便も候はば、錦をも御帳には縫ひて参らせんとこそ思ひ候に、
18) この御帳ばかりを賜りて、まかり出づべきやうも候はず。
19) 返し参らせ候ひなん」と申して、犬防の内に、さし入れて置きぬ。
20) またまどろみ入りたる夢に、「などさかしくはあるぞ。
21) ただ賜ばん物をば賜らで、かく返し参らする、怪しき事なり」とて、
22) また賜ると見る。
23) さて覚めたるに、また同じやうに前にあれば、泣く泣く返し参らせつ。
24) かやうにしつつ、三度返し奉るに、なほまた返し給びて、

가림막 천 조각을 훔쳐 가기라도 하려나 의심할지도 모른다고 생각하는 것도,26) 역시 고약하기에, 아직 밤이 깊은데 그걸 품속에 넣어서 가지고 나오고 말았다.27)

이걸 어찌하면 좋을까 생각하여, 펼쳐놓아 보고는,28) 입을 만한 옷도 없기에, 그렇다면 이걸 옷으로 지어 입어야겠다는 마음이 들었다.29) 그걸 옷으로 지어 입고 나서는, 만나보는 사내건 여인네건 죄다,30) 멋지고 사랑스럽게 여기어,31) 아무 상관도 없는 사람으로부터도 재물을 많이 얻기에 이르렀다.32)

큰일이 난 사람의 송사까지도, 그 옷을 입고,33) 알지 못하는 지체 높은 곳에 찾아가 아뢰기라도 하면 반드시 이루어졌다.34) 이렇게 하면서 다른 사람으로부터 재물을 얻고,35) 괜찮은 사내의 사랑도 받으며, 풍요롭게 지내고 있었다.36)

그러니 그 옷을 잘 챙겨두었다가, 필시 큰일이라 여기는 때에 꺼내 입었다.37) 그러면 반드시 이루어졌단다.38)

---

25) 果ての度は、この度返し奉らんは、無礼なるべき由を戒められければ、
26) かかるとも知らざらん寺僧は、御帳の帷を盗みたるとや疑はんずらんと思ふも、
27) 苦しければ、まだ夜深く、懐に入れてまかり出でにけり。
28) これをいかにとすべきならんと思ひて、引き広げて見て、
29) 着るべき衣もなきに、さは、これを衣にして着んと思ふ心つきぬ。
30) これを衣にして着て後、見と見る男にもあれ、女にもあれ、
31) あはれにいとほしきものに思はれて、
32) そぞろなる人の手より、物を多く得てけり。
33) 大事なる人の愁をも、その衣を着て、
34) 知らぬやんごときなき所にも参りて申させければ、必ず成りけり。
35) かやうにしつつ、人の手より物を得、
36) よき男にも思はれて、たのしくぞありける。
37) さればその衣をば納めて、必ず先途と思ふ事の折にぞ、取り出でて着ける。
38) 必ずかなひけり。

132. 나를 대신하여[1)]

    지금은 옛날 스루가(駿河_현재 시즈오카[静岡]현 중앙부에 자리한 옛 지역명) 지방의 전임 태수인 다치바나노 스에미치(橘季通)의 아버지로, 동북 지방 전임 태수인 노리미쓰(則光)라고 하는 사람이 있었다.[2)] 무인의 집안은 아니었지만, 세상 사람에게 우러름을 받고, 힘도 엄청나게 셌다.[3)] 세상의 좋은 평판도 가지고 있었다.[4)]

    그가 젊어서 궁궐 경비대에서 벼슬아치로 있었을 때, 숙직하는 곳에서 여인네에게 가고자 하여,[5)] 큰 칼만 차고서, 몸종 아이 하나만을 거느린 채 궁궐을 내려가는데,[6)] 커다란 담장 안쪽에 사람이 서 있는 기척이 나기에, 두렵게 여기며 지나가려 했다.[7)]

    그때는 음력 팔구일에 밤이 깊어 달이 서산에 기울었으니,[8)] 서쪽 담장 안쪽은 그림자가 져서 사람이 서 있다고 해도 잘 보이지 않는다.[9)] 그런데 담장 쪽에서 목소리가 들리는데 "거기 지나가는 사람은 게 멈추시오.[10)] 나리께서 납십니다. 지나갈 수 없겠소"

---

1) 『日本古典文学全集』 [11巻8] 「則光盗人を斬る事」(노리미쓰가 도둑을 벤 일)
2) 今は昔、駿河前司橘季通が父に、陸奥前司則光といふ人ありけり。
3) 兵の家にはあらねども、人に所置かれ、力などぞいみじう強かりける。
4) 世のおぼえなどありけり。
5) 若くて衛府の蔵人にぞありける時、殿居所より女のもとへ行くとて、
6) 太刀ばかりをはきて、小舎人童をただ一人具して、大宮を下りに行きければ、
7) 大垣の内に人の立てる気色のしければ、恐ろしと思ひて過ぎける程に、
8) 八九日の夜更けて、月は西山に近くなりたれば、
9) 西の大垣の内は影にて、人の立てらんも見えぬに、
10) 大垣の方より声ばかりして、「あの過ぐる人まかり止れ。

라고 했다.11) 이에 어련하겠나 하며 부리나케 지나갔다.12)

그러자 "네놈은 그리 달아나려느냐?"라며 내달려 가까이 다가오는데,13) 고개를 숙인 채로 곁눈질로 보니, 활을 찬 모습은 보이지 않는다.14) 큰 칼이 번득번득 빛나는데, 나무로 만든 칼은 아닌 걸로 보인다.15) 바싹 엎드려 도망치는데, 뒤쫓아와 달려드니 머리가 깨어지고 말 줄로 생각하여,16) 갑작스레 한쪽 가로 달라붙었다.17) 그랬더니 뒤쫓던 자가 제 달음박질을 주체하지 못하고 멈춰 서지 못했다.18) 그대로 앞질러 나갔기에, 앞세워 두고서, 큰 칼을 뽑아 내리치니,19) 머리를 한가운데서부터 쪼개버렸기에 나동그라지고 말았다.20)

해냈다고 생각하고 있는데 "저건 어찌 된 영문인가?"라며,21) 또다시 누군가가 달려들기에, 큰 칼도 제대로 차지 못하고 옆구리에 끼고 도망쳤다.22) "고약한 녀석이로세."라며 내달려 밀어닥치는 자가 있는데,23) 아까보다는 더 발이 빠르기에, 이래서는 당최 아까처럼은 꾀할 수 없겠거니 하여,24) 갑작스레 멈춰서 가만히 있었더니, 제 달음박질을 주체

---

11) 公達のおはしますぞ。え過ぎじ」といひければ、
12) さればこそと思ひて、すすどく歩みて過ぐるを、
13) 「おれは、さてはまかりなんや」とて、走りかかりて、物の来ければ、
14) うつぶきて見るに、弓のかげは見えず。
15) 太刀のきらきらとして見えければ、木にはあらざりけりと思ひて、
16) かい伏して逃ぐるを、追ひつけて来れば、頭打ち破られぬと覚ゆれば、
17) にはかに傍ざまに、ふと寄りたれば、
18) 追ふ者の走りはやまりて、えとどまりあへず、
19) 先に出でたれば、過し立てて、太刀を抜きて打ちければ、
20) 頭を中より打ち破りたりければ、うつぶしに走り転びぬ。
21) ようしんと思ふ程に、「あれはいかにしつるぞ」といひて、
22) また物の走りかかり来れば、太刀をもえさしあへず、脇に挟みて逃ぐるを、
23) 「けやけきやつかな」といひて、走りかかりて来る者、
24) 初のよりは走りとく覚えければ、これはよもありつるやうには、謀られじと思ひて、

하지 못하는 자라서,25) 제풀에 넘어져서 나자빠져 있기에,26) 엇갈려 덮쳐서 일어나지 못하게 누르고, 머리를 또한 깨뜨려버리고 말았다.27)

이제 끝이려니 생각하고 있었는데, 세 사람이 있었기에,28) 나머지 하나가 "그리는 보낼 수 없다. 고약하기 짝이 없는 녀석이로세."라며,29) 끈질기게 내달려 밀어닥쳤다.30)

이에 "이번에는 내가 당하고 말겠구나.31) 신령님 부처님 살려주십시오."라고 기도하고, 큰 칼을 마치 창 모양으로 들고서,32) 제 달음박질을 주체하지 못하는 자에게 느닷없이 맞서서 들이대니,33) 멈추지 못하고 그대로 들이박고 말았다.34)

그자도 베었지만, 지나치게 가까이 달려들어 맞닥뜨렸기에, 옷가지조차도 베이지 않았다.35) 창 모양으로 들고 있던 큰 칼이었기에,36) 그대로 받아서 한가운데부터 꿰뚫었는데,37) 큰 칼의 자루를 뒤집었기에 벌러덩 나자빠지는 것을 베었기 때문에,38) 큰 칼을 지닌 팔뚝을 어깨부터 잘라내고 말았다.39)

---

25) にはかに居たりければ、走りはやまりたる者にて、
26) 我にけつまづきて、うつぶしに倒れたりけるを、
27) ちがひて立ちかかりて、起し立てず、頭をまた打ち破りてけり。
28) 今はかくと思ふ程に、三人ありければ、
29) 今一人が、「さては、えやらじ。けやけくしていくやつかな」とて、
30) 執念く走りかかりて来ければ、
31) 「この度は、我はあやまたれなんず。
32) 神仏助け給へ」と念じて、太刀を桙のやうに取りなして、
33) 走りはやまりたる者に、にはかにふと立ち向ひければ、
34) はるはるとあはせて、走り当りにけり。
35) やつも斬りけれども、余りに近く走り当りければ、衣だに斬れざりけり。
36) 桙のやうに持ちたりける太刀なりければ、
37) 受けられて、中より通りたりけるを、
38) 太刀の柄を返しければ、のけざまにたうれたりけるを斬りてければ、
39) 太刀持ちたる腕を、肩より打ち落としてけり。

그러고서 줄행랑쳐서 자리를 피하고, 다른 사람이 있는지 살폈지만,40) 인기척도 없었기에, 달음박질하여,41) 경비대가 지키는 외곽 중앙문으로 들어가 기둥에 기대어 서서,42) 몸종 아이는 어찌 되었을까 기다리고 있었다.43) 아이가 궁궐로 올라오며 울며 불며 지나가는데, 불렀더니 기뻐하며 달려왔다.44)

아이를 숙직하는 곳으로 보내 갈아입을 옷을 가져오게 하여 갈아입고,45) 원래 입고 있던 웃옷과 아랫도리에는 피가 묻어 있었기에, 아이에게 깊숙이 감추도록 하고,46) 아이의 입단속을 단단히 하고, 큰 칼에 피가 묻은 것을 잘 씻어 챙기고,47) 숙직하는 곳에 아무 일도 없는 듯 들어가 누워있었다.48)

밤새도록 자신이 저지른 일이 소문이나 나지 않을까 마음이 쿵덕거린다.49) 그렇게 날이 새고 나니 사람들이 떠들썩하다.50) "궁궐 수라간의 대문 언저리에 덩치가 커다란 사내 셋이,51) 얼마 사이도 두지 않고 베여 쓰러져있는데, 혼비백산할 칼솜씨로세.52) 서로 칼부림하다가 죽었나 싶었는데 모두 같은 칼솜씨로다.53) 원수가 저지른

---

40) さて走り退きて、また人やあると聞きけれども、
41) 人の音もせざりければ、走り舞ひて、
42) 中御門の門より入りて、柱にかい添ひて立ちて、
43) 小舎人童はいかがしつらんと待ちければ
44) 童は、大宮を上りに泣く泣く行きけるを、呼びければ、悦びて走り来にけり。
45) 殿居所にやりて、着替取り寄せて着替へて、
46) もと着たりける上の衣、指貫には、血の付きたりければ、童して深く隠させて、
47) 童の口よく固めて、太刀に血の付きたる、洗ひなどしたためて、
48) 殿居所にさりげなく入りて、臥しにけり。
49) 夜もすがら、我がしたるなど、聞えやあらんずらんと、胸うち騒ぎて思ふ程に、
50) 夜明けて後、物ども言ひ騒ぐ。
51) 「大宮、大炊の御門辺に、大なる男三人、
52) いく程も隔てず、斬り伏せたる、あさましく使ひたる太刀かな。
53) かたみに斬り合ひて死にたるかと見れば、同じ太刀の使ひざまなり。

일인 것일까?54) 하지만 도둑으로 보이는 행색인걸." 하며 왁자지껄했다.55)

이에 궁중 벼슬아치들이 "어서 가서 보고 와야겠다."라며 앞다투어 가니,56) 안 가면 좋겠다고 생각하지만, 가지 않는 것도 또한 이해가 가지 않는 처지기에, 떨떠름히 갔다.57)

탈것에 가득 올라타서 가까이 다가가 보니,58) 아직도 아무런 조처도 하지 아니하고 그냥 내버려 두었다.59) 그런데 나이 사십 남짓한 사내로, 덥수룩한 수염을 기른 사내가, 무늬 없는 아랫도리 옷에,60) 빛이 바랜 감색 웃옷을 입고, 빛이 바랜 황금색 비단 겉옷을 걸친 사내가,61) 멧돼지 가죽을 뒤집어 만든 칼집으로 감싼 큰 칼을 차고,62) 원숭이 가죽으로 만든 버선에, 신발을 떡하니 신고, 겨드랑이를 긁고, 손가락질하며,63) 여기 봤다 저기 봤다 도리도리하며 떠들어대는 사내가 서 있었다.64)

뭐 하는 사내인가 싶어 지켜보고 있는데, 아랫사람이 다가와서,65) "저 사내가 도적을 만나 해치웠다고 합니다."라고 했다.66) 이에 참으로 기뻐할 만한 말을 하는 사내라고 생각하고 있었는데,67) 탈것 앞쪽에 자리하고 있던 궁중 벼슬아치가 "저 사내를 이리

---

54) 敵のしたりけるにや。
55) されど、盗人と覚しきさまぞしたる」などいひののしるを、
56) 殿上人ども「いざ、行きて見て来ん」とて、誘ひて行けば、
57) 行かじはやと思へども、行かざらんもまた心得られぬさまなれば、しぶしぶに去ぬ。
58) 車に乗りこぼれて、やり寄せて見れば、
59) いまだともかくもしなさで置きたりけるに、
60) 年四十余りばかりなる男の、鬢鬚なるが、無文の袴に、
61) 紺の洗ひざらしの襖着、山吹の絹の衫よくさらされたる着たるが、
62) 猪のさかつらの尻鞘したる太刀はきて、
63) 猿の皮の足袋に、沓きりはきなして、脇を掻き、指をさして、
64) と向きかう向き、物いふ男立てり。
65) 何男にかと見る程に、雑色の寄り来て、
66) 「あの男の、盗人敵にあひて、つかうまつりたると申す」といひければ、
67) 嬉しくもいふなる男かなと思ふ程に、

불러들여라.68) 자세히 물어야겠다."라고 하니, 아랫사람이 달려가 데리고 왔다.69)

그를 살펴보니 수북한 수염에, 턱이 휘고, 코는 낮다.70) 붉은 수염을 기른 사내인데, 핏발이 선 눈으로 한쪽 무릎을 꿇고, 칼자루에 손을 대고 있었다.71)

"어찌 된 영문인가?"라고 묻자,72) "요전 밤중에 어디 가려 하여 여기를 지나가려는데,73) 저 셋이 '네놈이 어찌 지나갈쏘냐?'라며 연달아 달려들어 덮쳤는데,74) 도둑이려니 생각하여 온 힘을 다해 자빠뜨린 것입니다.75) 오늘 아침에 보니, 나를 그러려니 생각할 법한 자식들이었기에,76) 원수로서 해치운 모양이라고 생각했기에, 그 대갈통을 베어 이렇게 처리하고 있는 겁니다."라며,77) 섰다 앉았다, 손가락질했다 하며, 떠들어대고 있었다.78) 이에 사람들이 "그래서? 그래서?"라며 연신 물으니,79) 너무나도 미친 듯이 떠들어대고 있었다.80)

그제야 비로소 다른 사람에게 미룰 수 있게 되었기에, 고개를 들어 쳐다봤다.81) 아무래도 느낌을 알지 않을까, 남모르게 생각하고 있었지만,82) 내가 했다고 떠벌리는

---

68) 車の前に乗りたる殿上人の、「かの男召し寄せよ。
69) 子細問はん」といへば、雑色走り寄りて、召しもて来たり。
70) 見れば、高面鬚にて、頤反り、鼻下りたり。
71) 赤鬚なる男の、血目に見なし片膝つきて、太刀の柄に手をかけて居たり。
72) 「いかなりつる事ぞ」と問へば、
73) 「この夜中ばかりに、物へまかるとて、ここをまかり過ぎつる程に、
74) 物の三人、『おれはまさに過ぎなんや』とて、走り続けてまうで来つるを、
75) 盗人なめりと思ひ給へて、あへ競べ伏せて候なり。
76) 今朝見れば、なにがしをみなしと思ひ給ふべきやつばらにて候ひければ、
77) 敵にて仕りたりけるなめりと思ひ給ふれば、しや頭どもをまつて、かく候なり」と、
78) 立ちぬ居ぬ、指をさしなど、語り居れば、
79) 人々、「さてさて」といひて問ひ聞けば、
80) いとど狂ふやうにして語りをる。
81) その時にぞ、人に譲りえて、面ももたげられて見ける。

자가 나섰기에, 그에게 미루고 그걸로 그만이었다고,83) 나이 들고 나서 자손들에게 이야기했단다.84)

---

82) 気色やしるからんと、人知れず思ひたりけれど、
83) 我と名のる者の出で来たりければ、それに譲りてやみにしと、
84) 老いて後に、子どもにぞ語りける。

133. 강물에 몸을 던지긴 했지만[1]

　이것도 지금은 옛날, 가쓰라가와(桂川_교토[京都]시 남서부를 지나는 강)에 몸을 던지는 공양을 한다는 스님이라고 하여,[2] 우선 기다린(祇蛇林) 절에서 백일동안 죄를 참회하는 법회를 열었다.[3] 이에 가까이서 오는 사람이며 멀리서 오는 사람들로 길을 지나다닐 수 없을 정도고, 참배하러 오가는 사모님들의 탈것으로 발 디딜 틈도 없었다.[4]

　가서 보니 서른 남짓한 스님인데 홀쭉하며,[5] 눈도 남들과 맞추지 아니하고, 반쯤 감긴 듯한 눈으로, 이따금 아미타불을 외친다.[6] 그 중간에는 입술만 실룩거리는데 그건 아마 염불을 외는 것으로 보인다.[7] 그리고 이따금 거기에 숨을 불어넣는 모양으로, 모여 있는 사람들의 얼굴을 둘러보기에,[8] 그와 눈을 맞추고자 모여든 사람들이 여기에서 밀고 저기에서 밀고 아수라장이었다.[9]

　그러다가 이윽고 그날 이른 아침이 되어, 불당으로 들어가,[10] 앞서 들어와 있던 승

---

1) 『日本古典文学全集』[11巻9]「空入水したる僧の事」(거짓으로 입수한 스님에 관한 일)
2) これも今は昔、桂川に身投げんずる聖とて、
3) まづ祇蛇林寺にして、百日懺法行ひければ、
4) 近き遠き者ども、道もさりあへず、拝みに行きちがふ女房車など隙なし。
5) 見れば、三十ばかりなる僧の細やかなる、
6) 目をも人に見合せず、ねぶり目にて、時々阿弥陀仏を申す。
7) そのはざまは、唇ばかりはたらくは、念仏なめりと見ゆ。
8) また時々、そこに息を放つやうにして、集ひたる者どもの顔を見わたせば、
9) その目に見合せんと集ひたる者ども、こち押し、あち押し、ひしめき合ひたり。
10) さて、すでにその日のつとめては、堂へ入りて、

려들이 많이 줄지어 따랐다.11) 그 끄트머리에 잡일에 쓰는 탈것에, 그 스님은 종이로 만든 옷이며 가사며 걸치고 타 있었다.12) 뭐라고 하는지 입술이 실룩거린다.13) 다른 사람과 눈도 마주치지 아니하고, 이따금 큰 숨을 내뱉는다.14)

가는 길에 늘어선 구경꾼들이 던지는 공양미를 싸라기눈처럼 뿌려댔다.15) 그러자 스님이 "어찌 이러는가? 이처럼 눈이며 코에 들어가니 견디기 어렵도다.16) 뜻이 있다면 종이 주머니 같은 데 담아서 내가 머물렀던 곳으로 보내라."라고 이따금 이야기한다.17)

그 말을 듣고 미천한 아랫사람들은 손을 비비며 조아린다.18) 조금 생각이 있는 사람은 "어찌하여 이 스님이 그리 말하는가?19) 이제 곧 물속으로 들어갈 텐데, '긴다리[祇蛇林]로 보내라.20) 눈이며 코에 들어가니 견디기 어렵도다.'라고 하니 너무나도 괴상망측하구나."라고 수군대는 사람도 있었다.21)

그렇게 더 나아가서 시치죠(七条_교토[京都] 소재 지명)의 끄트머리로 나갔더니,22) 도읍에서보다 더욱더 입수하는 스님을 참배하겠다며,23) 강가의 돌보다도 많이, 사람들이 모여 있었다.24)

---

11) 先にさし入りたる僧ども、多く歩み続きたり。
12) 尻に雑役車に、この僧は紙の衣、袈裟など着て乗りたり。
13) 何といふにか、唇はたらく。
14) 人に目も見合せずして、時々大息をぞ放つ。
15) 行く道に立ち並みたる見物の者ども、打撒を霰の降るやうに撒き散らす。
16) 聖、「いかに。かく目鼻に入る、堪へ難し。
17) 志あらば、紙袋などに入れて、我が居たりつる所へ送れ」と時々いふ。
18) これを無下の者は、手を摺りて拝む。
19) 少し心のある者は、「などかうは、この聖はいふぞ。
20) 只今水に入りなんずるに、『きんだりへやれ。
21) 目鼻に入る、堪へ難し」などいふこそ怪しけれ」など、ささめく者もあり。
22) さて、やりもて行きて、七条の末にやり出したれば、
23) 京よりはまさりて、入水の聖拝まんとて、

강가에 탈것을 대고 멈추니, 스님이 "지금은 몇 시인가?"라고 한다.25) 함께 온 승려들이 "네 시가 넘었습니다."라고 했다.26) 그러자 "왕생하는 시각으로는 아직 마땅치 않구먼. 조금 더 있자."라고 한다.27)

기다리다 못해 멀리서 찾아온 사람은 돌아가거나 해서 강가에 사람이 한산해졌다.28) 하지만 이를 끝까지 지켜보겠다고 생각한 사람들은 여전히 그 자리에 서 있다.29) 그 가운데 승려가 있는데 "왕생하는데 시각을 정해야 옳겠나? 가당치 않은 노릇이로군."이라고 한다.30)

이래저래 하는 사이에 그 스님이 속옷 한 장만 입고 서쪽을 향해 강물에 첨벙 들어가려는데,31) 나룻배 끄트머리에 묶어놓은 줄에 발이 걸려서, 찰랑도 들어가지 못하고 낑낑대고 있기에,32) 제자 되는 스님이 풀어주었더니, 머리부터 거꾸로 처박혀 꼴까닥 꼴까닥 했다.33)

이에 어떤 사내가 강물로 내려갔는데, "제대로 지켜보겠다."라며 서 있는 사람이었는데,34) 그 스님의 손을 붙잡아 끌어올렸더니, 양손으로 얼굴을 닦아내고,35) 머금고 있던 물을 토해내고는, 그렇게 끌어올린 사내를 향해,36) 손을 비비며, "너무나도 광대한

---

24) 川原の石よりも多く、人集ひたり。
25) 川ばたへ車やり寄せて立てれば、聖、「只今は何時ぞ」といふ。
26) 供なる僧ども、「申の下りになり候ひにたり」といふ。
27) 「往生の刻限にはまだしかんなるは。今少し暮せ」といふ。
28) 待ちかねて、遠くより来たる者は帰りなどして、川原人少なになりぬ。
29) これを見果てんと思ひたる者は、なほ立てり。
30) それが中に僧のあるが、「往生には刻限やは定むべき。心得ぬ事かな」といふ。
31) とかくいふ程に、この聖、褌にて、西に向ひて、川にざぶりと入る程に、
32) 舟ばたなる縄に足をかけて、づぶりとも入らで、ひしめく程に、
33) 弟子の聖はづしたれば、さかさまに入りて、ごぶごぶとするを、
34) 男の川へおり下りて、「よく見ん」とて立てるが、
35) この聖の手を取りて、引き上げたれば、左右の手して顔払ひて、

은혜를 입었습니다.37) 이 은혜는 극락에서 갚겠습니다."라고 하고, 뭍으로 뛰어 올라갔다.38)

그 모습을 보고 거기에 모였던 사람들이며 아이들이,39) 강가의 돌을 집어 들어 퍼붓듯이 던진다.40) 알몸인 법사가 강가 아래로 뛰어가는 것을, 모였던 사람들이,41) 잇고 또 이어서 던져댔기에, 머리가 깨지고 말았다.42)

바로 그 법사였던 것인지, 야마토(大和_현재 나라[奈良]현 소재 옛 지역명)에서 참외를 누군가에게 보내면서 붙인 글의 겉면에,43) '앞서 입수한 상인(上人_지덕을 갖춘 승려)'이라고 적혀있었다나 뭐라나.44)

---

36) くくみたる水を吐き捨てて、この引き上げたる男に向ひて、
37) 手を摺りて、「広大の御恩蒙り候ひぬ。
38) この御恩は極楽にて申し候はん」といひて、陸へ走り上るを、
39) そこら集りたる者ども、童部、
40) 川原の石を取りて、まきかくるやうに打つ。
41) 裸なる法師の、川原下りに走るを、集ひたる者ども、
42) 受け取り受け取り打ちければ、頭打ち破られにけり。
43) この法師にやありけん、大和より瓜を人のもとへやりける文の上書に、
44) 前の入水の上人と書きたりけるとか。

134. 죽지 아니하는 벌[1]

　옛날, 요시노산(吉野山_나라[奈良]현 중부)의 니치조(日蔵) 스님이 요시노의 깊은 곳으로 가서 수행하고 계셨다.[2] 그때 키가 칠 척 남짓한 귀신이 나타났는데, 몸의 빛깔은 감청색이고,[3] 머리카락은 불과 같이 붉고, 목이 가늘며, 가슴뼈가 도드라지게 튀어나오고,[4] 모가 나 보이고, 배는 불룩한데, 다리는 홀쭉하다.[5] 그 귀신이 수행하는 스님을 만나서, 손을 모으고 한없이 운다.[6]

　"너는 무엇 하는 귀신인가?"라고 물으니, 그 귀신이 꺼이꺼이 울며 말한다.[7]

　"나는 이미 사오백 년을 지난 옛날 사람입니다만,[8] 누군가로 인해 원한을 남겨, 지금은 이렇게 귀신의 몸이 되어 있습니다.[9] 그런데 그 원수를 마음먹은 대로 모두 잡아 죽였습니다.[10] 그 자식이며, 손자며, 증손자며, 손자의 손자에 이르기까지, 남김없이 죄다 잡아 죽였기에,[11] 이제는 죽여야 할 자가 없게 되고 말았습니다.[12]

---

1) 『日本古典文学全集』 [11巻10] 「日蔵上人吉野山にて鬼にあふ事」 (니치조 상인이 요시노산에서 귀신을 만난 일)
2) 昔、吉野山の日蔵の君、吉野の奥に行ひ歩き給ひけるに、
3) 長七尺ばかりの鬼、身の色は紺青の色にて、
4) 髪は火のごとくに赤く、首細く、胸骨は殊にさし出でて、
5) いらめき、腹ふくれて、脛は細くありけるが、
6) この行ひ人にあひて、手をつかねて泣く事限なし。
7) 「これは何事する鬼ぞ」と問へば、この鬼涙にむせびながら申すやう、
8) 「我は、この四五百年を過ぎての昔人にて候ひしが、
9) 人のために恨を残して、今はかかる鬼の身となりて候。
10) さてその敵をば、思のごとくに取り殺してき。

그러니 이제 저들이 환생한 연후까지도 찾아내서 잡아 죽이고자 합니다만,13) 연이어서 환생하는 곳을 당최 모르기에, 잡아 죽일 방도조차 없습니다.14) 진에(瞋恚_노여움)의 불꽃은 여전히 불타오르는데, 원수의 자손은 죄다 끊어졌습니다.15) 나 혼자만, 끝없는 진에의 불꽃에 시달려 어찌할 바 모를 고통을 받고 있습니다.16)

그러한 마음을 일으키지 않았더라면, 극락, 천상에 태어났을지도 모르겠지요.17) 유별난 원한을 품고서, 이러한 처지가 되어,18) 무량 억겁의 고통을 받을 일이, 어찌할 바 모르게 비통합니다.19)

다른 이로 인해 원한을 남기는 일은, 따지고 보면 자신에게 돌아오는 것이었습니다.20) 원수의 자손은 모두 끊어졌습니다.21) 하지만 내 목숨은 끝도 없습니다.22) 내 일찍이 이처럼 될 줄 알았더라면, 그러한 원한을 남기지 않았을 겁니다."라고 이어 말하고,23) 눈물을 흘리며 한없이 울었다.24)

그러는 사이에 위에서 더더욱 불꽃이 타올랐다.25) 그러고서 산속 깊은 곳으로 들어

---

11) それが子、孫、曾孫、玄孫にいたるまで、残なく取り殺し果てて、
12) 今は殺すべき者なくなりぬ。
13) されば、なほ彼らが生れ変りまかる後までも知りて、取り殺さんと思ひ候に、
14) 次々の生れ所、露も知らねば、取り殺すべきやうなし。
15) 瞋恚の炎は、同じやうに燃ゆれども、敵の子孫は絶え果てたり。
16) 我一人、尽きせぬ瞋恚の炎に燃えこがれて、せん方なき苦をのみ受け侍り。
17) かかる心を起さざらましかば、極楽、天上にも生れなまし。
18) 殊に恨をとどめて、かかる身となりて、
19) 無量億劫の苦を受けんとする事の、せん方なく悲しく候。
20) 人のために恨を残すは、しかしながら、我が身のためにてこそありけれ。
21) 敵の子孫は尽き果てぬ。
22) 我が命はきはまりもなし。
23) かねてこのやうを知らましかば、かかる恨をば残さざらまし」と言ひ続けて、
24) 涙を流して泣く事限なし。

가고 말았다.26)

  그러니 니치조 스님이 가엾게 여겨서,27) 그를 위해 여러 가지로 죄를 사그라뜨릴 법한 의식을 치르셨다고 한다.28)

---

25) その間にうへより炎やうやう燃え出でけり。
26) さて山の奥ざまへ歩み入りけり。
27) さて、日蔵の君あはれと思ひて、
28) それがために、さまざまの罪滅ぶべき事どもをし給ひけるとぞ。

135. 사람을 알아보고[1]

이것도 지금은 옛날, 단고(丹後_교토[京都]부[府] 북부 지역)의 태수인 야스마사(保昌)가 그 지방으로 내려갈 때,[2] 요사(与佐_교토부 북서부)에 있는 산에서 백발에 말을 탄 한 무사와 마주쳤다.[3]

길가에 있는 나무 밑으로 들어가 서 있었는데,[4] 태수의 수하들이 "이 노인네야, 어찌 말에서 내리지 않느냐?[5] 기괴하도다. 꾸짖어 끌어내려라."라고 한다.[6]

이에 태수가 말하길 "혼자 천을 당해낼 말이 선 모습이구나.[7] 보통내기가 아니다. 나무라지 말거라."라고 말리고 그냥 지나쳐갔다.[8]

그리고 한참을 가다가, 큰 활의 명수 경비대 벼슬아치인 무네쓰네(致経)가 수많은 병사를 거느리고 오는 것을 마주쳤다.[9] 태수가 인사하자 무네쓰네가 말하길 "저기에서 노인 하나를 보셨겠지요?[10] 이 무네쓰네의 아비인 헤이고(平五)[11] 대부입니다.[12] 완전

---

1) 『日本古典文学全集』 [11巻11] 「丹後守保昌下向の時致経の父にあふ事」(단고 태수 야스마사가 지방으로 향할 때 무네쓰네의 아버지를 만난 일)
2) これも今は昔、丹後守保昌、国へ下りける時、
3) 与佐の山に、白髪の武士一騎あひたり。
4) 路の傍なる木の下に、うち入りて立てたりけるを、
5) 国司の郎等ども、「この翁、など馬よりおりざるぞ。
6) 奇怪なり。咎めおろすべし」といふ。
7) ここに国司の日く、「一人当千の馬の立てやうなり。
8) ただにはあらぬ人ぞ。咎むべからず」と制してうち過ぐる程に、
9) 三町ばかり行きて、大矢の左衛門尉致経、数多の兵を具してあへり。

시골뜨기라서 물정을 모르고 무례를 범했을 겁니다."라고 한다.13)

무네쓰네가 지나가고 나서 "역시 그랬구나."라고 했다나 뭐라나.14)

---

10) 国司会釈する間、致経が日く、「ここに老者一人あひ奉りて候ひつらん。
11) 이는 헤이안 시대 중기의 무장인 「다이라노 무네요리(平致頼)」(?-1011)로 「平五大夫」라고 불렸다.
12) 致経が父平五大夫に候。
13) 堅固の田舎人にて、子細を知らず、無礼を現し候ひつらん」といふ。
14) 致経過ぎて後、「さればこそ」とぞいひけるとか。

136. 더 늦기 전에1)

　이것도 지금은 옛날, 쓰쿠시(筑紫_규슈[九州]의 옛 이름) 지방에 도사카의 지킴이라고 하는 지방신이 계셨다.2)

　그 사당에, 수행하던 스님이 묵어 잠자리에 들었던 밤,3) 한밤중이려나 할 즈음에,4) 말발굽 소리가 수도 없이 나기에, 사람들이 지나가는 모양이라고 가만히 듣고 있었는데,5) "지방신은 계십니까?"라고 묻는 소리가 난다.6)

　거기에 묵고 있던 스님이 괴이하게 여기며 가만히 듣고 있는데, 사당 안쪽에서 "있습니다."라고 대답하는 것이었다.7) 이 또한 넋을 잃고 듣는데, "내일 무사시(武蔵) 절에 가십니까?"라고 물었더니,8) "그렇지 않습니다. 무슨 일이 있습니까?"라고 대답한다.9) "내일 무사시 절에 새로운 부처가 나타나실 거라고 해서,10) 범천왕과 제석천, 제천과 용신이 모이신다는데, 모르시는 겁니까?"라고 했다.11)

---

1) 『日本古典文学全集』[11巻12]「出家功徳の事」(출가 공덕에 관한 일)
2) これも今は昔、筑紫にたうさかの塞と申す斎の神まします。
3) その祠に、修行しける僧の、宿りて寝たりける夜、
4) 夜中ばかりにはなりぬらんと思ふ程に、
5) 馬の足音あまたして、人の過ぐると聞く程に、
6) 「斎はましますか」と問ふ声す。
7) この宿りたる僧、怪しと聞く程に、この祠の内より、「侍り」と答ふなり。
8) またあさましと聞けば、「明日武蔵寺にや参り給ふ」と問ふなれば、
9) 「さも侍らず。何事の侍るぞ」と答ふ。
10) 「明日武蔵寺に、新仏出で給ふべしとて、

그러자 "그러한 일인 줄도 알지 못했습니다. 기쁘게도 알려주셨습니다.12) 어찌 가지 아니하고 배기겠습니까? 반드시 가겠습니다."라고 했다.13) 그러자 "그러면 내일 오전 열 시 무렵입니다.14) 꼭 오십시오. 기다리겠습니다."라고 하며 지나갔다.15)

그 스님이 이 이야기를 듣고서, 희한한 이야기를 들었구나.16) 내일은 다른 곳에 가려고 생각하고 있었지만, 이 일을 보고 나서 그게 어디건 가야겠다고 생각하여,17) 날이 새기 무섭게 무사시 절로 찾아가서 살펴보았지만 그런 기색도 없다.18)

거기는 평소보다 오히려 조용하고, 사람도 보이지 않는다.19) 어떤 기척이 있겠지 하며, 불전으로 나아가서, 오전 열 시를 기다리고 있었다.20) 이제 곧 열두 시가 되려 하기에, 어찌 된 영문인가 생각하고 있는데,21) 나이 칠십 남짓한 할아버지가, 머리도 벗어져서,22) 희다고 해도 몇 가닥 남지 않은 듬성듬성한 머리에, 주머니 같은 고깔을 쓰고,23) 원래도 작은데 더욱 허리가 굽은 노인이, 지팡이를 짚고 들어온다.24)

그 뒤편에 비구니가 서 있다.25) 작고 검은 통에, 뭐가 들었는지, 뭔가 담아 늘어뜨리고

---

11) 梵天、帝釋、諸天、龍神集り給ふとは知り給はぬか」といふなれば、
12) 「さる事もえ承らざりけり。嬉しく告げ給へるかな。
13) いかでか参らでは侍らん。必ず参らんずる」といへば、
14) 「さらば、明日の巳の時ばかりの事なり。
15) 必ず参り給へ。まち申さん」とて過ぎぬ。
16) この僧、これを聞きて、希有の事をも聞きつるかな。
17) 明日は物へ行かんと思ひつれども、この事見てこそ、いづちも行かめと思ひて、
18) 明くるや遅きと、武蔵寺に参りて見れども、さる気色もなし。
19) 例よりはなかなか静かに、人も見えず。
20) あるやうあらんと思ひて、仏の御前に候ひて、巳の時を待ち居たる程に、
21) 今暫しあらば、午の時になりなんず、いかなる事にかと思ひ居たる程に、
22) 年七十余りばかりなる翁の、髪も禿げて、
23) 白きとてもおろおろある頭に、袋の烏帽子をひき入れて、
24) もとも小さきが、いとど腰かがまりたるが、杖にすがりて歩む。

있다.26) 불당으로 들어와서 사내는 부처 앞에서 이마를 두세 차례 찧고,27) 모감주나무로 만든 크고 기다란 염주를 문지르고 있으니,28) 비구니가 가지고 있던 작은 통을 할아버지 곁에 두고서 "스님을 불러오겠습니다."라고 하고 자리를 떴다.29)

한동안 지나니 나이 육십 남짓한 스님이 들어와서,30) 부처에게 조아려 올리고서, "무엇 하러 부르셨습니까?"라고 물었다.31)

그러자 "오늘 갈지 내일 갈지도 모르는 처지가 되었기에,32) 이렇게 흰 머리카락이 몇 가닥 남아 있는 것을 밀고서, 제자가 되고자 생각하는 겁니다."라고 했다.33)

이에 스님이 눈을 비비며 "참으로 존귀한 일이로군요. 그럼 어서 서둘러서."라고 했다.34) 작은 통에 있었던 것은 더운물이었다.35) 그 더운물로 머리를 감고, 빡빡 밀고서, 계를 주었더니, 다시 부처에게 조아려 올리고 밖으로 나갔다.36) 그리고 나서는 달리 특별한 일이 벌어지지 않는다.37)

이는 그 할아버지가 법사가 되는 것을 기뻐하여, 제천의 신들도 모이셔서,38) 새로운

---

25) 尻に尼立てり。
26) 小さく黒き桶に、何にかあるらん、物入れてひき提げたり。
27) 御堂に参りて、男は仏の御前にて、額二三度ばかりつきて、
28) 木欒子の念珠の、大きに長き、押しもみて候へば、
29) 尼その持たる小桶を、翁の傍に置きて、「御坊呼び奉らん」と去ぬ。
30) 暫しばかりあれば、六十ばかりなる僧参りて、
31) 仏拝み奉りて、「何せんに呼び給ふぞ」と問へば、
32) 「今日明日とも知らぬ身にまかりなりにたれば、
33) この白髪の少し残りたるを剃りて、御弟子にならんと思ふなり」といへば、
34) 僧、目押しすりて、「いと尊き事かな。さらばとくとく」とて、
35) 小桶なりつるは湯なりけり。
36) その湯にて頭洗ひて、剃りて、戒授けつれば、また仏拝み奉りて、まかり出でぬ。
37) その後、また異事なし。
38) さは、この翁の法師になるを随喜して、天衆も集り給ひて、

부처가 나오신다고 했던 것으로 보였다.39) 출가에 상응하는 공덕이라고 하는 것이 이제 시작된 일이 아닐진대,40) 하물며 젊고 혈기 왕성한 사람이 장하게 신앙심을 일으켜서,41) 힘껏 수행하는 사람의 공덕이야, 이걸로 더더욱 미루어 짐작할 법하다.42)

---

39) 新仏の出でさせ給ふとはあるにこそありけれ。
40) 出家随分の功徳とは、今に始めたる事にはあらねども、
41) まして若く盛りならん人の、よく道心おこして、
42) 随分にせん者の功徳、これにていよいよ推し量られたり。

137. 다양한 수행법1)

옛날 천축에 한 절이 있었다.2) 거기에 기거하는 승려가 매우 많다.3)

달마(達磨) 화상이 그 절에 들어가, 스님들의 수행하는 모습을 살펴보셨는데,4) 어떤 방사에는 염불을 외고, 불경을 읽으며, 각양각색으로 수행한다.5) 또 어떤 방사를 보시니, 나이가 팔구십 남짓한 노승이, 단둘이 앉아서 바둑을 두고 있다.6) 불상도 없고, 불경도 보이지 않는다.7) 그저 바둑을 두는 외에는 달리 일이 없다.8)

달마가 그 방사를 나와서 다른 스님에게 물으니, 대답하여 말하길,9) "이 노승 둘은 젊어서부터 바둑 외에는 하는 일이 없습니다.10) 한 번도 불법의 불이라는 말조차 듣지 못했습니다.11) 그러니 절에 있는 승려들이 미워하고 낮잡아봐서 교제하는 일도 없습니다.12) 그러면서도 헛되이 공양하는 것을 받습니다.13) 불도를 벗어난 것으로 생각

---

1) 『日本古典文学全集』 [12巻1]「達磨天竺の僧の行見る事」(달마가 천축에 있는 스님의 수행을 본 일)
2) 昔、天竺に一寺あり。
3) 住僧もつとも多し。
4) 達磨和尚この寺に入りて、僧どもの行を窺ひ見給ふに、
5) ある坊には念仏し、経を読み、さまざまに行ふ。
6) ある坊を見給ふに、八九十ばかりなる老僧の、ただ二人居て囲碁を打つ。
7) 仏もなく、経も見えず。
8) ただ囲碁を打つ外は他事なし。
9) 達磨件の坊を出でて、他の僧に問ふに、答へて曰く、
10)「この老僧二人、若きより囲碁の外はする事なし。
11) すべて仏法の名をだに聞かず。

하고 있습니다."라고 운운한다.14)

　달마 화상이 그 이야기를 듣고서, 필시 까닭이 있을 것으로 생각하여,15) 그 노승의 곁에 머물며, 바둑을 두는 모습을 지켜보니,16) 한 사람은 일어서고, 다른 한 사람은 앉아 있나 싶다가, 홀연히 사라지고 만다.17) 괴이하게 여기는데, 일어섰던 스님은 돌아와 앉았나 하니, 다시 앉은 스님이 사라졌다.18) 그리고 다시 보니 또 나타나 있다.19)

　그래서 그랬던 거구나 생각하여, "바둑 외에 하는 일이 없다고 들었는데,20) 깨달음을 얻은 상인(上人_지덕을 갖춘 승려)이셨던 게군요. 그 까닭을 여쭙겠습니다."라고 하셨다.21)

　그러자 노승이 대답하여 말하길, "오랫동안 이 일 외에 다른 일은 없습니다.22) 다만 흑이 이길 때는 내 번뇌가 이긴 것이라고 슬퍼하고,23) 백이 이길 때는, 보리(菩提)가 이긴 것이라고 기뻐합니다.24) 바둑을 둠에 따라 번뇌의 흑을 잃고, 보리의 백이 이기는 것을 생각합니다.25) 그 공덕으로 인해 깨달음을 얻은 몸이 되었던 것입니다."라고 한다.26)

---

12) よつて寺僧、憎みいやしみて、交会する事なし。
13) むなしく僧供を受く。
14) 外道のごとく思へり」と云々。
15) 和尚これを聞きて、定めて様あらんと思ひて、
16) この老僧が傍に居て、囲碁打つ有様を見れば、
17) 一人は立てり、一人は居りと見るに、忽然として失せぬ。
18) 怪しく思ふ程に、立てる僧は帰り居たりと見る程に、また居たる僧失せぬ。
19) 見ればまた出できぬ。
20) さればこそと思ひて、「囲碁の外他事なしと承るに、
21) 証果の上人にこそおはしけれ。その故を問ひ奉らん」とのたまふに、
22) 老僧答へて曰く、「年来、この事より外他事なし。
23) ただし、黒勝つ時は、我が煩悩勝ちぬと悲しみ、
24) 白勝つ時は、菩提勝ちぬと悦ぶ。
25) 打つに随ひて、煩悩の黒を失ひ、菩提の白の勝たん事を思ふ。

달마 화상이 방사를 나와서 다른 스님에게 그 이야기를 하셨기에,27) 그동안 미워하고 낮잡아보았던 사람들이 후회하고 모두 귀하게 모셨다고 한다.28)

---

26) この功徳によりて、証果の身となり侍るなり」といふ。
27) 和尚、坊を出でて、他僧に語り給ひければ、
28) 年来、憎みいやしみつる人々、後悔して、みな貴みけりとなん。

138. 척하면 알아들어야지[1]

　옛날, 서천축에 용수(龍樹) 보살이라 하는 상인(上人)이 계셨다.[2] 지혜가 심히 깊었다.[3]

　한편 중천축에 있는 제바(提婆) 보살이라 하는 상인이 용수의 지혜가 깊다는 이야기를 들으시고,[4] 서천축으로 향해 가서, 문밖에 서서, 인사를 청하고자 하셨다.[5] 그때 제자가 다른 곳에서 오셔서 "어떠한 분이십니까?"라고 묻는다.[6]

　제바 보살이 대답하시길, 대사의 지혜가 깊으시다는 이야기를 받잡고,[7] 험난함을 헤치고서 중천축으로부터 머나먼 길을 찾아왔습니다.[8] 그런 이야기를 아뢰어줄 것을 말씀하신다.[9]

　제자가 용수에게 아뢰었더니, 작은 상자에 물을 담아 내보냈다.[10] 그러자 제바가

---

1) 『日本古典文学全集』[12巻2]「提婆菩薩龍樹菩薩の許に参る事」(제바 보살이 용수 보살이 있는 곳으로 찾아온 일)
2) 昔、西天竺に龍樹菩薩と申す上人まします。
3) 智恵甚深なり。
4) また中天竺に提婆菩薩と申す上人、龍樹の智恵深き由を聞き給ひて、
5) 西天竺に行き向ひて、門外に立ちて、案内を申さんとし給ふところに、
6) 御弟子外より来給ひて、「いかなる人にてましますぞ」と問ふ。
7) 提婆菩薩答へ給ふやう、大師の智恵深くまします由承りて、
8) 嶮難をしのぎて、中天竺よりはるばる参りたり。
9) この由申すべき由のたまふ。
10) 御弟子、龍樹に申しければ、小箱に水を入れて出さる。

그 뜻을 아시고, 옷깃에서 바늘을 하나 꺼내어, 그 물에 넣어 돌려드렸다.11)

그것을 보고 용수가 몹시 놀라 "어서 들어오시게 하여라."라며,12) 방사 안을 쓸어 깨끗하게 치우고서 들어오시게 하시었다.13)

제자가 미심스레 생각하길, 물을 건네신 것은,14) 먼 나라에서 먼 길을 오셨으니, 필시 피곤하실 테니,15) 목을 축이기 위함이라고 이해하고 있었는데, 저 사람이 바늘을 넣어 돌려주시니,16) 대사가 놀라셔서 우러르시는 일이 도무지 이해가 가지 않아서,17) 나중에 대사에게 여쭈었더니, 이렇게 대답해주셨다.18)

"물을 건넸던 것은, 내 지혜는 작은 상자 속의 물과 같다.19) 그런데 당신이 먼 길을 마다하지 않고 찾아왔으니, 그 지혜를 여기에 띄우라고 물을 건넸던 것이니라.20) 그런데 상인이 이내 그 뜻을 알아차리고 바늘을 물에 넣어 돌려보낸 것은,21) 내가 가진 바늘 같은 지혜를 가지고 당신의 큰 바닷속을 살피고자 한다는 것이니라.22)

너희는 오랫동안 나를 따랐음에도 그 뜻을 알지 못해 이걸 묻는구나.23) 상인은 처음 찾아왔지만, 내 뜻을 알도다.24) 이것이 지혜가 있고 없음이로다." 운운.25)

---

11) 提婆心得給ひて、衣の襟より針を一つ取り出して、この水に入れて返し奉る。
12) これを見て、龍樹大に驚きて、「早く入れ奉れ」とて、
13) 坊中を掃き清めて、入れ奉り給ふ。
14) 御弟子怪しみ思ふやう、水を与へ給ふ事は、
15) 遠国よりはるばると来給へば、疲れ給ふらん、
16) 喉潤さんためと心得たれば、この人針を入れて返し給ふに、
17) 大師驚き給ひて敬ひ給ふ事、心得ざる事かなと思ひて、
18) 後に大師に問ひ申しければ、答へ給ふやう、
19) 「水を与へつるは、我が智恵は、小箱の内の水のごとし。
20) 然るに、汝万里をしのぎて来る、智恵を浮べよとて、水を与へつるなり。
21) 上人そらに御心を知りて、針を水に入れ返す事は、
22) 我が針ばかりの智恵を以て、汝が大海の底を極めんとなり。
23) 汝ら、年来随逐すれども、この心を知らずして、これを問ふ。

그리고 이내 병에 든 물을 옮겨 담는 것처럼, 법문을 익히고 전하시고, 중천축으로 돌아가셨다고 한다.26)

---

24) 上人は始め来たれども、我が心を知る。
25) これ智恵のあるとなきとなり」云々。
26) 則ち瓶水を移すごとく、法文を習ひ伝へ給ひて、中天竺に帰り給ひけりとなん。

139. 주지승의 예지력1)

자혜(慈惠) 승정 료겐(良源_헤이안 중기 천태종[天台宗]의 승려, 912-985)이 주지를 맡고 있을 때, 수계(受戒) 의식을 치르기로 정해진 날,2) 평소와 마찬가지로 자리를 마련하고, 주지가 나오기를 기다리고 있었는데,3) 도중에 갑자기 발길을 돌리시니, 수행하던 사람들이 이게 어찌 된 일인가 하며 이해하지 못하고 있었다.4)

중도(衆徒)들과 여러 직책을 맡은 사람들도 "이 정도의 큰 행사로, 날이 정해져 있는데,5) 지금에 와서 이렇다 할 걸림돌도 없는데, 연기하시는 것은,6) 가당치 않습니다."라고 책잡기에 여념이 없다.7)

여러 지역의 이제 갓 출가한 사람들까지 모두 모여들어서, 수계할 것을 생각하고 있던 차에,8) 요가와(橫川_히에잔[比叡山]에 있는 세 개의 탑 가운데 하나)에서 잡무를 보는 승려를 심부름 보내서, "오늘 있을 수계는 연기한다.9) 이어지는 행사에 맞춰서 치러질 것이다."라고 말씀 내리셨기에,10) "무슨 일로 인해 멈추십니까?"라고 묻는다.11)

---

1) 『日本古典文学全集』[12巻3]「慈恵僧正受戒の日延引の事」(자혜 승정이 수계 날을 연기한 일)
2) 慈恵僧正良源、座主の時、受戒行ふべき定日、
3) 例のごとく催設けて、座主の出仕を相待つの所に、
4) 途中よりにはかに帰り給へば、供の者ども、こはいかにと、心得難く思ひけり。
5) 衆徒、諸職人も、「これ程の大事、日の定りたる事を、
6) 今となりて、さしたる障もなきに、延引せしめ給ふ事、
7) 然るべからず」と謗ずる事限なし。
8) 諸国の沙弥らまでことごとく参り集りて、受戒すべき由思ひ居たる所に、
9) 横川の小綱を使にて、「今日の受戒は延引なり。

그러자 심부름하는 승려가 "전혀 그 까닭을 알지 못합니다.12) 그저 냉큼 달려가서 그 뜻을 아뢰라고만 하셨습니다."라고 한다.13) 모여 있던 사람들은 제각각 도무지 이해가 가지 않은 채로, 모두 흩어져 돌아갔다.14)

그러고 있는데, 오후 두 시 무렵에, 큰바람이 일어, 남문이 느닷없이 무너져내리고 말았다.15) 그때에서야 사람들이 이 일이 벌어질 것을 미리 알고, 연기하셨던 것이라 미루어 짐작했다.16) 만일 수계 의식이 치러졌더라면, 수많은 사람이 죄다 맞아 죽었을 것이라고 감탄하며 떠들썩했다.17)

---

10) 重ねたる催に随ひて行はるべきなり」と仰せ下しければ、
11) 「何事によりてとどめ給ふぞ」と問ふ。
12) 使、「全くその故を知らず。
13) ただ早く走り向ひて、この由を申せとばかりのたまひつるぞ」といふ。
14) 集れる人々、おのおの心得ず思ひて、みな退散しぬ。
15) かかる程に、未の時ばかりに、大風吹きて、南門にはかに倒れぬ。
16) その時人々この事あるべしとかねて悟りて、延引せられけると思ひ合せけり。
17) 受戒行はれましかば、そこばくの人々みな打ち殺されなましと、感じののしりけり。

140. 무엇이 중한가?[1]

내기(内記_선종[禪宗]의 승직) 상인(上人_지덕을 갖춘 승려) 쟈쿠신(寂心)이라고 하는 사람이 있었다.[2] 신앙심이 굳건한 사람이다.[3]

"불당을 짓고, 불탑을 세우는 것이 최상의 선근(善根_좋은 업보를 낳게 하는 착한 일)이다."라고 하여 권진(勸進_신자에게 보시를 청함)하셨다.[4]

거기에 쓸 재목을 하리마(播磨_현재 효고[兵庫]현 남서부의 옛 지역명) 지역으로 가서 구하셨다.[5] 그런데 거기에서 법사가 음양사가 쓰는 종이로 된 관을 쓰고, 푸닥거리를 하는 것을 보고,[6] 서둘러 말에서 내려, 가까이 달려가서는, "무슨 일을 하시는 스님이십니까?"라고 물었다.[7]

그러자 "푸닥거리를 합니다."라고 한다.[8]

이에 "어찌 종이로 만든 관을 쓰고 있는 겁니까?"라고 물으니,[9] "푸닥거리를 주재하는

---

1) 『日本古典文学全集』[12巻4]「内記上人法師陰陽師の紙冠を破る事」(내기 상인이 법사가 쓴 음양사의 종이 관을 찢은 일)
2) 内記上人寂心といふ人ありけり。
3) 道心堅固の人なり。
4) 「堂を造り、塔を立つる、最上の善根なり」とて、勧進せられけり。
5) 材木をば、播磨国に行きて取られけり。
6) ここに法師陰陽師紙冠を着て、祓するを見つけて、
7) あわてて馬よりおりて、馳せ寄りて、「何わざし給ふ御坊ぞ」と問へば、
8) 「祓し候なり」といふ。
9) 「何しに紙冠をばしたるぞ」と問へば、

신령들은 법사를 꺼리시기에, 푸닥거리할 때는 잠시 이렇게 쓰는 겁니다."라고 했다.10)

그러자 상인이 목청을 높여 크게 울부짖으며, 음양사에게 달려드니,11) 음양사가 뜻밖의 일에 몹시 놀라서, 푸닥거리를 멈추고 "이는 어찌?"라고 한다.12) 푸닥거리를 시키는 사람도 어처구니없어하고 있다.13)

상인이 법사가 쓰고 있던 관을 빼앗아 찢어버리고 한없이 운다.14) "어찌 알고, 스님은 부처의 제자 되어서, 푸닥거리를 주재하는 신령들이 꺼리신다고 하여,15) 석가여래가 꺼리시는 일을 깨뜨리고, 잠시라도 무간지옥의 업을 만드시는 겁니까?16) 참으로 비통한 일입니다. 그냥 나를 죽이십시오."라고 하며,17) 매달려서 울부짖기가 대단하다.18)

음양사가 말하길 "말씀하시는 것은 너무나도 지당합니다.19) 하지만 세상 살기가 어렵기에, 어쩌겠는가 하여, 이처럼 움직이는 것입니다.20) 그렇지 않고는 무슨 수로 처자식을 먹이고 내 목숨을 부지하겠습니까?21) 신앙심이 없으니 상인도 되지 못하고,22) 법사의 처지에 있습니다만, 속세 사람과 매한가지이니, 내세의 일이 어찌 될지 슬프옵니다만,23) 세상의 관례이오니, 이렇게 하는 것입니다."라고 한다.24)

---

10)「祓戸の神達は、法師をば忌み給へば、祓する程、暫くして侍るなり」といふに、
11) 上人声をあげて大に泣きて、陰陽師に取りかかれば、
12) 陰陽師心得ず仰天して、祓をしさして、「これはいかに」といふ。
13) 祓せさする人も、あきれて居たり。
14) 上人冠を取りて引き破りて、泣く事限りなし。
15)「いかに知りて、御坊は仏弟子となりて、祓戸の神達憎み給ふといひて、
16) 如来の忌み給ふ事を破りて、暫しも無間地獄の業をば作り給ふぞ。
17) まことに悲しき事なり。ただ寂心を殺せ」といひて、
18) 取りつきて泣く事おびたたし。
19) 陰陽師の日く、「仰せらるる事、もとも道理なり。
20) 世の過ぎ難ければ、さりとてはとて、かくのごとく仕るなり。
21) 然らずは、何わざをしてかは、妻子をば養ひ、我が命をも続ぎ侍らん。
22) 道心なければ、上人にもならず、

이를 듣고 상인이 말하길 "그건 그렇다 쳐도 어찌 삼세(三世_과거, 현재, 미래) 여래의 머리에 관을 씌우십니까?25) 불행을 못 견디고서 이러한 일을 하신다면,26) 불당을 지을 요량으로 권진하여 모은 것들을 바로 당신에게 드리겠습니다.27) 한 사람이 보리(菩提)로 나아가니, 불당과 사찰을 짓는 것보다 나은 공덕입니다."라고 하고,28) 제자들을 보내, 재목을 구하겠다고,29) 권진하여 모은 것을 모두 옮겨와서 그 음양사에게 건넸다.30) 그리고 자신은 도읍으로 올라가시고 말았다.31)

---

23) 法師の形に侍れど、俗人のごとくなれば、後世の事いかがと悲しく侍れど、
24) 世の習にて侍れば、かやうに侍るなり」といふ。
25) 上人のいふやう、「それはさもあれ、いかが三世如来の御首に冠をば著給ふ。
26) 不幸に堪へずして、かやうの事し給はば、
27) 堂造らん料に勧進し集めたる物どもを、汝になん賜ぶ。
28) 一人菩提に勧むれば、堂寺造るに勝れたる功徳なり」といひて、
29) 弟子どもを遣はして、材木取らんとて、
30) 勧進し集めたる物を、みな運び寄せて、この陰陽師に取らせつ。
31) さて我が身は京に上り給ひにけり。

141. 부정한 몸으로 불경을 외어도[1)

옛날, 간인(閑院) 대신(大臣)[2)님이 삼위(三位) 중장(中将)으로 계셨을 때, 학질을 심하게 앓으셨는데,[3) "신메이(神名)라고 하는 곳에 있는 에이지쓰(叡実)라고 하는 법화경을 독송하는 스님이,[4) 학질을 용케 떨어지게 기도하신다."라고 하는 사람이 있었다.[5)

이에 "그 독송 스님에게 기도 부탁하겠다."라며 가시는데,[6) 아라미가와(荒見川_교토[京都] 다카가미네[鷹峰] 산중에서 발원하여 남쪽으로 흘러 가쓰라가와[桂川]로 이어지는 강) 언저리에서, 이르게 발병하셨다.[7)

절이 이미 가까워졌기에, 여기에서 돌아갈 수는 없는 노릇이라며,[8) 참고 견디며 신메이로 가셔서, 방사 처마에 탈것을 대고, 들여보내 줄 것을 부탁하시니,[9) "요사이 마늘을 먹고 있습니다."라고 한다.[10)

하지만 "오로지 상인(上人)을 뵙고자 합니다.[11) 이제 되돌아가는 일은 가능하지 않을

---

1) 『日本古典文学全集』[12巻5] 「持経者叡実効験の事」(독송 스님 에이지쓰가 효험이 있는 일)
2) 이는 헤이안 초기 귀족인 후지와라노 후유쓰구(藤原冬嗣_775-826)의 속칭이다.
3) 昔、閑院大臣殿、三位中将におはしける時、わらはやみを重く煩ひ給ひけるが、
4) 「神名といふ所に、叡実といふ持経者なん、
5) わらはやみはよく祈り落し給ふ」と申す人ありければ、
6) 「この持経者に祈らせん」とて、行き給ふに、
7) 荒見川の程にて、早う起り給ひぬ。
8) 寺は近くなりければ、これより帰るべきやうなしとて、
9) 念じて神名におはして、坊の簀に車を寄せて、案内を言ひ入れ給ふに、
10) 「近比蒜を食ひ侍り」と申す。

겁니다."라며 버텼더니,12) "그럼 어서 들어오십시오."라며, 방사의 덧문을 내려 세워둔 것을 치우고,13) 새 거적을 깔고서 "들어오십시오."라고 아뢰기에, 들어가셨다.14)

독송 스님은 목욕하고 한참 지나서 나와 맞이했다.15) 키가 큰 스님인데, 말라비틀어졌고, 보기에 귀해 보였다.16)

스님이 아뢰길 "감기가 심하기에 의사의 말에 따라 마늘을 먹고 있는 것입니다.17) 그런데 이렇게 찾아오시니, 어찌 가만히 있겠나 싶어 나온 것입니다.18) 법화경은 정(淨) 부정(不淨)을 가리지 않는 불경이시기에 독송해 올리겠습니다.19) 어찌 별 탈이 있겠습니까?"라며, 염주를 문지르며 곁으로 다가서는 모습이 너무나도 믿음직하다.20)

이마에 손을 대고, 자기 무릎을 베게 삼아,21) 수량품(壽量品_법화경 28품 가운데 열여섯 번째)을 펼쳐서 독경하는 목소리는 너무나도 귀하다.22) 이렇게나 귀한 일도 있구나라고 생각하신다.23)

조금 갈라진 높은 목소리로 독송하는 소리가 참으로 절절하다.24) 독송 스님의 눈에서

---

11) 然れども、「ただ上人を見奉らん。
12) 只今まかり帰る事かなひ侍らじ」とありければ、
13) 「さらばはや入り給へ」とて、坊の蔀おろし立てたるを取りて、
14) 新しき筵敷きて、「入り給へ」と申しければ、入り給ひぬ。
15) 持経者沐浴して、とばかりありて、出であひぬ。
16) 長高き僧の、痩せさらぼひて、見るに貴げなり。
17) 僧申すやう、「風重く侍るに、医師の申すに随ひて、蒜を食ひて候なり。
18) それにかやうに御座候へば、いかでかはとて参りて候なり。
19) 法華経は、浄不浄をきらはぬ経にてましませば、読み奉らん。
20) 何条事か候はん」とて、念珠を押し摺りて、そばへ寄り来たる程、もともたのもし。
21) 御額に手を入れて、我が膝を枕にせさせ申して、
22) 寿量品を打ち出して読む声は、いと貴し。
23) さばかり貴き事もありけりと覚ゆ。
24) 少しはがれて、高声に誦む声、まことにあはれなり。

커다란 눈물방울이 뚝뚝 떨어지며, 한없이 운다.25) 그때 정신을 차리고, 기분이 매우 시원해지며 남김없이 쾌차하셨다.26) 거듭거듭 다음 생까지 약속하고, 집으로 돌아가셨다.27) 그리고 나서 효험이 있다는 명성이 높아져 널리 퍼졌다나 뭐라나.28)

---

25) 持経者、目より大なる涙をはらはらと落して、泣く事限なし。
26) その時覚めて、御心地いとさはやかに、残なくよくなり給ひぬ。
27) かへすがへす後世まで契りて、帰り給ひぬ。
28) それより有験の名は高く、広まりけるとか。

142. 꺾인 팔뚝을 고쳐준 사례[1]

　옛날, 고야(空也) 상인(上人)이 아뢸 일이 있어서,[2] 이치죠(一条) 대신에게 가서, 궁중 대소사를 관장하는 관청으로 올라가 머물렀다.[3] 요케이(余慶) 승정(僧正)도 또한 한자리에 오셨다.[4]

　이야기를 나누시다가 승정이 말씀하신다.[5] "그 팔뚝은 어찌하여 꺾어지신 것입니까?"라고 묻는다.[6]

　그러자 상인이 이르길 "내 어머니가 무언가에 질투하여, 내가 어렸을 때 한쪽 손을 잡고 던지셨는데,[7] 그때 꺾였다고 들었습니다.[8] 아주 어릴 적 일이기에 기억하지 못합니다.[9] 용하게 왼쪽이었습니다. 오른손이 꺾였다면 어쩔 뻔했을까요."라고 한다.[10]

　이를 듣고 승정이 말씀하신다.[11] "그쪽은 존귀한 상인이시군요.[12] 덴노(天皇)의 아드

---

1) 『日本古典文学全集』 [12巻5] 「空也上人の臂観音院僧正祈り直す事」(고야 상인의 팔뚝을 관음원의 승정이 기도로 고친 일)
2) 昔、空也上人、申すべき事ありて、
3) 一条大臣殿に参りて、蔵人所に上りて居たり。
4) 余慶僧正また参会し給ふ。
5) 物語などし給ふ程に、僧正ののたまふ。
6) 「その臂は、いかにして折り給へるぞ」と。
7) 上人の曰く、「我が母物妬みして、幼少の時、片手を取りて投げ侍りし程に、
8) 折りて侍るとぞ聞き侍りし。
9) 幼稚の時の事なれば、覚え侍らず。
10) かしこく左にて侍る。右手折り侍らましかば」といふ。

님이라고 사람들은 이야기합니다. 너무나도 황공합니다.13) 팔뚝을 기도로 고쳐드리려 하는데 어떠십니까?"14)

이에 상인이 말하길 "너무나도 기뻐해야 마땅합니다. 참으로 귀하게 생각합니다.15) 이제 가지 기도를 해주십시오."라며 가까이 다가가니, 궐 안에 있는 사람들이 모여들어 그걸 지켜본다.16)

그때 승정이 정수리에서 검은 연기를 내뿜으며 가지 기도를 하시니,17) 얼마 지나서 꺾였던 팔뚝이 뚝 하며 펴졌다.18) 그러니까 오른 팔뚝과 마찬가지로 펴진 것이다.19)

상인이 눈물을 떨구며 세 차례 예배했다.20) 보는 사람들이 모두 왁자지껄 감탄하고, 어떤 이는 울고 있었다.21)

그날 상인은 함께 젊은 스님 셋을 거느리고 있었다.22) 한 사람은 노끈을 모으는 스님이다.23) 길에 떨어져 있는 낡은 노끈을 주워서, 벽에 바르는 흙에 섞어, 오래된 불당의 부서진 벽을 바르는 일을 한다.24)

---

11) 僧正のたまふ。
12) 「そこは貴き上人にておはす。
13) 天皇の御子とこそ人は申せ。いとかたじけなし。
14) 御臂まことに祈り直し申さんはいかに」。
15) 上人いふ、「もとも悦び侍るべし。まことに貴く侍りなん。
16) この加持し給へ」とて、近く寄れば、殿中の人々、集りてこれを見る。
17) その時、僧正、頂より黒煙を出して、加持し給ふに、
18) 暫くありて、曲れる臂はたとなりて延びぬ。
19) 即ち右の臂のごとくに延びたり。
20) 上人涙を落して、三度礼拝す。
21) 見る人皆ののめき感じ、あるいは泣きけり。
22) その日、上人、供に若き聖三人具したり。
23) 一人は繩を取り集むる聖なり。
24) 路に落ちたる古き繩を拾ひて、壁土に加へて、古堂の破れたる壁を塗る事をす。

또 한 사람은 참외 껍질을 모아서, 물로 씻어 옥에 갇힌 죄수들에게 건넸다.25)

나머지 한 사람은 못 쓰게 된 종이가 나뒹구는 것을 그러모아서, 다시 종이로 떠서 불경을 서사하여 바친다.26) 그 휴지 스님을, 팔뚝을 고쳐준 보시 삼아서,27) 승정에게 바쳤기에, 기뻐 제자 삼고서 기간(義観)이라고 이름 붙이셨다.28) 실로 있기 어려운 일이었다.29)

---

25) 一人は瓜の皮を取り集めて、水に洗ひて、獄衆に与へけり。
26) 一人は反古の落ち散りたるを拾ひ集めて、紙にすきて経を書写し奉る。
27) その反古の聖を、臂直りたる御布施に、
28) 僧正に奉りければ、悦びて弟子になして、義観と名づけ給ふ。
29) 有り難かりける事なり。

143. 사람을 잘못 불렀나?1)

옛날, 다무노미네(多武嶺_나라[奈良] 분지 남동쪽 끄트머리에 있는 산)에 조가(增賀_헤이안 중기 천태종[天台宗]의 승려, 917-1003) 상인(上人)이라고 하여 존귀한 스님이 계셨다.2) 그런데 대단히 성미가 사납고 엄하셨다.3) 한결같이 명성과 이익을 멀리하고, 대단한 미치광이처럼 일부러 행동하셨다.4)

산죠 덴노(三条天皇_제67대, 976-1016)의 왕후가 비구니가 되시고자 하여, 계(戒)를 베푸는 스님으로, 모시러 사람을 보냈다.5)

그러자 "너무나도 귀한 일입니다. 이 조가(增賀)니까 해드릴 수 있겠지요."라며 찾아왔다.6)

제자들은 그 심부름하러 온 사자에게 성을 내서 두드려 패시거나 하지 않으려나 생각했는데,7) 뜻밖에 쉽사리 찾아가시니, 신기한 일로 여기고 있었다.8)

이렇게 해서 궁에 찾아왔다는 것을 아뢰니, 기뻐 들이시고 비구니가 되시는데,9) 귀

---

1) 『日本古典文学全集』 [12巻7] 「増賀上人三条の宮に参り振舞の事」(조가 상인이 산죠 왕후에게 가서 저지른 일)
2) 昔、多武嶺に、増賀上人とて貴き聖おはしけり。
3) きはめて心たけうきびしくおはしけり。
4) ひとへに名利を厭ひて、頗る物狂はしくなん、わざと振舞ひ給ひけり。
5) 三条大后の宮、尼にならせ給はんとて、戒師のために、召しに遣はされければ、
6) 「もとも貴き事なり。増賀こそは実になし奉らめ」とて参りけり。
7) 弟子ども、この御使をいかつて、打ち給ひなどやせんずらんと思ふに、
8) 思の外に心やすく参り給へば、有り難き事に思ひ合へり。
9) かくて宮に参りたる由申しければ、悦びて召し入れ給ひて、尼になり給ふに、

족들과 승려들이 수많이 모여들고, 궁에서 사자 등이 찾아와 있으니,10) 그 상인은 눈매는 무서운 듯하고, 모습도 존귀한 듯한데, 뭔가 성가신 듯해 보였다.11)

이제 앞으로 불러들여서, 가림막 가까이에 가서 출가의 의식을 치르는데,12) 사랑스럽게 긴 머리카락을 잡아당겨서 그 상인에게 가위로 자르게 하신다.13)

발 안에 있던 시녀들이 보고서 한없이 운다.14)

가위질을 다 하고 나가려 할 때, 상인이 목청을 높여 말하길,15) "이 조가(增賀)를 콕 집어 일부러 부르신 것은 무슨 일입니까?16) 이해가 가지 않습니다.17) 어쩌면 더러운 내 물건이 크다고 들으신 겁니까?18) 다른 사람보다는 크기는 합니다만,19) 지금은 익힌 비단처럼 흐물흐물해져 있는걸요."라고 했다.20)

발 안쪽 가까이 있는 시녀들과 밖에 있는 귀족들, 그리고 궁중 벼슬아치들과 승려들이,21) 이를 듣고서 넋이 나가, 눈이고 입이고 다물지 못하고 벌린 채로 있었다.22)

왕후의 심정은 또 오죽할까.23) 존귀함도 모두 사라져, 각자의 몸에서 식은땀이 흐르고,

---

10) 上達部、僧ども多く参り集り、内裏より御使など参りたるに、
11) この上人は、目は恐ろしげなるが、体も貴げながら、煩はしげになんおはしける。
12) さて御前に召し入れて、御几帳のもとに参りて、出家の作法して、
13) めでたく長き御髪をかき出して、この上人にはさませらる。
14) 御簾の中に女房たち見て、泣く事限なし。
15) はさみ果てて出でなんとする時、上人高声にいふやう、
16) 「増賀をしもあながちに召すは、何事ぞ。
17) 心得られ候はず。
18) もしきたなき物を大なりと聞し召したるか。
19) 人のよりは大に候へども、
20) 今は練絹のやうに、くたくたとなりたるものを」といふに、
21) 御簾の内近く候女房たち、ほかには公卿、殿上人、僧たち、
22) これを聞くにあさましく、目口はだかりて覚ゆ。
23) 宮の御心地も更なり。

제정신이 아닌 심경이다.24)

그런데 상인이 돌아가겠다며 옷소매를 가지런히 모으고,25) "나이 들어, 감기가 심해져서, 이제는 그저 설사만 하니,26) 찾아오지 않으려 했습니다만, 일부러 불러주셨기에, 채비하여 찾아온 것입니다.27) 이제 참을 수 없게 되었기에, 서둘러 나가려는 겁니다."라며,28) 막 나가려다가 서편 별채 앞 평상에 쪼그려 앉아서,29) 엉덩이를 까고, 마치 주전자 주둥이에서 물을 내뿜는 양 싸질러 뿌려댄다.30) 엄청난 소리로 싸지르기가 끝이 없다.31) 그 소리가 어전에까지 들린다.32)

젊은 궁중 벼슬아치들은 비웃으며 흉보기에 여념이 없다.33)

승려들은 "저런 미치광이를 부르셨으니."라며 힐뜯어 이야기했다.34)

이처럼 일이 있을 때마다, 미치광이처럼 일부러 굴었지만,35) 아무리 그래도 귀한 평판은 더더욱 높아져 갔다.36)

---

24) 貴さもみな失せて、おのおの身より汗あえて、我にもあらぬ心地す。
25) さて、上人まかり出でなんとて、袖かき合せて、
26) 「年まかりよりて、風重くなりて、今はただ痢病のみ仕れば、
27) 参るまじく候ひつるを、わざと召し候ひつれば、あひ構へて候ひつる。
28) 堪へ難くなりて候へば、急ぎまかり出で候なり」とて、
29) 出でざまに西の対の簀子についゐて、
30) 尻をかかげて、はんざふの口より水を出すやうにひり散す。
31) 音高くひる事限なし。
32) 御前まで聞ゆ。
33) 若き殿上人、笑ひののしる事おびたたし。
34) 僧たちは、「かかる物狂を召したる事」とそしり申しけり。
35) かやうに事にふれて、物狂にわざと振舞ひけれど、
36) それにつけても、貴き覚はいよいよまさりけり。

144. 온몸을 다 바쳐서[1]

옛날, 도다이지(東大寺_나라[奈良]시에 있는 화엄종[華厳宗]의 총본산)에 엄청나게 부유한 상좌(上座_사찰의 사무를 관장하는 승직) 법사가 있었다.[2] 눈곱만큼도 남에게 물건을 베푸는 일을 하지 아니하고, 인색하고 탐욕스러워 죄가 깊어 보였다.[3]

그런데 그때 쇼호(聖宝) 승정이 아직 젊은 승려였는데,[4] 그 상좌의 인색한 죄가 참담하다 하여, 일부러 내기를 거셨다.[5]

"스님, 제가 무슨 일을 하면, 여기 승려들에게 대접하겠습니까?"라고 했다.[6]

상좌가 생각하길, 내기했다가 혹시라도 지기라도 해서,[7] 승려에게 대접하는 것도 가당치 않다.[8] 그렇지만 수많은 사람 앞에서 이렇게 말하는데, 한마디도 대답하지 않는 것도 모양 빠진다고 생각하여,[9] 그가 할 수 있을 법하지 않은 일을 이리저리 궁리하여 말했다.[10]

---

1) 『日本古典文学全集』 [12巻8] 「聖宝僧正一条大路渡る事」(쇼호 승정이 이치죠 큰길을 지나간 일)
2) 昔、東大寺に上座法師のいみじくたのしきありけり。
3) 露ばかりも、人に物与ふる事をせず、慳貪に罪深く見えければ、
4) その時聖宝僧正の、若き僧にておはしけるが、
5) この上座の、物惜む罪のあさましきにとて、わざとあらがひをせられけり。
6) 「御坊、何事したらんに、大衆に僧供引かん」といひければ、
7) 上座思ふやう、物あらがひして、もし負けたらんに、
8) 僧供引かんもよしなし。
9) さりながら衆中にてかくいふ事を、何とも答へざらんも口惜しと思ひて、
10) かれがえすまじき事を、思ひめぐらしていふやう、

"가모제(賀茂祭)가 열리는 날, 홀딱 벗고서, 아랫도리 속옷 한 장만 걸치고,11) 말린 연어를 칼 삼아 차고, 야윈 암소를 타고,12) 이치죠(—条) 큰길에서 가와라(河原_교토[京都] 동쪽을 흐르는 가모가와[鴨川]의 통칭)까지 '나는 도다이지의 쇼호다.'라고 목청껏 이름을 대며 지나가십시오.13) 그러면 이 사찰의 수많은 승려는 물론 아랫사람에 이르기까지, 크게 대접하겠습니다."라고 한다.14)

마음속으로 아무리 그래도 설마 못하겠지 생각했기에 굳게 내기한다.15) 쇼호와 수많은 사람을 모두 불러 모아놓고, 대불 앞에서 종을 치고 부처에게 아뢰고는 떠나갔다.16)

그날이 가까워져서, 이치죠 도미노코지(富小路_교토[京都]시를 남북으로 관통하는 도로)에 높은 관람석을 짓고서,17) 쇼호가 지나가는 것을 보겠다며 많은 사람이 한자리에 모여들었다.18) 거기에 상좌도 있었다.19)

얼마 지나 큰길에 있던 구경꾼들이 엄청나게 와자지껄 떠든다.20) 무슨 일이 있나 싶어 머리를 내밀어 서쪽을 바라다보니,21) 암소에 올라탄 알몸인 법사가 말린 연어를 칼 삼아 차고,22) 소의 엉덩이를 철썩철썩 치며, 그 뒤에 수백 수천의 동자들이 달라붙어,23) "도다이지의 쇼호가 상좌와 내기하여 지나간다."라고 크게 외쳤다.24)

---

11) 「賀茂祭の日、真裸にて、褌ばかりをして、
12) 干鮭太刀にはきて、やせたる牝牛に乗りて、
13) 一条大路を大宮より河原まで、『我は東大寺の聖宝なり』と、高く名のりて渡り給へ。
14) 然らば、この御寺の大衆より下部にいたるまで、大僧供引かん」といふ。
15) 心中に、さりともよもせじと思ひければ、固くあらがふ。
16) 聖宝、大衆みな催し集めて、大仏の御前にて、金打ちて、仏に申して去りぬ。
17) その期近くなりて、一条富小路に桟敷うちて、
18) 聖宝が渡らん見んとて、大衆みな集りぬ。
19) 上座もありけり。
20) 暫くありて、大路の見物の者ども、おびたたしくののしる。
21) 何事かあらんと思ひて、頭さし出して、西の方を見やれば、
22) 牝牛に乗りたる法師の裸なるが、干鮭を太刀にはきて、

그해의 축제는 바로 이것을 중심으로 돌아갔다.25)

그리고 수많은 사람이 각자 사찰로 돌아가서 상좌에게 크게 대접하도록 만들었다.26)

이 일을 천자가 들으시고, "쇼호는 자기 몸을 던져서 다른 이를 이끄는 사람이었다.27) 지금 세상에 어찌 이러한 귀한 사람이 있겠느냐."라며 불러내셔서,28) 승정에까지 오르게 하셨다.29)

위에 있는 다이고지(醍醐寺_교토[京都]시 후시미[伏見]구에 있는 사찰)는 이 승정이 건립한 곳이다.30)

---

23) 牛の尻をはたはたと打ちて、尻に百千の童部つきて、
24) 「東大寺の聖宝こそ、上座とあらがひして渡れ」と、高くいひけり。
25) その年の祭には、これを詮にてぞありける。
26) さて大衆、おのおの寺に帰りて、上座に大僧供引かせたりけり。
27) この事帝聞し召して、「聖宝は我が身を捨てて、人を導く者にこそありけれ。
28) 今の世に、いかでかかる貴き人ありけん」とて召し出して、
29) 僧正までなしあげさせ給ひけり。
30) 上の醍醐はこの僧正の建立なり。

145. 먹은 대로 나오는 법이니[1]

옛날, 오랫동안 수행한 상인(上人)이 있었다.[2] 오곡을 끊은 지 한참이 되었다.[3]

천자가 들으시고, 신센엔(神泉苑_헤이안쿄[平安京] 궁궐을 조영할 때 창설한 금원[禁苑])에 받들어 모시고, 각별하게 귀히 여기신다.[4]

그는 나뭇잎만 먹었다.[5]

그런데 남을 조롱하는 젊은 귀족들이 모여서 "이 스님을 시험해봐야겠다."라며 가까이 가서 보니,[6] 매우 귀하게 보였는데, "곡식을 끊은 지 몇 년이나 되셨습니까?"라고 물으셨다.[7]

그러자 "젊어서부터 끊었사오니 오십여 년이 됐습니다."라는 이야기를 듣고서,[8] 한 벼슬아치가 말하길 "곡식을 끊은 사람의 똥은 어떠려나?[9] 예사로운 사람과는 다르겠지. 어디 가서 보자."라고 했다.[10]

---

1) 『日本古典文学全集』[12巻9] 「穀断の聖露顕の事」(곡식 끊은 스님이 들통난 일)
2) 昔、久しく行ふ上人ありけり。
3) 五穀を断ちて年来になりぬ。
4) 帝聞し召して、神泉に崇め据ゑて、殊に貴み給ふ。
5) 木の葉をのみ食ひける。
6) 物笑する若公達集りて、「この聖の心みん」とて、行き向ひて見るに、
7) いと貴げに見ゆれば、「穀断幾年ばかりになり給ふ」と問はれければ、
8) 「若きより断ち侍れば、五十余年にまかりなりぬ」といふを聞きて、
9) 一人の殿上人の日く、「穀断の糞はいかやうにかあるらん。
10) 例の人には変りたるらん。いで行きて見ん」といへば、

그리고 두세 명이 줄지어 가서 보니, 곡식이 든 똥을 많이 싸질러 놓았다.11)

이를 수상쩍게 여겨서 상인이 자리를 뜬 틈에 "앉아 있는 아래를 보자."라며,12) 바닥 아래를 들춰서 보니, 흙을 조금 파내고 포대에 쌀을 담아 두었다.13)

귀족들이 보고서 손뼉을 치며 "곡식 똥 스님, 곡식 똥 스님"이라고 떠들어대고,14) 욕하며 비웃으니, 줄행랑치고 말았다.15)

그러고 나서는 간 곳도 모르고, 오래 사라져버렸다고 한다.16)

---

11) 二三人連れて行きて見れば、穀糞を多く痢り置きたり。
12) 怪しと思ひて、上人の出でたる隙に、「居たる下を見ん」といひて、
13) 畳の下を引きあけて見れば、土を少し掘りて、布袋に米を入れて置きたり。
14) 君達見て、手を叩きて、「穀糞聖、穀糞聖」と呼ばはりて、
15) ののしり笑ひければ、逃げ去りにけり。
16) その後は行方も知らず、長く失せにけりとなん。

146. 또 보자 말 것을[1]

　지금은 옛날, 스에나오(季直) 소장(少将)이라고 하는 사람이 있었다.[2] 병이 들었는데 그리고 나서 조금 나아져서 궁에 들었다.[3] 미나모토노 긴타다(源公忠_귀족이며 가인[歌시], 889-948) 나리가 궁궐 시설담당관이었을 무렵의 일이다.[4] "병들어 어지러워진 마음이 아직 제대로 낫지 않았습니다만, 불안한 마음에 궁에 든 것입니다.[5] 나중은 모르겠지만, 이렇게라도 있기에, 모레쯤 다시 들고자 합니다.[6] 잘 아뢰어 주십시오."라고 하고 돌아갔다.[7]

　그리고 사흘 남짓 지나서 소장으로부터,[8] (아래와 같은 노래를 받았다.)

　〈한스럽도다, 나중에 보자고 약조했는데, 오늘이 마지막이라 하면 좋았을 것을.〉[9]

　그런데 그날 숨을 거두고 말았다.[10] 딱하기 짝이 없는 일이었다.[11]

---

1) 『日本古典文学全集』 [12巻10] 「季直少将歌の事」(스에나오 소장이 보낸 노래)
2) 今は昔、季直少将といふ人ありけり。
3) 病つきて後、少しおこたりて、内に参りたりけり。
4) 公忠の弁の、掃部助にて蔵人なりける比の事なり。
5) 「乱り心地、まだよくもおこたり侍らねども、心もとなくて参り侍りつる。
6) 後は知らねど、かくまで侍れば、明後日ばかりにまた参り侍らん。
7) よきに申させ給へ」とてまかり出でぬ。
8) 三日ばかりありて少将のもとより、
9) 悔しくぞ後に逢はんと契りける今日を限といはましものを
10) さてその日失せにけり。
11) 哀なる事のさまなり。

147. 꼬락서니가 어때서?1)

지금은 옛날, 물건 이름 숨기기 노래에 흠뻑 빠져 즐기시던 천자가, 관악기인 필률(篳篥_히치리키)을 넣어 노래를 짓도록 하셨는데,2) 사람들이 서툴게 읊었다. 그런데 나무꾼 아이가 동틀녘에 산에 간다며 나서서 이렇게 말했다.3) "요전에 필률(히치리키)을 숨긴 노래를 짓게 하셨다는데, 사람들이 제대로 읊지 못했다는데,4) 나야말로 제대로 읊는데 말이지."라고 했다.

그러자 함께 길 가던 아이가 "아이고, 제 분수도 모르고서,5) 그런 말 말아라. 꼬락서니에 어울리지 않게, 부정 탄다."라고 했다.6) 그러자 "어찌 꼭 꼬락서니에 어울려야 하냐?"라며,7)

〈해마다 돌아오는 봄마다 벚꽃이 몇 차례나 졌는지8) 아무에게 묻고 싶도다.〉9)

라고 했다. 꼬락서니에도 어울리지 않게, 참으로 뜻밖이었다.10)

---

1) 『日本古典文学全集』 [12巻11] 「木こり小童隠題歌の事」(나무꾼 아이가 이름 숨기기 노래를 지은 일)
2) 今は昔、隠題をいみじく興ぜさせ給ひける御門の、篳篥を詠ませられけるに、
3) 人々わろく詠みたりけるに、木こる童の、暁、山へ行くとていひける。
4) 「この比篳篥を詠ませさせ給ふなるを、人のえ詠み給はざなる、
5) 童こそ詠みたれ」といひければ、具して行く童部、「あな、おほけな。
6) かかる事ないひそ。さまにも似ず、いまいまし」といひければ、
7) 「などか、必ずさまに似る事か」とて、
8) 노래는 「いくたびちりき」인데 탁점을 무시하면 「いくたひちりき」가 되어 필률(ひちりき)이 여기에 감춰진 셈이 된다.
9) めぐりくる春々ごとに桜花いくたびちりき人に問はばや
10) といひたりける。さまにも似ず、思ひかけずぞ。

148. 노래로 받은 선물로[1]

지금은 옛날, 다카타다(高忠)라고 하는 에치젠(越前_현재 후쿠이[福井]현 동부의 옛 지역명)의 태수 시절에, 몹시도 불행한 가신이 있었다.[2] 그는 낮이고 밤이고 착실하게 일했는데, 겨울인데도 홑겹 옷만을 입고 있었다.[3]

눈이 엄청나게 쏟아지는 날, 그 집사가 청소한다며, 귀신 들린 마냥 오돌오돌 떨고 있는 것을 보고,[4] 태수가 "노래를 읊거라, 멋들어지게 내리는 눈이로구나." 했다.[5]

그러자 그 집사가 "무슨 주제로 읊어야 할까요?"라고 하니, "네가 알몸인 까닭을 읊어라."라고 했다.[6] 그러자 이내 떨리는 목소리를 높여서 읊어나간다.[7]

〈헐벗은 내 몸을 덮치는 흰 눈은 떨지만 떨어지지 않는구려.〉[8]

라고 읊으니, 태수가 매우 치켜세우며, 입고 있던 옷을 벗어서 건네주었다.[9] 사모님도 안쓰럽게 여겨, 옅은 보랏빛 옷인데 너무나도 훌륭한 옷을 건네주었다.[10]

---

1) 『日本古典文学全集』[12巻12]「高忠の侍歌詠む事」(다카타다의 집사가 노래를 읊은 일)
2) 今は昔、高忠といひける越前守の時に、いみじく不幸なりける侍の、
3) 夜昼まめなるが、冬なれど、帷をなん着たりける。
4) 雪のいみじく降る日、この侍、清めすとて、物の憑きたるやうに震ふを見て、
5) 守、「歌詠め、をかしう降る雪かな」といへば、
6) この侍、「何を題にて仕るべき」と申せば、「裸なる由を詠め」といふに、
7) 程もなく震ふ声をささげて詠みあぐ。
8) はだかなる我が身にかかる白雪はうちふるへども消えせざりけり
9) と詠みければ、守いみじくほめて、着たりける衣を脱ぎて取らす。
10) 北の方も哀がりて、薄色の衣のいみじう香ばしきを取らせたりければ、

이렇게 두 벌 모두 받아서는, 잘 말아서, 겨드랑이에 끼우고 자리를 떴다.11) 그리고 거처로 갔더니 늘어서 있는 가신들이 보고서, 놀라 미심쩍어하며 물었는데,12) 이러이러하다는 이야기를 듣고서 황당해했다.13)

그런데 그 가신이 그러고 나서 보이지 않게 되었기에, 이상하게 여겨 태수가 찾아보도록 했다.14)

그때 북쪽 산에 귀한 스님이 있었다.15) 거기로 가서, 이번에 얻은 옷을 두 벌을 모두 바치고 말하길,16) "나이 들어 늙고 말았습니다.17) 내 몸의 불행은 해가 갈수록 더해집니다.18) 이번 생에는 쓸모도 없는 처지인 모양입니다.19) 내세만큼이라도 어떻게든 이라고 생각하여, 법사가 되고자 생각했습니다.20)

하지만 계(戒)를 베푸는 스님에게 바칠 것이 없기에, 이제껏 그냥 지내고 있었습니다만,21) 이렇게 뜻밖의 물건을 받았기에, 한없이 기쁘게 생각하여,22) 이를 보시하러 찾아온 것입니다."라고 하곤,23) "법사로 만들어주십시오."라고 눈물로 목이 메어, 울며불며 이야기했다.24)

---

11) 二つながら取りて、かいわぐみて、脇に挟みて立ち去りぬ。
12) 侍に行きたれば、居並みたる侍ども見て、驚き怪しがりて問ひけるに、
13) かくと聞きて、あさましがりけり。
14) さてこの侍、その後見えざりければ、怪しがりて、守尋ねさせければ、
15) 北山に貴き聖ありけり。
16) そこへ行きて、この得たる衣を二つながら取らせて、いひけるやう、
17) 「年まかり老いぬ。
18) 身の不幸、年を追ひてまさる。
19) この生の事は益もなき身に候めり。
20) 後生をだにいかでと覚えて、法師にまかりならんと思ひ侍れど、
21) 戒師に奉べき物の候はねば、今に過し候ひつるに、
22) かく思ひかけぬ物を賜りたれば、限なく嬉しく思ひ給へて、
23) これを布施に参らするなり」とて、

그러자 스님이 너무나 귀히 여겨, 그를 법사로 만들어주었다.25) 그리고 거기에서 간 곳도 모르게 사라지고 말았다.26) 어디에 머무는지 모르게 되고 만 것이다.27)

---

24) 「法師になさせ給へ」と涙にむせかへりて、泣く泣くいひければ、
25) 聖いみじう貴みて、法師になしてけり。
26) さてそこより行方もなくて失せにけり。
27) 在所知らずなりにけり。

149. 자식을 앞세우고[1]

　지금은 옛날, 쓰라유키(貫之)가 도사(土佐_지금의 고치[高知]현[県]의 옛 지역명) 지역의 태수가 되어 내려가 있을 무렵인데,[2] 임기를 끝마친 해에, 일고여덟 남짓한 아이로, 말도 못 하게 귀여운 아이를,[3] 한없이 사랑스러워하고 있었는데, 이래저래 앓다가 잃고 말았기에,[4] 울며 어찌할 바를 몰라 몸져눕도록 애달파하고 있었다.[5]

　그렇게 한참이 지났기에, 이렇게만 있을 수는 없는 노릇이니, 도읍으로 올라가려고 생각했는데,[6] 아이가 여기에서 어떻게 하고 있었더라 하고 떠올라서,[7] 몹시도 슬펐기에, 기둥에 이렇게 적었는데,[8]

　〈도읍으로 돌아가려니 슬프기는 돌아오지 않는 사람이 있으니 말이지.〉[9]

　이렇게 적어놓은 노래가 지금도 남아 있다.[10]

---

1) 『日本古典文学全集』 [12巻13] 「貫之歌の事」(쓰라유키의 노래에 관한 일)
2) 今は昔、貫之が土佐守になりて、下りてありける程に、
3) 任果の年、七つ八つばかりの子の、えもいはずをかしげなるを、
4) 限なくかなしうしけるが、とかく煩ひて失せにければ、
5) 泣き惑ひて、病づくばかり思ひこがるる程に、
6) 月比になりぬれば、かくてのみあるべき事かは、上りなんと思ふに、
7) 児のここにて何とありしはやなど、思ひ出でられて、
8) いみじう悲しかりければ、柱に書きつけける。
9) 都へと思ふにつけて悲しきは帰らぬ人のあればなりけり
10) と書きつけたりける歌なん、今までありける。

150. 반딧불이를 보고서1)

　지금은 옛날, 동쪽 지방 사람으로 노래를 너무나 즐겨 짓는 사람이, 반딧불이를 보고서,2)
　〈어머 눈부시 벌레 엉치에 불이 붙어 작은 망자의 혼령으로나 보이려나.〉3)
　동쪽 지방 사람처럼 읊고자 했는데, 사실은 쓰라유키(貫之)가 읊은 것이었단다.4)

---

1)『日本古典文学全集』[12巻14]「東人歌詠む事」(동쪽 지방 사람이 노래를 읊은 일)
2) 今は昔、東人の、歌いみじう好み詠みけるが、蛍を見て、
3) あなてりや虫のしや尻に火のつきて小人玉とも見えわたるかな
4) 東人のやうに詠まんとて、まことは貫之が詠みたりけるとぞ。

151. 딴 세상 이야기[1]

지금은 옛날, 가와라노인(河原院_교토[京都]시 동부를 흐르는 가모가와[鴨川] 부근)은 미나모토노 도오루(源融_헤이안 초기 귀족, 822-895) 사다이진(左大臣)의 집이다.[2] 동북 지방에 있는 시오가마(塩釜_미야기[宮城]현 중부의 어항[漁港])의 모양을 본떠서,[3] 바닷물을 끌어들여서 소금을 굽는 등,[4] 각양각색의 풍류를 한없이 즐기며 살고 계셨다.[5]

그 대신이 세상을 떠나고 나서, 우다 법황(宇多法皇_제59대 덴노[天皇], 867-931)에게 집을 바쳤다.[6] 여기에 다이고 덴노(醍醐天皇_제60대, 885-930)[7]가 자주 행차하셨다.[8]

아직 우다 법황이 거기에 거처하셨던 시절, 한밤중에,[9] 서편 별채의 옷방을 열고서, 부스럭부스럭 누군가가 들어오는 듯 느끼셨기에,[10] 살펴보시니, 궁에 들 때 입는 관복을 잘 차려입은 사람이,[11] 큰 칼을 차고, 홀(笏)을 쥐고, 기둥 두 개 남짓 물러서서,

---

1) 『日本古典文学全集』 [12巻15] 「河原院融公の霊住む事」(가와라인에 도오루 공의 넋이 사는 일)
2) 今は昔、河原院は融の左大臣の家なり。
3) 陸奥の塩釜の形を作りて、
4) 潮を汲み寄せて、塩を焼かせなど、
5) さまざまのをかしき事を尽して、住み給ひける。
6) 大臣失せて後、宇多院には奉りたるなり。
7) 원문의 「엔기(延喜)」는 일본의 연호로서, 다이고 덴노[醍醐天皇]의 재위 시기인 901-923년이다.
8) 延喜の御門、たびたび行幸ありけり。
9) まだ院住ませ給ひける折に、夜中ばかりに、
10) 西の対の塗籠をあけて、そよめきて、人の参るやうに思されければ、
11) 見させ給へば、ひの装束うるはしくしたる人の、

삼가 조아리고 있었다.12)

"그대는 누구인가?"라고 물으시니, "이 집의 주인 되옵는 할아범입니다."라고 아뢴다.13)

"도오루(融) 대신인가?"라고 물으시니, "그러하옵니다."라고 아뢴다.14)

"그런데 무슨 일인가?"라고 물으시니,15) "내 집이기에 살고 있습니다만, 여기에 납시는 것이 황송하여, 몸 둘 바를 몰라 하고 있사옵니다.16) 어찌 처신해야 마땅하겠나이까?"라고 아뢰었다.17)

그러자 "그건 참으로 너무 가당찮은 이야기로구나.18) 저세상에 간 대신의 자손이 내게 바쳤기에 여기에 거처하는 게다.19) 내가 억지로 빼앗아 거처한다면 모를까,20) 예의도 차리지 아니하고, 어찌 이렇게 원망하느냐?"라고,21) 목청을 높여서 말씀하셨더니, 문질러 지운 듯 싹 사라지고 말았다.22)

당시 사람들은 "역시 천자는 딴 세상에 계시는 분이다.23) 예사로운 사람이라면 그 대신을 맞닥뜨려서,24) 그렇게 똑 부러지게 말할 수 있었겠나?"라고 수군댔다.25)

---

12) 太刀はき、笏取りて、二間ばかり退きて、かしこまりて居たり。
13) 「あれは誰ぞ」と問はせ給へば、「ここの主に候翁なり」と申す。
14) 「融の大臣か」と問はせ給へば、「しかに候」と申す。
15) 「さはなんぞ」と仰せらるれば、
16) 「家なれば住み候に、おはしますがかたじけなく、所狭く候なり。
17) いかが仕るべからん」と申せば、
18) 「それはいといと異様の事なり。
19) 故大臣の子孫の、我に取らせたれば、住むにこそあれ。
20) わが押し取りて居たらばこそあらめ、
21) 礼も知らず、いかにかくは恨むるぞ」と、
22) 高やかに仰せられければ、かい消つやうに失せぬ。
23) その折の人々、「なほ御門はかたことにおはします者なり。
24) ただの人はその大臣にあひて、
25) さやうにすくよかにはいひてんや」とぞいひける。

152. 공자에게 던진 질문[1]

지금은 옛날, 중국에서 공자(孔子)가 길을 가시다가, 여덟 살 남짓한 아이를 만났다.[2] 공자에게 여쭈어 아뢰길 "해가 지는 곳과 낙양(洛陽) 가운데 어디가 멉니까?"라고.[3] 공자가 대답하시길 "해가 지는 곳은 멀도다. 낙양은 가깝도다."[4]

그러자 아이가 아뢰길 "해가 뜨고 지는 곳은 눈에 보입니다.[5] 하지만 낙양은 이제껏 보이지 않습니다.[6] 그러니 해가 뜨는 곳은 가깝고,[7] 낙양은 멀다고 생각합니다."라고 아뢰었더니,[8] 공자가 용한 아이라며 기특해하셨다.[9]

"공자에게는 이렇게 무언가 물음을 던지는 사람도 없는데,[10] 이렇게 물었던 것은, 보통내기가 아니었던 게다."라고 사람들이 수군댔다.[11]

---

1) 『日本古典文学全集』[12巻16]「八歳の童孔子問答の事」(여덟 살 아이가 공자와 문답한 일)
2) 今は昔、唐に、孔子、道を行き給ふに、八つばかりなる童あひぬ。
3) 孔子に問ひ申すやう、「日の入る所と洛陽と、いづれか遠き」と。
4) 孔子いらへ給ふやう、「日の入る所は遠し。洛陽は近し」。
5) 童の申すやう、「日の出で入る所は見ゆ。
6) 洛陽はまだ見ず。
7) されば日の出づる所は近し。
8) 洛陽は遠しと思ふ」と申しければ、
9) 孔子、かしこき童なりと感じ給ひける。
10) 「孔子には、かく物問ひかくる人もなきに、
11) かく問ひけるは、ただ者にはあらぬなりけり」とぞ人いひける。

153. 효심이 하늘에 닿아[1]

    지금은 옛날, 부모에게 효도하는 사람이 있었다.[2] 아침저녁으로 나무를 해서 부모를 모신다.[3] 그 효도하고 봉양하는 마음이 하늘에 닿았다.[4]

    노도 없는 배를 타고, 건너편 섬으로 가는데,[5] 아침에는 남쪽 바람이 불어서 북쪽 섬에 다다랐다.[6] 저녁에는 다시 배에 나무를 해서 싣고 있으니, 북쪽 바람이 불어서 집에 다다랐다.[7]

    이렇게 지내기를 한참이 돼,[8] 조정에 알려져서, 대신으로 삼아, 불러들여 쓰신다.[9] 그 이름을 정태위(鄭太尉)라고 했다.[10]

---

1) 『日本古典文学全集』[12巻17]「鄭太尉の事」(정태위에 관한 일)
2) 今は昔、親に孝する者ありけり。
3) 朝夕に木をこりて親を養ふ。
4) 孝養の心空に知られぬ。
5) 梶もなき舟に乗りて、向ひの嶋に行くに、
6) 朝には南の風吹きて、北の嶋に吹きつけつ。
7) 夕にはまた、舟に木をこりて入れて居たれば、北の風吹きて家に吹きつけつ。
8) かくのごとくする程に、年比になりて、
9) おほやけに聞し召して、大臣になして召し使はる。
10) その名を鄭太尉とぞいひける。

154. 제 마음이 곧 부처요[1]

　지금은 옛날, 중국의 변주(辺州)에 한 사내가 있었다.[2] 집이 가난하여 재물이 없다.[3] 처자식을 먹일 힘이 없다.[4] 구하지만 얻어지는 것이 없다.[5]

　그렇게 세월을 보낸다.[6] 애가 타서 어떤 스님을 만나 재물을 얻을 방도를 묻는다.[7] 지혜가 있는 스님으로, 대답하길,[8] "네가 재물을 얻고자 한다면, 오직 진정한 마음을 일으켜야 할 것이오.[9] 그러면 재물도 넉넉하게 내세에는 좋은 곳에 태어날 것이오."라고 한다.[10]

　그 사내가 "진정한 마음이란 어떤 겁니까?"라고 물으니,[11] 스님이 이르길 "진정한 마음을 일으킨다고 하는 것은, 다른 일이 아니오.[12] 불법을 믿는 것이오."라고 했다.[13]

---

1) 『日本古典文学全集』[12巻18]「貧しき俗仏性を観じて富める事」(가난한 속인이 불심을 깨닫고 넉넉해진 일)
2) 今は昔、唐の辺州に一人の男あり。
3) 家貧しくして、宝なし。
4) 妻子を養ふに力なし。
5) 求むれども、得る事なし。
6) かくて歳月を経。
7) 思ひ侘びて、ある僧にあひて、宝を得べき事を問ふ。
8) 智恵ある僧にて、答ふるやう、
9) 「汝宝を得んと思はば、ただ誠の心を起すべし。
10) さらば宝もゆたかに、後世はよき所に生れなん」といふ。
11) この人、「誠の心とはいかが」と問へば、
12) 僧の曰く、「誠の心を起すといふは、他の事にあらず。

그러자 다시 물어 이르길 "그건 어떻게 생깁니까?14) 제대로 받자와서, 뜻을 알고 모두 의지하여, 의심 없이 믿음을 세워 맡기고자 합니다.15) 삼가 받잡고자 합니다."라고 했다.16)

그러자 스님이 이르길 "자신의 마음이 곧 부처인 게요.17) 자신의 마음을 떠나서는 부처는 없는 게요.18) 그러니 자신의 마음으로 인해 부처는 계시는 게요."라고 했다.19)

이에 손을 비비며 울며불며 조아리고, 그러고 나서 그 일을 마음에 다짐하고, 밤낮으로 생각했기에,20) 범천과 제석천과 여러 신령이 찾아와서 지키셨기에,21) 꾀하지 않았는데 재물이 생겨나서, 온 집안이 넉넉해졌다.22) 목숨이 다하니, 더더욱 마음에 부처를 깊이 염원하여, 극락정토로 순식간에 들어가고 말았다.23) 이 일을 듣고 보는 사람들이 귀히 여겨 감복했다고 한다.24)

---

13) 仏法を信ずるなり」といふに、
14) また問ひて曰く、「それはいかに。
15) たしかに承りて、心を得て頼み思ひて、二なく信をなし、頼み申さん。
16) 承るべし」といへば、
17) 僧の曰く、「我が心はこれ仏なり。
18) 我が心を離れては仏なしと。
19) 然れば我が心の故に、仏はいますなり」といへば、
20) 手を摺りて、泣く泣く拝みて、それよりこの事を心にかけて、夜昼思ひければ、
21) 梵釈諸天来たりて守り給ひければ、
22) はからざるに宝出で来て、家の内ゆたかになりぬ。
23) 命終るに、いよいよ心、仏を念じ入りて、浄土にすみやかに参りてけり。
24) この事を聞き見る人、貴みあはれみけるとなん。

155. 신라에서의 무용담[1]

지금은 옛날 이키(壱岐_규슈[九州]와 한반도 사이에 있는 섬으로 규슈에서 약 25km 거리) 태수 무네유키(宗行)의 부하를, 하찮은 일로 인해, 주인이 죽이려 했다.[2]

이에 작은 배를 타고 도망쳐서, 신라국으로 건너가, 숨어 지내고 있었는데,[3] 신라의 김해라고 하는 곳이 엄청나게 와글와글 소란스럽다.[4]

"무슨 일인가?"라고 물으니, "범이 관아에 들어와서 사람을 잡아먹었단다."라고 한다.[5]

그 사내가 묻는다. "범은 몇 마리나 있는가?"라고.[6]

"단 한 마리인데, 느닷없이 뛰어나와서,[7] 사람을 잡아먹고 도망쳐가고 또 가는 거다."라고 하는 말을 듣고서,[8] 그 사내가 말하길 "그 범을 만나 화살 하나를 쏘고 죽었으면 원이 없겠소.[9] 범이 사나우면 함께 죽어야지.[10] 그냥 허무하게 어찌 잡아먹히겠는가.[11] 이 나라 사람들은 무예가 형편없는 모양일세."라고 했다.[12]

---

1) 『日本古典文学全集』[12巻19]「宗行が郎等虎を射る事」(무네유키의 부하가 범을 쏜 일)
2) 今は昔、壱岐守宗行が郎等を、はかなき事によりて、主の殺さんとしければ、
3) 小舟に乗りて逃げて、新羅国へ渡りて、隠れて居たりける程に、
4) 新羅の金海といふ所の、いみじうののしり騒ぐ。
5) 「何事ぞ」と問へば、「虎の国府に入りて、人を食ふなり」といふ。
6) この男問ふ。「虎はいくつばかりあるぞ」と。
7) 「ただ一つあるが、にはかに出で来て、
8) 人を食ひて、逃げて行き行きするなり」といふを聞きて、
9) この男のいふやう、「あの虎にあひて、一矢を射て死なばや。
10) 虎かしこくば、共にこそ死なめ。

그 이야기를 누군가 듣고서 태수에게 "이러저러한 이야기를 저 일본인이 말했습니다."라고 했다.13) 그러자 "용한 일이로군. 부르거라."라고 하니, 사람이 와서 "부르십니다."라고 하기에 찾아갔다.14)

"정말이더냐, 범이 사람을 잡아먹는데, 그걸 손쉽게 쏴죽이겠다고 말했다던데."라고 물으시니,15) "그렇게 말했습니다."라고 대답한다.16)

태수가 "어찌 그런 말을 하느냐?"라고 물으니,17) 그 사내가 아뢰길 "이 나라 사람은, 자기 몸을 그냥 온전히 두고,18) 적을 해하려 하기에, 멍하니 있다가,19) 이러한 사나운 짐승 따위에게 자기 몸이 빼앗겨버리고 말 테니,20) 당해내지 못하는 것이겠지요.21)

일본 사람은 정말로 자기 몸을 버리는 셈 치고 대적하니, 잘 되기도 하겠지요.22) 활과 화살을 다루는 무사가, 어찌 자기 몸을 돌보고자 하는 일이 있겠습니까?"라고 했다.23)

그러자 태수가 "그러면 범을 쏘아 죽이겠느냐?"라고 했더니,24) "이 몸이 살든 못살든 알 바가 아닙니다.25) 반드시 녀석을 쏘아 잡겠습니다."라고 했다.26)

---

11) ただむなしうはいかでか食はれん。
12) この国の人は、兵の道わろきにこそはあめれ」といひけるを、
13) 人聞きて、国守に、「かうかうの事をこそ、この日本人申せ」といひければ、
14) 「かしこき事かな。呼べ」といへば、人来て、「召しあり」といへば、参りぬ。
15) 「まことにや、この虎の人食ふを、やすく射んとは申すなる」と問はれければ、
16) 「しか申し候ひぬ」と答ふ。
17) 守、「いかでかかる事をば申すぞ」と問へば、
18) この男の申すやう、「この国の人は、我が身をば全くして、
19) 敵をば害せんと思ひたれば、おぼろけにて、
20) かやうのたけき獣などには、我が身の損ぜられぬべければ、
21) まかりあはぬにこそ候めれ。
22) 日本の人は、いかにも我が身をばなきになしてまかりあへば、よき事も候めり。
23) 弓矢に携らん者、何しかは、我が身を思はん事は候はん」と申しければ、
24) 守、「さて虎をば、必ず射殺してんや」といひければ、

이에 "너무나 엄청나게 장한 일이로구나.27) 그럼 반드시 잘 채비하여 쏘거라.28) 엄청난 사례를 사겠다."라고 하자, 사내가 말하길,29) "그건 그렇고 어디에 있습니까?30) 사람을 어떻게 해서 잡아먹습니까?"라고 물었다.31)

태수가 말하길 "언제였더라,32) 관아 안에 들어와서, 한 사람을 머리를 물고,33) 어깨에 들쳐메고 가비렸다."리고 했다.34)

그 사내가 말하길 "그런데 어떻게 해서 물었습니까?"라고 묻자 누군가 말하길,35) "범은 우선 사람을 물려고 할 때는 고양이가 쥐를 노리듯 납작 엎드려서,36) 한참을 있다가, 큰 입을 벌리고 달려들어서 머리를 물고,37) 어깨에 들쳐메고 내달려 가버린다."라고 한다.38)

"어쨌거나 저쨌거나, 될 대로 되라지, 화살 하나 쏘고서 잡아먹히던가.39) 그 범이 있는 곳을 알려주시오."라고 했다.40)

---

25) 「我が身の生き生かずは知らず。
26) 必ず彼をば射取り侍りなん」と申せば、
27) 「いといみじうかしこき事かな。
28) さらば必ず構へて射よ。
29) いみじき悦せん」といへば、をのこ申すやう、
30) 「さてもいづくに候ぞ。
31) 人をばいかやうにて食ひ侍るぞ」と申せば、
32) 守の日く、「いかなる折にかあるらん、
33) 国府の中に入り来て、人一人を、頭を食ひて、
34) 肩にうち掛けて去るなり」と。
35) この男申やう、「さてもいかにしてか食ひ候」と問へば、人のいふやう、
36) 「虎はまづ人を食はんとては、猫の鼠を窺ふやうにひれ伏して、
37) 暫しばかりありて、大口をあきて飛びかかり、頭を食ひて、
38) 肩にうち掛けて走り去る」といふ。
39) 「とてもかくても、さばれ、一矢射てこそは食はれ侍らめ。

"여기에서 서쪽으로 한참 가서 뽕나무밭이 있소이다.41) 바로 거기에 숨어있소. 사람들이 무서워서 감히 그 근처에 얼씬 못하오."라고 한다.42)

"나는 잘 알지 못하지만, 그쪽을 향해 내려가겠소."라며 활과 화살을 챙겨 짊어지고 떠났다.43)

신라 사람들은 "일본 사람인데 안됐구나. 범에게 잡아먹히고 말 거야."라며 모여서 흉보고 있었다.44)

그렇게 그 사내가 범이 있는 곳을 물어물어 찾아가서 보니,45) 정말로 밭이 온천지에 무성하게 우거져 있었다.46) 뽕나무 키가 네 척 남짓 된다.47) 그 속을 헤치고 가서 보니, 정말로 범이 누워있다.48)

뾰족한 화살을 메기고, 한쪽 무릎을 세우고 앉았다.49) 범은 사람의 냄새를 맡고서 이내 납작 엎드려서 고양이가 쥐를 노리는 형상으로 있는데,50) 사내가 화살을 메기고, 소리도 내지 않고 가만히 있으니,51) 범이 큰 입을 벌리고 튀어 올라 사내 위로 덮쳤다.52)

그때 사내가 활을 힘껏 당겨서 위로 덮치는 찰나에,53) 순식간에 활을 쐈더니, 턱

---

40) その虎の有所教へよ」といへば、
41) 「これより西に廿四町退きて、麻の畠あり。
42) それになん伏すなり。人怖ぢて、敢へてそのわたりに行かず」といふ。
43) 「おのれただ知り侍らずとも、そなたをさしてまからん」といひて、調度負ひて去ぬ。
44) 新羅の人々、「日本の人ははかなし。虎に食はれなん」と、集りてそしりけり。
45) かくて、この男は、虎の有所問ひ聞きて、行きて見れば、
46) まことに畠はるばると生ひわたりたり。
47) 麻の長四尺ばかりなり。
48) その中を分け行きて見れば、まことに虎臥したり。
49) 尖矢をはげて、片膝を立てて居たり。
50) 虎、人の香を嗅ぎてついひらがりて、猫の鼠窺ふやうにてあるを、
51) をのこ矢をはげて、音もせで居たれば、
52) 虎大口をあきて躍りて、をのこの上にかかるを、

밑에서 뒷덜미로 일고여덟 치만큼 뾰족한 화살을 쏘아 뚫었다.54)

범이 거꾸로 벌러덩 자빠져 버둥거리는 것을, 끝이 갈라진 화살을 메겨서 두 차례 배를 쐈다.55) 두 차례 모두 땅까지 꿰뚫어서, 마침내 죽였다.56)

그리고 화살도 뽑지 않은 채 관아로 돌아가서 태수에게 이래저래 쏴 죽였다는 이야기를 전하니,57) 태수가 감탄하여 부산을 떨며 수많은 사람을 이끌고 범이 있는 곳으로 가서 봤다.58)

그러자 정말로 화살 세 발이 모두 꿰뚫어져 있었다.59) 살펴보니 너무나 대단하다.60)

"정말로 수백 수천의 범이 일어나 덮치더라도, 일본 사람 열 명 정도가,61) 말을 타고 쳐들어가서 쏘면, 범이 무슨 수가 있겠는가?62) 이 나라 사람은 한 척 남짓한 화살에, 송곳 같은 화살촉을 박아서,63) 거기에 독을 묻혀 쏘니, 마침내는 그 독으로 인해 죽지만,64) 순식간에 그 현장에서 쏴 자빠뜨리는 일은 할 수 없다.65) 일본 사람은 자기 목숨을 잃는 것까지도 조금도 꺼리지 않고,66) 커다란 화살로 쏘니, 그 현장에서 쏴

---

53) をのこ弓を強く引きて、上にかかる折に、
54) やがて矢を放ちたれば、頤の下より項に七八寸ばかり、尖矢を射出しつ。
55) 虎さかさまに伏して倒れてあがくを、雁股をつがひ、二たび、腹を射る。
56) 二たびながら土に射つけて、遂に殺して、
57) 矢をも抜かで、国府に帰りて、守にかうかう射殺しつる由いふに、
58) 守感じののしりて、多くの人を具して、虎のもとへ行きて見れば、
59) まことに箭三つながら射通されたり。
60) 見るにいといみじ。
61) 「まことに百千の虎起りてかかるとも、日本の人十人ばかり、
62) 馬にて押し向ひて射ば、虎何わざをかせん。
63) この国の人は一尺ばかりの矢に、錐のやうなる鏃をすげて、
64) それに毒を塗りて射れば、遂にはその毒の故に死ぬれども、
65) たちまちにその庭に、射伏する事はえせず。

죽였다.67) 역시 무도(武道)에서는 해 뜨는 곳의 사람을 당해낼 재주도 없다.68) 그러니 더더욱 대단히 두렵게 느껴지는 나라다."라며 무서워했다.69)

그래서 이 사내를 더욱 소중히 곁에 두고, 깍듯이 대접했지만,70) 처자식을 그리워하여 쓰쿠시(筑紫_규슈[九州]의 옛 이름)로 돌아와서, 무네유키에게 가서,71) 그 이야기를 했더니, "일본의 체면을 드높인 자로구나."라며 처벌도 용서했다.72)

수많은 재물을 신라에서 상급으로 받았는데, 그걸 무네유키에게도 드렸다.73) 수많은 상인이 신라 사람이 하는 말을 듣고서 전했기에,74) 쓰쿠시에서도 이 나라의 무사는 대단한 사람이라고 자자했다나 뭐라나.75)

---

66) 日本の人は、我が命死なんをも露惜まず、
67) 大なる矢にて射れば、その庭に射ころしつ。
68) なほ兵の道は、日の本の人には当るべくもあらず。
69) さればいよいよいみじう、恐ろしく覚ゆる国なり」とて怖ぢけり。
70) さて、このをのこをば、なほ惜みとどめて、いたはりけれど、
71) 妻子を恋ひて、筑紫に帰りて、宗行がもとに行きて、
72) その由を語りければ、「日本の面興したる者なり」とて、勘当も許してけり。
73) 多くの物ども、禄に得たりける、宗行にも取らす。
74) 多くの商人ども、新羅の人のいふを聞きて語りければ、
75) 筑紫にも、この国の人の兵は、いみじき者ぞしけるとか。

156. 범을 때려잡은들[1]

지금은 옛날, 견당사로서 중국에 건너간 사람이, 열 살 남짓한 아이를,[2] 안 보고 견딜 도리가 없었기에, 함께 데리고 건너갔다.[3]

그렇게 지내고 있었는데, 눈이 많이 내렸던 날에, 돌아다니지도 못하고 가만히 있었는데,[4] 그 아이가 놀러 나갔다가 늦게 돌아오니,[5] 의아하게 여겨 나가서 보니, 아이의 발자국 뒤쪽으로,[6] 아이가 밟고 지나간 자국을 따라서, 커다란 개의 발자국이 있는데,[7] 그러고 나서 그 아이의 발자국이 보이지 않는다.[8]

산 쪽으로 간 것을 보고, 이는 범이 물고 간 모양이라고 생각하니,[9] 어찌할 바를 모르게 슬퍼서, 큰 칼을 뽑아,[10] 발자국을 좇아 산 쪽으로 가서 봤다.[11] 그러자 바위 동굴 어귀에서 그 아이를 물어 죽이고, 배를 깔고 누워있었다.[12]

---

1) 『日本古典文学全集』 [12권20] 「遣唐使の子虎に食はるる事」(견당사의 아이가 범에게 잡아먹힌 일)
2) 今は昔、遣唐使にて唐に渡りける人の、十ばかりなる子を、
3) え見であるまじかりければ、具して渡りぬ。
4) さて過しける程に、雪の高く降りたりける日、歩きもせで居たりけるに、
5) この児の遊に出でて去ぬるが、遅く帰りければ、
6) 怪しと思ひて、出でて見れば、足形後の方から、
7) 踏みて行きたるにそひて、大なる犬の足形ありて、
8) それよりこの児の足形見えず。
9) 山ざまに行きたるを見て、これは虎の食ひて行きけるなめりと思ふに、
10) せん方なく悲しくて、太刀を抜きて、
11) 足形を尋ねて、山の方に行きて見れば、

큰 칼을 뽑아 들고 달려드니, 도망쳐가지 못하고,13) 움츠리고 있었는데, 큰 칼로 대갈통을 내리치니, 마치 잉어 대가리를 쪼개는 것처럼 쪼개졌다.14) 이어서 다시 옆쪽으로 잡아먹으려 달려드는 등을 칼로 치니,15) 등뼈를 박살 내서 축 뻗도록 만들었다.16)

그리고 아이는 죽임당했지만, 겨드랑이에 끼고 집으로 돌아오니,17) 그 나라 사람들이 보고서 두려워 기막혀하기가 그지없다.18)

중국 사람은, 범을 맞닥뜨리면 도망치기조차 어려운데,19) 이렇게 범을 때려죽이고, 아이를 되찾아 왔으니,20) 중국 사람은 대단한 일이라 하며,21) "역시 일본이라는 나라는, 무예 쪽에서는 견줄 데가 없는 나라다."라고 치켜세웠지만,22) 아이가 죽어버렸으니 무슨 소용이 있으려나.23)

---

12) 岩屋の口に、この児を食ひ殺して、腹をねぶりて臥せり。
13) 太刀を持ちて走り寄れば、え逃げていかで、
14) かい屈まりて居たるを、太刀にて頭を打てば、鯉の頭を割るやうに割れぬ。
15) 次にまたそばざまに食はんとて、走り寄る背中を打てば、
16) 背骨を打ち切りて、くたくたとなしつ。
17) さて、子をば死なせたれども、脇にかい挟みて、家に帰りたれば、
18) その国の人々、見て怖ぢあさむ事限なし。
19) 唐の人は、虎にあひて逃ぐる事だに難きに、
20) かく虎をば打ち殺して、子を取り返して来たれば、
21) 唐の人は、いみじき事にいひて、
22) 「なほ日本の国には、兵の方はならびなき国なり」とめでけれど、
23) 子死にければ、何にかはせん。

157. 입 한번 잘못 놀렸다가[1]

　지금은 옛날, 최고위 관직에 있는 분이 아직 중장(中将_경호 담당 부서인 고노에후[近衛府]의 벼슬아치)이라 불렸을 때,[2] 궁에 드시는 길에, 법사를 붙잡아 끌고 가는 것을 보고,[3] "이는 무슨 일을 저지른 법사인가?"라고 물으셨다.[4]

　이에 "오랫동안 부리셨던 주인을 죽인 자입니다."라고 하니,[5] "참으로 죄가 무거운 짓을 저지른 자로구나.[6] 한심스러운 짓을 저지를 자로군."이라고 무심결에 내뱉고서 지나쳐 가셨다.[7]

　그런데 그 법사가 핏발이 잔뜩 선 무섭고 험악한 눈초리로 위아래로 흘겨보았기에,[8] 쓸데없는 말을 했구나 하고, 께름칙하게 여기며 지나가셨다.[9]

　그러다가 또 다른 사내를 묶어서 끌고 가는 것을 보고,[10] "이는 무슨 일을 저지른 자인가?"라고 질리지도 않고 다시 물었다.[11]

---

1) 『日本古典文学全集』[12巻21] 「ある上達部、中将の時召人にあふ事」(어떤 귀족이 중장 시절 죄수를 마주친 일)
2) 今は昔、上達部のまだ中将と申しける、
3) 内へ参り給ふ道に、法師を捕へて率て行きけるを、
4) 「こは何法師ぞ」と問はせければ、
5) 「年比使はれて候主を殺して候者なり」といひたれば、
6) 「まことに罪重きわざしたる者にこそ。
7) 心憂きわざしける者かな」と何となくうちいひて過ぎ給ひけるに、
8) この法師、赤き眼なる目のゆゆしく悪しげなるして、にらみあげたりければ、
9) よしなき事をもいひてけるかなと、けうとく思し召して過ぎ給ひけるに、
10) また男をからめて行きけるに、

"남의 집에 쫓겨 들어와 있었습니다.12) 쫓던 사내는 줄행랑치고 말았기에, 이 자를 붙잡아 가는 겁니다."라고 했다.13) 그러자 "별난 일도 아닌 모양인데."라며, 그 붙잡힌 사람을 봐서 아는 사람이기에,14) 청하여 풀어주셨다.15)

대개 이러한 마음 씀씀이로, 남의 안된 일을 보기라도 할라치면, 도와주시는 사람으로,16) 먼저 만난 법사도, 일이 괜찮으면 청하여 풀어주고자 하여 물으셨던 것인데,17) 죄가 유난히 무거웠기에, 그렇게 말씀하셨던 것을, 법사는 탐탁하지 않게 여긴 것이었다.18)

그러다 얼마 지나지 않아 대사면이 있었기에, 법사도 풀려났다.19)

그런데 달빛이 밝은 어느 밤에, 모두 퇴청하거나 혹은 잠자리에 들거나 했는데,20) 그 중장이 달빛에 이끌려 서성이고 계셨다.21)

그때 누군가가 담벼락을 넘어 뛰어내렸나 싶어 살펴보시는데,22) 뒤쪽에서 반짝 들어 올려서, 하늘을 날 듯 끌고 나갔다.23)

어처구니없어 어찌할 바를 몰라, 도무지 분간도 못 하고 있었는데,24) 무섭게 생긴

---

11) 「こは何事したる者ぞ」と、懲りずまに問ひければ、
12) 「人の家に追ひ入れられて候ひつる。
13) 男は逃げてまかりぬれば、これを捕へてまかるなり」といひければ、
14) 「別の事もなきものにこそ」とて、その捕へたる人を見知りたれば、
15) 乞ひ許してやり給ふ。
16) 大方この心ざまして、人の悲しき目を見るに随ひて、助け給ひける人にて、
17) 初の法師も、事よろしくば乞ひ許さんとて、問ひ給ひけるに、
18) 罪の殊の外に重ければ、さのたまひけるを、法師はやすからず思ひける。
19) さて程なく大赦のありければ、法師もゆりにけり。
20) さて月明かりける夜、皆人はまかで、或は寝入りなどしけるを、
21) この中将、月に愛でてたたずみ給ひける程に、
22) 物の築地を越えて、おりけると見給ふ程に、
23) 後よりかきすくひて、飛ぶやうにして出でぬ。
24) あきれ惑ひて、いかにも思し分かぬ程に、

것들이 잔뜩 모여들어서, 아득히 머나먼 산의 험하고 으슥한 곳으로 끌고 가서,25) 땔나무를 짜놓은 듯싶은 것을 높이 쌓아 올린 곳에 떨구어놓고,26) "버릇없이 똑똑한 체하는 사람을 이렇게 하는 거다.27) 별일 아닌데 별생각 없이 죄가 무겁다고 하여, 고통스러운 일을 당하도록 만들었으니,28) 그 응보로 불태워 죽일 것이다."라며 불을 산더미처럼 불살랐다.29)

마치 꿈이라도 꾸는 심경으로, 젊고 여리여리한 시절이기도 해서, 분간하지 못하신다.30) 뜨겁기가 더욱 뜨거워져서, 이제 금세라도 죽을 걸로 생각하셨는데,31) 산 위쪽에서 엄청난 우는 화살을 쏘아 부었기에,32) 거기에 있는 자들이, "이는 무슨 일인가?" 하며 법석을 떠는데, 마치 비가 내리는 것처럼 퍼부었다.33)

이들도 한동안은 이쪽에서도 쐈지만,34) 저쪽에는 인원도 많고, 맞서 쏠 수 있을 것 같지도 않은지,35) 불이 어디로 튀는지도 모르게 화살을 맞고 흩어져서, 꽁무니 빼고 달아나버렸다.36)

그때 사내 하나가 나와서 "얼마나 무섭게 생각하셨습니까?37) 저는 그달 그날에 불

---

25) 恐ろしげなる物来集ひて、遙なる山の険しく恐ろしき所へ率て行きて、
26) 柴の編みたるやうなる物を、高く造りたるにさし置きて、
27) 「さかしらする人をば、かくぞする。
28) やすき事はひとへに罪重くいひなして、悲しき目を見せしかば、
29) その答にあぶり殺さんずるぞ」とて、火を山のごとく焚きければ、
30) 夢などを見る心地して、若くきびはなる程にてはあり、物覚え給はず。
31) 熱さはただあつになりて、ただ片時に死ぬべく覚え給ひけるに、
32) 山の上より、ゆゆしき鏑矢を射おこせければ、
33) ある者ども、「こはいかに」と騒ぎける程に、雨の降るやうに射ければ、
34) これら、暫しこなたよりも射れど、
35) あなたには人の数多く、え射あふべくもなかりけるにや、
36) 火の行くへも知らず射散らされて、逃げて去にけり。
37) その折、男一人出で来て、「いかに恐ろしく思し召しつらん。

들려서 가는데,38) 덕분에 풀려나서, 둘도 없이 기뻐, 은혜를 꼭 갚아야지 생각하고 있었습니다.39)

법사에 대해서는 나쁘게 말씀하셨기에, 평소에 틈을 엿보고 있는 것을 살피고 있었는데,40) 알려드릴까 생각하면서도, 내가 이렇게 살피고 있으니 별 탈 없을 걸로 생각했습니다.41)

아주 잠시 자리를 떠나 있었을 때,42) 이런 일이 벌어졌기에, 담벼락을 넘어서 나타났다면 만나 뵈었겠습니다만,43) 거기에서 되찾았다면, 나리도 상처를 입을 수도 있으려나 생각하여,44) 여기에서 이렇게 쏴서 쫓아내고 되찾은 것입니다."라고 했다.45)

그리고 거기에서 말에 오르시게 하고, 분명 원래 있던 곳으로 보내드렸다.46) 어슴푸레 밝아올 즈음에 돌아오셨다.47)

나이가 지긋해지시고 나서 "이런 일을 당했었지."라고,48) 누군가에게 말씀하셨다는 것이다.49) 시죠 다이나곤(四条大納言_헤이안 중기의 가인인 후지와라노 긴토[藤原公任]의 통칭, 966-1041)의 일이라던데 정말일는지.50)

---

38) おのれはその月のその日、からめられてまかりしを、
39) 御徳に許されて、世に嬉しく、御恩報ひ参らせばやと思ひ候ひつるに、
40) 法師の事は悪しく仰せられたりとて、日比窺ひ参らせつるを見て候程に、
41) 告げ参らせばやと思ひながら、我が身かくて候へばと思ひつる程に、
42) あからさまに、きと立ち離れ参らせ候ひつる程に、
43) かく候ひつれば、築地を越えて出で候ひつるに、あひ参らせて候ひつれども、
44) そこにて取り参らせ候はば、殿も御傷などもや候はんずらんと思ひて、
45) ここにてかく射払ひて、取り参らせ候ひつるなり」とて、
46) それより馬にかき乗せ申して、たしかにもとの所へ送り申してんげり。
47) ほのぼのと明くる程にぞ帰り給ひける。
48) 年おとなになり給ひて、「かかる事にこそあひたりしか」と、
49) 人に語り給ひけるなり。
50) 四条の大納言の事と申すはまことやらん。

158. 핑계를 대다가 그만1)

지금은 옛날, 요제이 덴노(陽成天皇_제57대, 868-949)가 양위하고 나서 머무신 궁은,2) 대궐에서는 북쪽, 니시노도인(西洞院_교토[京都]시를 남북으로 잇는 길)에서는 서쪽, 아부라고지(油小路_교토[京都] 시가지를 남북으로 잇는 길)에서는 동쪽에 있었다.3)

거기는 요괴가 사는 곳이었다.4) 커다란 연못에 면한 낚시하는 전각에서 경비하는 사람이 잠들어 있었는데,5) 한밤중에 가녀린 손으로 그 사내의 얼굴을 살살 쓰다듬었다.6)

오싹한 마음이 들어 큰 칼을 뽑아 한 손에 쥐었더니,7) 연한 남색의 위아래 옷을 입은 노인이, 유난히 쓸쓸해 보이는 모습으로 말하길,8) "나는 여기에서 옛날에 살았던 주인입니다.9) 우라시마타로(浦島太郞)10)의 동생입니다.11) 예로부터 여기에 살아, 천 이백여 년이 되었습니다.12) 바라옵기는 허락해 주십시오.13) 여기에 사당을 지어 제사해

---

1) 『日本古典文学全集』 [12巻22] 「陽成院ばけ物の事」(요제이인의 요괴에 관한 일)
2) 今は昔、陽成院おり居させ給ひての御所は、
3) 大宮よりは北、西洞院よりは西、油の小路よりは東にてなんありける。
4) そこは物すむ所にてなんありける。
5) 大なる池のありける釣殿に、番の者寝たりければ、
6) 夜中ばかりに、細々とある手にて、この男が顔をそとそとなでけり。
7) けむつかしと思ひて、太刀を抜きて、片手にてつかみたりければ、
8) 浅黄の上下着たる翁の、殊の外に物侘しげなるがいふやう、
9) 「我はこれ、昔住みし主なり。
10) 거북이를 구하는 착한 일을 하여 용궁에 불려가 잠시 머물다 인간계로 돌아와 보니 한참 세월이 지났더라는 일본 옛날이야기의 주인공.
11) 浦嶋が子の弟なり。

주십시오.14) 그러면 무슨 일이 있어도 지켜드리겠습니다."라고 했다.15)

그런데 이에 대해 "내 마음만으로는 이루기 어려울 겁니다.16) 그 뜻을 위에 아뢰고 나서면 모를까."라고 했다.17)

그러자 "짜증을 돋우는 사내의 언사로군."이라며 세 차례 위쪽으로 걷어차고 또 걷어차 올려서,18) 흐물흐물 축 늘어지게 만들고는, 떨어지는 찰나에 입을 쩍 벌려 잡아먹고 말았다.19)

예사 사람 정도의 크기 사내로 봤는데, 엄청나게 커져서,20) 그 사내를 단 한입에 먹어 치운 것이다.21)

---

12) 古よりこの所に住みて、千二百余年になるなり。
13) 願はくは許し給へ。
14) ここに社を作りて斎ひ給へ。
15) さらばいかにもまぼり奉らん」といひけるを、
16) 「我が心一つにてはかなはじ。
17) この由を院へ申してこそは」といひければ、
18) 「憎き男の言事かな」とて、三度上ざまへ蹴上げ蹴上げして、
19) なへなへくたくたとなして、落つる所を、口をあきて食ひたりけり。
20) なべての人ほどなる男と見る程に、おびたたしく大になりて、
21) この男をただ一口に食ひてけり。

159. 잡고 보니1)

고토바 덴노(後鳥羽天皇_제82대, 1180-1239)가 양위한 후의 일인데, 미나세(水無瀨_오사카(大阪)부 소재) 별궁에 밤이면 밤마다 산에서,2) 우산 남짓한 크기의 뭔가가 빛을 내며 집안으로 날아드는 일이 있었다.3)

서쪽과 북쪽을 경비하는 자들이, 제각각 "그걸 밝혀내서, 이름을 드높이겠다."라고 마음먹고서,4) 살피고 있었지만, 헛되이 시간만 보내고 있었다.5)

그러던 어느 날 밤, 매복하던 단 한 사람이, 연못 안에 만든 섬에 누워 기다리고 있었다.6)

그런데 그 빛나는 뭔가가 산에서 연못 위를 날아가기에,7) 일어나기에도 여의찮아서, 하늘을 보고 누운 채로, 활을 힘껏 당겨 쏘았더니,8) 손맛이 좋아, 연못에 떨어지는 것이 있다.9)

그러고 나서 사람들에게 알려서, 불을 밝히고 각자 살펴보니,10) 오싹하게 커다란

---

1) 『日本古典文学全集』[12巻23]「水無瀨殿むささびの事」(미나세 별궁 날다람쥐의 일)
2) 後鳥羽院の御時、水無瀨殿に夜な夜な山より、
3) 傘ほどの物の光りて、御堂へ飛び入る事侍りけり。
4) 西面、北面の者ども、面面に、「これを見あらはして、高名せん」と心にかけて、
5) 用心し侍りけれども、むなしくてのみ過ぎけるに、
6) ある夜、かげかたただ一人、中嶋に寝て待ちけるに、
7) 礼の光物、山より池の上を飛び行きけるに、
8) 起きんも心もとなくて、あふのきに寝ながら、よく引きて射たりければ、
9) 手ごたへして、池へ落ち入る物あり。

날다람쥐인데,[11] 나이 먹고, 털 같은 것도 벗겨지고, 억세 보이는 것이 있었단다.[12]

---

10) その後人々に告げて、火をともして面々見ければ、
11) ゆゆしく大なるむささびの、
12) 年ふり、毛なども禿げ、しぶとげなるにてぞ侍りける。

160. 거기엔 두 번 다시[1]

지금은 옛날, 이치죠(一条)에 있는 관람석을 갖춘 유곽에서 어떤 사내가 묵었는데, 기생과 함께 누워있었다.[2]

한밤중 무렵에 바람이 일고 비가 내려 대단했는데,[3] 큰길에 "제행무상"이라고 읊으며 지나가는 자가 있다.[4]

뭐 하는 자인가 생각하여 덧문을 살짝 밀어제치고 보았더니,[5] 키는 처마에 닿고, 말의 머리를 가진 귀신이었다.[6]

두려움에 덧문을 걸어 잠그고, 안쪽으로 들어갔는데,[7] 그 귀신이 격자문을 밀어젖히고 얼굴을 들이밀고는,[8] "잘도 보셨구려, 보셨구려."라고 했다.[9]

이에 큰 칼을 뽑아, 들어온다면 벨 양으로 태세하고, 여자를 곁에 두고 기다리고 있었는데,[10] "똑바로 잘 보시오."라고 하고 떠나갔다.[11]

---

1) 『日本古典文学全集』[12巻24]「一条桟敷屋鬼の事」(이치죠 관람석 유곽의 도깨비에 관한 일)
2) 今は昔、一条桟敷屋に、ある男泊りて、傾城と臥したりけるに、
3) 夜中ばかりに、風吹き、雨降りて、すさまじかりけるに、
4) 大路に、「諸行無常」と詠じて過ぐる者あり。
5) 何者ならんと思ひて、蔀を少し押しあけて見ければ、
6) 長は軒と等しくて、馬の頭なる鬼なりけり。
7) 恐ろしさに蔀を掛けて、奥の方へ入りたれば、
8) この鬼、格子押しあけて、顔をさし入れて、
9) 「よく御覧じつるな御覧じつるな」と申しければ、
10) 太刀を抜きて、入らば斬らんと構へて、女をばそばに置きて待ちけるに、

백귀야행(百鬼夜行)이 틀림없을 게라며 두려워하고 있었다.12) 그러고 나서 이치죠 유곽에는, 두 번 다시 묵지 않았다나.13)

---

11) 「よくよく御覧ぜよ」といひて、去にけり。
12) 百鬼夜行にてあるやらんと、恐ろしかりける。
13) それより一条の桟敷屋には、またも泊らざりけるとなん。

161. 눈썰미가 좋아서1)

지금은 옛날, 궁궐 경비대 벼슬아치인 사람이 있었다.2) 쓰개의 턱끈이 길었기 때문에, 세상 사람들이 〈턱끈 나리〉라고 이름 붙였다.3)

서쪽 하치죠(八条)와 교고쿠(京極_교토[京都]의 지명) 사이 밭 한가운데에 예사롭지 않은 작은 집이 한 채 있다.4) 그 앞을 지나갈 때 소나기가 내렸기에, 그 집으로 말에서 내려 들어갔다.5)

둘러보니 여인이 한 사람 있다.6) 말을 끌어들여 놓고, 소나기를 피한다며,7) 평평한 작은 궤짝 모양의 돌이 있기에, 엉덩이를 걸치고 앉아 있었다.8) 작은 돌을 가지고 그 돌을 심심풀이 삼아 두드리고 있었는데,9) 돌에 맞아 파인 곳을 보니 금색으로 변해 있었다.10)

희한한 일이라고 생각하여, 벗겨진 곳에 흙을 발라 감추고서,11) 여인에게 묻기를

---

1) 『日本古典文学全集』 [13巻1] 「上緒の主金を得る事」(턱끈 나리가 금을 얻은 일)
2) 今は昔、兵衛佐なる人ありけり。
3) 冠の上緒の長かりければ、世の人、上緒の主となんつけたりける。
4) 西の八条と京極との畠の中に、あやしの小家一つあり。
5) その前を行く程に、夕立のしければ、この家に、馬よりおりて入りぬ。
6) 見れば、女一人あり。
7) 馬を引き入れて、夕立を過すとて、
8) 平なる小唐櫃のやうなる石のあるに、尻をうちかけて居たり。
9) 小石をもちて、この石を手まさぐりに、叩き居たれば、
10) 打たれて窪みたる所を見れば、金色になりぬ。

"이 돌은 어찌 생긴 돌인가?"라고 했다.12)

여인이 말하길 "무슨 돌인 걸까요?13) 옛날부터 이렇게 있던 겁니다. 옛날에 부잣집이 여기 있었답니다.14) 이 집은 그 곳간 같은 것이 있던 자리입니다."라고 했다.15)

가만히 살펴보니 커다란 주춧돌들이 있다.16)

그런데 "거기 앉아 계신 돌은, 그 곳간 자리를 밭으로 일군다며,17) 고랑을 파다가, 흙 속에서 파내어 있는 겁니다.18) 그게 이렇게 집 안에 있다 보니, 치우려고 해보았지만, 여자는 힘이 약하죠.19) 치워버릴 도리도 없기에, 거슬리지만 이렇게 두고 지내는 겁니다."라고 했다.20)

그러자, 내가 이 돌을 가져가야겠다, 나중에 눈썰미가 좋은 사람이 찾아낼 걸로 생각해서,21) 여인에게 말하길 "이 돌을 내가 가져가겠소."라고 했더니, "좋습니다."라고 했다.22)

이에 그 부근에 밝은 아랫사람을, 덮개 없는 수레를 빌리러 보내서, 실어내려고 하다가,23) 솜옷을 벗어서, 돌을 공짜로 차지하는 게 벌 받을까 하여, 그 여인에게 건네주

---

11) 希有の事かなと思ひて、はげたる所に、土を塗り隠して、
12) 女に問ふやう、「この石はなぞの石ぞ」。
13) 女のいふやう、「何の石にか侍らん。
14) 昔よりかくて侍るなり。昔長者の家なん侍りける。
15) この家は倉どもの跡にて候なり」と。
16) まことに見れば、大なる礎の石どもあり。
17) さて、「その尻かけさせ給へる石は、その倉の跡を畠に作るとて、
18) 畝掘る間に、土の下より掘り出されて侍るなり。
19) それがかく屋の内に侍れば、かき退けんと思ひ侍れど、女は力弱し。
20) かき退くべきやうもなければ、憎む憎むかくて置きて侍るなり」といひければ、
21) 我この石取りてん、後に目癖ある者もぞ見つくると思ひて、
22) 女にいふやう、「この石我取りてんよ」といひければ、「よき事に侍り」といひければ、
23) その辺に知りたる下人を、むな車を借りにやりて、積みて出でんとする程に、

었다.24)

그러자 여인은 영문도 모르고 어수선하게 부산을 떤다.25)

"이 돌은 여인네들은 쓸모없는 물건이라 생각했겠지만,26) 내 집으로 가지고 가서 쓸 방도가 있는 게요.27) 그러니, 공짜로 차지하는 게 벌 받을까 하여, 이렇게 옷을 건네주는 게요."라고 했다.28)

"생각지도 못한 일입니다.29) 아무짝에도 못 쓰는 돌 대신에, 엄청나게 귀한 입으신 솜옷이 대단한데,30) 그걸 받잡다니, 어머나 황공해라."라며, 거기 있는 대나무 걸개에 옷을 걸고 조아린다.31)

한편 수레에 쓸어 담아 집으로 돌아와서는, 쪼고 또 쪼아 쪼개 팔아서,32) 다른 물건들을 사들이니, 쌀과 돈과 옷감과 비단 같은 것들을 수도 없이 팔고 사들여서,33) 떵떵거리는 부자가 되고 말았다.34)

그런데 서쪽 시죠(四条)에서는 북쪽, 고카몬(皇嘉門_헤이안쿄[平安京] 궁궐 외곽에 설치된 문 가운데 하나)에서는 서쪽에, 사람도 살지 않는 늪지대로 질퍽질퍽한데,35) 한 블록 남짓 되는 늪지대가 있다.36)

---

24) 綿衣を脱ぎて、ただに取らんが罪得がましければ、この女に取らせつ。
25) 心も得で騒ぎ惑ふ。
26) 「この石は、女どもこそよしなし物と思ひたれども、
27) 我が家に持て行きて、使ふべきやうのあるなり。
28) されば、ただに取らんが罪得がましければ、かく衣を取らするなり」といえば、
29) 「思ひかけぬ事なり。
30) 不用の石のかはりに、いみじき宝の御衣の綿のいみじき、
31) 賜らんものとは、あな恐ろし」といひて、さをのあるにかけて拝む。
32) さて車にかき載せて、家に帰りて、うち欠きうち欠き売りて、
33) 物どもを買ふに、米、銭、絹、綾などあまたに売り得て、
34) おびたたしき徳人になりぬれば、
35) 西の四条よりは北、皇嘉門より西、人も住まぬうきのゆぶゆぶとしたる、

거기는 사더라도 값도 나가지 않겠거니 생각해서 아주 조금 주고 샀다.37) 땅 주인은 아무짝에도 쓸모없는 늪지대다 보니, 밭으로도 일구기 어려울 테고, 집도 짓기 어려울 터.38) 이로운 구석이 없는 곳이라고 생각하기에,39) 비록 값이 적더라도 사겠다는 사람을, 엄청난 별난 사람으로 생각해서 팔아버렸다.40)

〈턱끈 나리〉는, 이 늪지대를 사들이고 나서, 쓰노쿠니(津国_현재의 오사카[大阪]부[府]와 효고[兵庫]현[県]에 걸친 옛 지역명)로 갔다.41) 배를 네다섯 척 남짓 이끌고, 나니와(難波_오사카시와 그 부근의 옛 이름) 부근으로 갔다.42)

술과 죽 따위를 잔뜩 마련하고, 낫을 또한 잔뜩 마련해두었다.43) 오가는 사람들을 불러 모아서 "이 술과 죽을 드십시오."라고 하고,44) "그 대신 여기 있는 갈대를 베서 조금씩 주십시오."라고 했다.45)

그러자 기뻐하며 모여들어서 네다섯 다발, 열 다발, 이삼십 다발씩 베어 건넸다.46) 이렇게 사나흘 베게 하니, 산더미처럼 베었다.47)

그걸 배 열 척 남짓에 싣고서 도읍으로 올라온다.48) 술을 잔뜩 마련했기에, 올라오

---

36) 一町ばかりなるうきあり。
37) そこは買ふとも、価もせじと思ひて、ただ少しに買ひつ。
38) 主は不用のうきなれば、畠にも作らるまじ、家もえ建つまじ。
39) 益なき所と思ふに、
40) 価少しにても買はんといふ人を、いみじきすき者と思ひて売りつ。
41) 上緒の主、このうきを買ひ取りて、津国に行きぬ。
42) 舟四五艘ばかり具して、難波わたりに去ぬ。
43) 酒、粥など多く設けて、鎌また多う設けたり。
44) 行きかふ人を招き集めて、「この酒、粥参れ」といひて、
45) 「そのかはりに、この葦刈りて、少しづつ得させよ」といひければ、
46) 悦びて集りて、四五束、十束、二三十束など刈りて取らす。
47) かくのごとく三四日刈らすれば、山のごとく刈りつ。
48) 舟十艘ばかりに積み、京へ上る。

면서, 그 아랫사람들에게,49) "그냥 가기보다는 여기 배 끄는 줄을 잡아당겨라."라고 했다.50)

그러자 술을 마시면서, 배 끄는 줄을 잡아당겨서, 엄청나게 빨리 가모가와(賀茂川_교토시 동부를 가르는 강) 어귀에 다다랐다.51)

그러고 나서 수레 부리는 인부에게 삯을 주고, 그 갈대로 늪지대에 깔고,52) 하인들을 부려서, 그 위에 흙을 덮고서, 집을 뜻하는 대로 지어버렸다.53)

남쪽 마을은 다이나곤(大納言_율령제[律令制] 하 고위관직명)인 미나모토노 사다(源貞)라고 하는 사람의 집이고,54) 북쪽 마을은, 이 〈턱끈 나리〉가 땅을 메워서 지은 집이다.55)

그것을 이 사다 다이나곤이 사들여서 두 마을로 넓힌 것이었다.56) 그것이 이른바 지금의 니시노미야(西の宮)인 것이다.57)

이러한 여인의 집에 있던 금덩이를 가지고,58) 그걸 밑천 삼아서 지었다는 것이다.59)

---

49) 酒多く設けたれば、上るままに、この下人どもに、
50) 「ただに行かんよりは、この綱手引け」といひければ、
51) この酒を飲みつつ、綱手を引きて、いととく賀茂川尻に引き着けつ。
52) それより車借に物を取らせつつ、その葦にてこのうきに敷きて、
53) 下人どもを雇ひて、その上に土はねかけて、家を思ふままに造りてけり。
54) 南の町は、大納言源貞といひける人の家、
55) 北の町は、この上緒の主の埋めて造りける家なり。
56) それを、この貞の大納言の買ひ取りて、二町にはなしたるなりけり。
57) それいはゆるこの比の西の宮なり。
58) かくいふ女の家なりける金の石を取りて、
59) それを本体として、造りたりけるなり。

162. 정색하고 웃음거리가 되어1)

　지금은 옛날, 가인(歌人)인 모토스케(元輔)가 궁의 총무를 보는 벼슬아치가 되어서, 가모신사(賀茂神社_교토[京都] 북구 소재 사찰)에서 열리는 마쓰리(祭)에 파견 나가 일을 보고 있었다.2)

　이치죠(一条) 큰길을 가로질러 건너가는데, 당상관3)의 가마가 즐비하게 늘어서서, 구경하고 있던 그 앞을 건너갈 때,4) 그냥 조용히 건너가지 못하고, 남들이 보신다고 생각하여,5) 말을 거세게 잡아채자, 말이 날뛰어 떨어지고 말았다.6)

　나이 든 늙은 사람이 머리부터 거꾸로 바닥에 떨어졌다.7)

　귀족들이 아이고, 큰일이군 하며 보고 있는데, 너무나도 재빨리 일어나다 보니, 쓰개가 벗겨지고 말았다.8) 그런데 상투가 조금도 없다.9) 꼭 물항아리를 뒤집어쓴 듯했다.10)

---

1) 『日本古典文学全集』 [13巻2] 「元輔落馬の事」(모토스케가 낙마한 일)
2) 今は昔、歌よみの元輔、内蔵助になりて、賀茂祭の使しけるに、
3) 원문의 「殿上人(てんじょうびと)」는 평소에 덴노(天皇)가 거처하는 세이료덴(清涼殿)에 올라갈 수 있는 자격을 갖춘 사람을 가리키는데, 최고위 관직인 공경(公卿 ; くぎょう)를 제외하고 사위(四位)・오위(五位) 가운데 특별히 허가받은 자 및 육위(六位)로 궁중 대소사를 맡던 구로도(蔵人)가 이에 해당한다. 헤이안(平安) 중기 무렵부터 〈公卿(くぎょう)〉를 잇는 높은 신분을 일컫게 됐다.
4) 一条大路渡りける程に、殿上人の車多く並べ立てて、物見ける前渡る程に、
5) おいらかにては渡らで、人見給ふにと思ひて、
6) 馬をいたくあふりければ、馬狂ひて落ちぬ。
7) 年老いたる者の、頭をさかさまにて落ちぬ。
8) 君達あないみじと見る程に、いととく起きぬれば、冠脱げにけり。
9) 髻露なし。

말몰이가 어찌할 바를 몰라 하며, 쓰개를 집어 씌워드리려 하지만,11) 뒤쪽으로 밀어내며, "아이고, 소란스럽구나.12) 잠시 기다려라. 윗분들께 아뢰어야 할 말이 있다."라며,13) 당상관들의 가마 앞으로 다가간다.14)

　해가 비치니, 머리가 번쩍번쩍해서, 너무나도 보기 흉하다.15) 큰길에 모인 사람들이 한목소리로 웃고 야단스럽기가 그지없다.16)

　가마와 관람석에 있는 사람들이 웃고 야단인데, 어떤 한 수레 쪽으로 다가가서 말하길,17) "나으리, 이렇게 말에서 떨어져서 쓰개가 벗겨진 것을, 우스꽝스러운 일이라고 생각하십니까?18) 그리 생각하시면 아니 될 겁니다.19)

　그 까닭은, 사리 분별이 있는 사람조차도, 뭔가에 걸려서 넘어지는 일은 다반사입니다.20) 하물며 말은 분별이 있는 것도 아닙니다.21) 여기 큰길은 엄청나게 돌이 높습니다.22) 말은 재갈을 물렸기에, 나아가려 해도 나아갈 수 없습니다.23) 저기로 끌고, 여기로 끌고, 빙글빙글 돌리니 자빠지려 합니다.24)

---

10) ただほとぎを被きたるやうにてなんありける。
11) 馬添、手惑ひをして、冠を取りて着せさすれど、
12) 後ざまにかきて、「あな騒がし。
13) 暫し待て。君達に聞ゆべき事あり」とて、
14) 殿上人どもの車の前に歩み寄る。
15) 日のさしたるに、頭きらきらとして、いみじう見苦し。
16) 大路の者、市をなして笑ひののしる事限なし。
17) 車、桟敷の者ども笑ひののしるに、一つの車の方ざまに歩み寄りていふやう、
18) 「君達、この馬より落ちて冠落したるをば、をこなりとや思ひ給ふ。
19) しか思ひ給ふまじ。
20) その故は、心ばせある人だにも、物につまづき倒るることは常の事なり。
21) まして馬は心あるものにあらず。
22) この大路はいみじう石高し。
23) 馬は口を張りたれば、歩まんと思ふだに歩まれず。

말이 잘못했다고 생각해서는 아니 됩니다.25) 중국식 안장은 말할 것도 없고, 말등자며, 그냥 넘어갈 것도 아닙니다.26) 거기에 말이 심하게 발이 걸리니 떨어진 것입니다.27) 그건 나쁘지 않습니다.28)

그리고 쓰개가 떨어진 일은, 그건 뭔가로 묶는 것이 아닙니다.29) 머리카락을 용케 밀어 넣으니까 자리잡히는 것입니다.30) 그런데 내 머리카락은 나이 들어 모두 잃었기에, 한 가닥도 없습니다.31) 그러니 떨어진 일로 쓰개를 원망할 도리가 없습니다.32)

또한 그런 전례가 없는 것이 아닙니다.33) 아무개 대신(大臣)은 다이죠에(大嘗会_덴노[天皇]가 즉위한 후 처음으로 행하는 추수감사제)의 고케이(御禊_덴노[天皇]가 다이죠에[大嘗会] 전달에 가모[賀茂] 가와라[河原]에 행차하여 거행하는 재계 의식)에서 떨어졌습니다.34)

또 아무개 추나곤(中納言_고위관직명)은 그해 덴노(天皇)의 행차 때 떨어졌습니다.35) 이처럼 전례도 헤아려볼 것도 없습니다.36)

그러니 물정도 모르시는 요새 젊은 나리들이, 웃으실 일이 아닙니다.37) 웃으시면

---

24) と引き、かう引き、くるめかせば、倒れんとす。
25) 馬を悪しと思ふべきにあらず。
26) 唐鞍はさらなる、鐙の、かくうべくもあらず。
27) それに馬はいたくつまづけば落ちぬ。
28) それ悪しからず。
29) また冠の落つる事は、物して結ふものにあらず。
30) 髪をよくかき入れたるに、とらへらるるものなり。
31) それに鬢は失せにたれば、ひたぶるになし。
32) されば落ちん事、冠恨むべきやうなし。
33) また例なきにあらず。
34) 何の大臣は、大嘗会の御禊に落つ。
35) 何の中納言は、その時の行幸に落つ。
36) かくのごとく、例も考へやるべからず。
37) 然れば、案内も知り給はぬこの比の若き君達、笑ひ給ふべきにあらず。

우스워질 겁니다."라며, 모든 가마마다 손가락을 꼽아 세면서 이야기하여 들려준다.38)

이처럼 말을 끝마치고, "쓰개를 가져와라."라고 하고서 받아서 집어넣었다.39) 그러자 사람들이 한꺼번에 웃으며 야단법석 떨기 그지없다.40)

쓰개를 씌우려다가 말몰이가 말하길,41) "떨어지시고 나서 곧바로 쓰개를 쓰지 아니하고, 어찌 그렇게 가당찮은 말씀을 하셨습니까?"라고 물었다.42)

그러자 "헛소리하지 마라.43) 이렇게 전후곡절을 들려주었기에, 그 나리들이 다음다음에도 웃지 않을 것이다.44) 그렇지 않으면 입방정을 노는 나리들이 오랫동안 조롱거리 삼지 않겠나?"라고 했다.45)

그들은 남 조롱하기를 업으로 삼는 것이었다.46)

---

38) 笑ひ給はばをこなるべし」とて、車ごとに手を折りつつ数へて、言ひ聞かす。
39) かくのごとく言ひ果てて、「冠持て来」というてなん、取りてさし入れける。
40) その時に、とよみて笑ひののしる事限なし。
41) 冠せさすとて、馬添の曰く、
42) 「落ち給ふ則ち冠を奉らで、などかくよしなし事は仰せらるるぞ」と問ひければ、
43) 「痴事ないひそ。
44) かく道理をいひ聞かせたらばこそ、この君達は、後々にも笑はざらめ。
45) さらずは、口さがなき君達は、長く笑ひなんものをや」とぞいひける。
46) 人笑はする事、役にするなりけり。

163. 귀신에게 홀렸나?[1]

　지금은 옛날, 양위한 산죠 덴노(三条天皇_제67대, 976-1017)가 이와시미즈하치만구(石清水八幡宮_교토[京都] 야와타[八幡]시에 있는 큰 사찰)에 행차하실 때,[2] 도읍 동쪽의 치안을 담당하는 벼슬아치로 구니노 도시노부(邦の俊宣)라는 사람이 길을 함께 가고 있었다.[3]
　나가오카(長岡_교토[京都]부 남부에 있는 시)의 데라도(寺戸)라는 곳의 언저리를 지나고 있었다.[4]
　사람들이 "이 언저리에는 미혹하는 신령이 있다는 곳입니다."라고 하며 지나가는데,[5] "도시노부도 그리 들었다."라며 나아갔다.[6]
　그런데 당최 지나가지도 못하고, 날도 점차 저물어오는데,[7] 지금은 야마자키(山崎_교토부 남부의 오야마자키초[大山崎町]와 오사카[大阪]부 시마모토초[島本町]의 일부에 걸친 지역의 옛 이름) 언저리에 당도해 있어야 하는데, 괴이하게도 똑같은 나가오카 언저리를 지나,[8] 오토쿠니(乙訓_교토부 남부의 마을) 강가를 지나는가 하면, 다시 데라도의 산등성이를 올라간다.[9]

---

1) 『日本古典文学全集』[13권3]「俊宣まどはし神にあふ事」(도시노부가 미혹하는 신령을 만난 일)
2) 今は昔、三条院の八幡の行幸に、
3) 左京属にて、邦の俊宣といふ者の供奉したりけるに、
4) 長岡に寺戸といふ所の程行きけるに、
5) 人どもの、「この辺には、迷神あんなる辺ぞかし」といひつつ渡る程に、
6) 「俊宣も、さ聞くは」といひて行く程に、
7) 過ぎもやらで、日もやうやうさがれば、
8) 今は山崎のわたりには行き着きぬべきに、怪しう同じ長岡の辺を過ぎて、

데라도를 지나 다시 가고 또 나아가서 오토쿠니 강가에 이르러 건너려 하니,10) 다시 좀전의 가쓰라가와(桂川_교토시 서부를 흐르는 강)를 건넌다.11)

그러다 마침내 날도 저물녘이 되었다.12)

앞뒤를 살펴보니 사람은 하나도 보이지 않게 되었다.13) 앞뒤로 끝없이 이어지던 사람들도 보이지 않는다.14)

밤이 깊었기에 데라도의 서쪽에 있는 판잣집 처마 밑에 서서,15) 밤을 지새우고, 이튿날 이른 아침에 생각하니,16) 나는 도읍 동쪽의 치안을 담당하는 벼슬아치다.17) 헤이안쿄(平安京)의 구죠(九条)에서 묵어야 마땅한데, 예까지 왔으니, 너무나도 어처구니가 없다.18)

게다가 같은 장소를 밤새도록 빙빙 맴돌아 헤매고 다닌 것은,19) 구죠(九条) 언저리에서부터 미혹하는 신령이 들러붙어서 끌고 온 것인데 그걸 모르고서,20) 이렇게 움직였던 게라고 생각하여,21) 날이 밝고 나서 도읍 서쪽에 있는 자기 집으로 돌아왔던 것이었다.22)

---

9) 乙訓川の面を過ぐと思へば、また寺戸の岸を上る。
10) 寺戸過ぎて、また行きもて行きて、乙訓川の面に来て渡るぞと思へば、
11) また少し桂川を渡る。
12) やうやう日も暮方になりぬ。
13) 後先見れば、人一人も見えずなりぬ。
14) 後先に遙にうち続きたる人も見えず。
15) 夜の更けぬれば、寺戸の西の方なる板屋の軒におりて、
16) 夜を明して、つとめて思へば、
17) 我は左京の官人なり。
18) 九条にてとまるべきに、かうまで来つらん、きはまりてよしなし。
19) それに同じ所を、夜一夜めぐり歩きけるは、
20) 九条の程より迷はかし神の憑きて、率て来るを知らで、
21) かうしてけるなめりと思ひて、

도시노부가 분명 그리 이야기했던 일이다.23)

---

22) 明けてなん、西京の家には帰り来たりける。
23) 俊宣が正しう語りし事なり。

164. 착한 일을 했더니[1]

옛날, 천축 사람이 보물을 사기 위해 돈 오십 관을 아들에게 들려 보낸다.[2]

커다란 강가를 지나는데, 배에 탄 사람이 있다.[3] 배가 있는 쪽을 쳐다보니, 배에서 거북이가 목을 내밀었다.[4]

돈을 가진 사람이 멈춰서서, 그 거북이를 "어찌할 셈이요?"라고 물으니,[5] "잡아서 뭐에 쓰려고 하오."라고 한다.[6]

이에 "그 거북이를 사겠소."라고 하니, 그 뱃사람이 말하길,[7] 너무나도 중요한 일이 있어서 마련한 거북이다 보니,[8] 대단한 값을 치르더라도, 팔지 않겠다는 뜻을 전했다.[9]

그러자 여전히 세차게 손을 비비며, 그 오십 관의 돈으로 거북이를 사들여서 풀어주었다.[10]

마음속으로 생각하길, 부모가, 보물 사라고 이웃 나라로 보낸 돈인 것을,[11] 거북이와

---

1) 『日本古典文学全集』[13巻4] 「亀を買ひて放つ事」(거북이를 사서 놓아준 일)
2) 昔、天竺の人、宝を買はんために、銭五十貫を子に持たせてやる。
3) 大なる川の端を行くに、舟に乗りたる人あり。
4) 舟の方を見やれば、舟より亀、首をさし出したり。
5) 銭持ちたる人立ち止りて、この亀をば、「何の料ぞ」と問へば、
6) 「殺して物にせんずる」といふ。
7) 「その亀買はん」といへば、この舟の人曰く、
8) いみじき大切の事ありて、設けたる亀なれば、
9) いみじき価なりとも、売るまじき由をいへば、
10) なほあながちに手を摺りて、この五十貫の銭にて、亀を買ひ取りて放ちつ。
11) 心に思ふやう、親の、宝買ひに隣の国へやりつる銭を、

맞바꾸고 말았으니, 부모가, 얼마나 화를 내시려나.12)

그렇다고 다시 부모가 있는 곳에 가지 않고 배길 수 없기에,13) 부모에게 돌아가는데, 길가에 사람이 앉아 말하길,14) "여기에서 거북이를 판 사람은, 요 아래 나루터에서 배가 뒤집혀 죽었다."라고 하는 이야기를 들었다.15)

부모의 집에 돌아가서, 돈은 거북이와 맞바꾸었다는 이야기를 전하려고 생각했는데,16) 부모가 말하길 "무슨 까닭으로 이 돈을 돌려보냈느냐?"라고 물었다.17)

이에 아들이 말하길 "그런 적 없습니다.18) 그 돈으로는 이래저래 해서 거북이와 맞바꾸어 풀어주었기에,19) 그 이야기를 아뢰고자 찾아온 겁니다."라고 했다.20)

그러자 부모가 말하길 "검은 옷을 입은 사람인데, 비슷한 차림인 다섯 사람이,21) 각자 열 관씩 가지고 왔다.22) 이게 그것이다."라며 보여주니, 그 돈이 아직 젖은 채였다.23)

아까 사들여서 풀어준 거북이가, 그 돈이 강에 떨어지는 것을 보고,24) 집어 들고서 부모가 있는 곳에 아들이 돌아오기 전에 보냈던 것이었다.25)

---

12) 亀にかへてやみぬれば、親、いかに腹立ち給はんずらん。
13) さりとてまた、親のもとへいかであるべきにあらねば、
14) 親のもとへ帰り行くに、道に人のゐていふやう、
15) 「ここに亀売りつる人は、この下の渡にて、舟うち返して死ぬ」と語るを聞きて、
16) 親の家に帰り行きて、銭は亀にかへつる由語らんと思ふ程に、
17) 親のいふやう、「何とてこの銭をば返しおこせたるぞ」と問へば、
18) 子のいふ、「さる事なし。
19) その銭にては、しかじか亀にかへてゆるしつれば、
20) その由を申さんとて参りつるなり」といへば、
21) 親のいふやう、「黒き衣きたる人、同じやうなるが五人、
22) おのおの十貫づつ持ちて来たりつる。
23) これそなる」とて見せければ、この銭いまだ濡れながらあり。
24) はや買ひて放しつる亀の、その銭川に落ち入るを見て、
25) 取り持ちて、親のもとに、子の帰らぬさきにやりけるなり。

165. 남의 꿈을 차지해서[1]

　옛날, 빗츄(備中_현재 오카야마[岡山]현 서부의 옛 지역명) 지역에 지방 행정관이 있었다.[2] 그에게 히키노 마키히토라고 하는 아들이 있었다.[3]

　그가 젊었을 때, 꿈을 꾸었기에, 풀이하게 해보겠다며,[4] 해몽하는 여인에게 가서, 꿈풀이를 하고 나서 이야기 나누고 있었다.[5]

　그런데 그때 사람들이 왁자지껄 소리 내며 찾아오는 모양이다.[6]

　태수의 자제분이 오시는 것이었다.[7] 나이는 열일고여덟 남짓한 젊은이셨다.[8] 성정은 모르겠지만, 생김새는 빼어났다.[9]

　사람을 네다섯쯤 거느리고 있었다.[10]

　"여기가 해몽하는 여인의 거처인가?"라고 물으니,[11] 수행하는 가신이 "여기옵니다."

---

1) 『日本古典文学全集』 [13巻5] 「夢買ふ人の事」(꿈을 산 사람에 관한 일)
2) 昔、備中国に郡司ありけり。
3) それが子にひきのまき人といふありけり。
4) 若き男にてありける時、夢を見たりければ、あはせさせんとて、
5) 夢解の女のもとに行きて、夢あはせて後、物語して居たる程に、
6) 人々あまた声して来なり。
7) 国守の御子の太郎君のおはするなりけり。
8) 年は十七八ばかりの男にておはしけり。
9) 心ばへは知らず、かたちは清げなり。
10) 人四五人ばかり具したり。
11) 「これや夢解の女のもと」と問へば、

라며 들어오니,12) 마키히토는 위쪽 안으로 들어가서, 방이 있는 곳에 들어가, 구멍 너머로 엿보고 있었다.13)

그때 그 젊은 분이 들어오셔서 "꿈을 이래저래 꾸었소. 어찌 된 것이오?"라며 물으신다.14)

여인이 듣고서 "세상에 멋진 꿈입니다.15) 필시 대신에까지 오르실 것입니다.16) 거듭거듭 존귀한 꿈을 꾸셨습니다.17) 이를 어쩌나, 이를 어쩌나, 다른 사람에게 발설하시지 마십시오."라고 아뢰었다.18)

그러자 그 젊은 분이 기뻐하는 낯빛으로, 입고 있던 옷을 벗어서 여인에게 건네주고 돌아갔다.19)

그때 마키히토가 방에서 나와서 여인에게 말하길,20) "꿈은 차지한다고 하는 일이 있다던데요.21) 그 나리의 꿈을 나에게 차지하도록 해주십시오.22) 태수는 4년 지나면 올라가십니다.23) 나는 이 지역 사람이니, 늘 오랫동안 여기에 있을 터인데,24) 그리고 지방 행정관의 아들이기에 바로 나를 소중히 생각해야겠지요."라고 했다.25)

---

12) 御供の侍、「これにて候」といひて来れば、
13) まき人は上の方の内に入りて、部屋のあるに入りて、穴より覗きて見れば、
14) この君入り給ひて、「夢をしかじか見つるなり。いかなるぞ」とて、語り聞かす。
15) 女聞きて、「世にいみじき夢なり。
16) 必ず大臣までなり上り給ふべきなり。
17) 返す返すめでたく御覧じて候。
18) あなかしこあなかしこ、人に語り給ふな」と申しければ、
19) この君嬉しげにて、衣を脱ぎて、女に取らせて帰りぬ。
20) その折、まき人部屋より出でて、女にいやふう、
21) 「夢は取るといふ事のあるなり。
22) この君の御夢、我らに取らせ給へ。
23) 国守は四年過ぎぬれば、帰り上りぬ。
24) 我は国人なれば、いつも長らへてあらんずる上に、

그러자 여인이 "말씀하시는 대로 받잡겠습니다.26) 그러면 오셨던 나리와 같은 모양으로 꾸며, 들어오셔서,27) 그가 말씀하셨던 꿈을 조금도 다름없이 말씀하십시오."라고 했다.28)

마키히토가 기뻐하며 그 나리가 했던 것처럼 들어와서 꿈 이야기를 했더니,29) 여인이 마찬가지로 말한다.30) 마키히토가 너무나 기쁘게 생각하여, 옷을 벗어 건네주고 떠나갔다.31)

그러고 나서 글을 배워 익혔더니, 그저 통달하고 또 통달하여, 학식이 있는 사람이 되었다.32)

이를 조정에서 들으시고, 시험해보는데, 정말로 학식이 깊기에,33) 중국으로 "세상사를 제대로 잘 배워라."라며 보내시어, 한동안 중국에 머물며,34) 온갖 일들을 배우고 전하여 돌아왔다.35)

이에 천자가 용한 사람으로 보셔서, 차츰 자리를 올리시어, 대신으로까지 삼으셨다.36)

그러니 꿈을 차지하는 것은 참으로 엄청난 일이다.37) 그 꿈을 빼앗긴 빗추 태수의

---

25) 郡司の子にてあれば、我をこそ大事に思はめ」といへば、
26) 女、「のたまはんままに侍るべし。
27) さらば、おはしつる君のごとくにして、入り給ひて、
28) その語られつる夢を、露も違はず語り給へ」といへば、
29) まき人悦びて、かの君のありつるやうに入り来て、夢語をしたれば、
30) 女同じやうにいふ。
31) まき人いと嬉しく思ひて、衣を脱ぎて取らせて去りぬ。
32) その後、文を習ひよみたれば、ただ通りに通りて、才ある人になりぬ。
33) おほやけ聞し召して、試みらるるに、まことに才深くありければ、
34) 唐へ、「物よくよく習へ」とて遣はして、久しく唐にありて、
35) さまざまの事ども習ひ伝へて、帰りてりければ、
36) 御門かしこき者に思し召して、次第になしあげ給ひて、大臣までになされにけり。
37) されば夢取る事は、げにかしこき事なり。

아들은 벼슬도 없는 자로 끝나고 말았다.38)

　꿈을 빼앗기지 않았더라면, 대신 자리까지도 올랐을 텐데.39) 그러니 꿈을 다른 사람이 듣도록 해서는 안 된다고 전해 내려오는 것이다.40)

---

38) かの夢取られたりし備中国の子は、司もなき者にてやみにけり。
39) 夢を取られざましかば、大臣までもなりなまし。
40) されば、夢を人に聞かすまじきなりと、言ひ伝へける。

166. 죽지 않은 게 다행이지[1]

　지금은 옛날 가이(甲斐_현재 야마나시[山梨]현의 옛 지역명) 지방의 씨름꾼인 오이노 미쓰토(大井光遠)는, 다부지고 사나우며,[2] 힘이 장사이고, 발이 빠르며, 생김새와 됨됨이는 물론이고 대단했던 씨름꾼이다.[3]

　그 여동생으로 나이 스물예닐곱 남짓한 여인이 있는데, 생김새와 됨됨이, 몸가짐도 빼어나고,[4] 몸매도 가녀린 사람이었다.[5]

　여동생은 떨어진 집에 살고 있었는데,[6] 그 집에 누군가에게 쫓기던 사내가 칼을 뽑아 들고 뛰어 들어와서,[7] 그 여인을 인질로 잡고, 배에 칼을 들이대고 있었다.[8]

　이에 누군가가 달려가서 오빠인 미쓰토에게 "아가씨가 인질로 잡히셨습니다."라고 고했다.[9]

　그러자 미쓰토가 말하길 "그 여인네는 사쓰마(薩摩)의 우지나가(氏長) 정도라야 인질로 잡을 수 있을걸."이라며,[10] 대수롭지 않은 듯 가만히 있었기에, 고했던 사내가 이상

---

1) 『日本古典文学全集』[13권6]「大井光遠の妹強力の事」(오이노 미쓰토의 여동생이 장사인 일)
2) 今は昔、甲斐国の相撲大井光遠は、ひきふとにいかめしく、
3) 力強く、足速く、みめ、ことがらより始めて、いみじかりし相撲なり。
4) それが妹に、年廿六七ばかりなる女の、みめ、ことがら、けはひもよく、
5) 姿も細やかなるありけり。
6) それは退きたる家に住みけるに、
7) それが門に、人に追はれたる男の、刀を抜きて走り入りて、
8) この女を質に取りて、腹に刀をさし当てて居ぬ。
9) 人走り行きて、兄人の光遠に、「姫君は質に取られ給ひぬ」と告げければ、

하게 생각하여,11) 돌아가서 숨어서 엿보았다.12)

그건 9월 무렵에 벌어진 일이기에, 옅은 보랏빛 옷 한 겹에,13) 붉은빛 아랫도리를 입고, 입을 가리고 있었다.14) 사내는 덩치가 크고 무서워 보였는데,15) 큰 칼을 거꾸로 쥐고서, 배에 들이대고,16) 자기 발을 가지고 뒤에서 휘감아 안고 있었다.17)

그 아가씨는 왼손으로는 얼굴을 감싸고 울고 있다.18)

오른손으로는 앞에 거칠게 만들어놓은 화살대가 있었는데,19) 이삼십 개 남짓한 꾸러미를 집어서, 손장난 삼아서,20) 마디 끄트머리를 손가락으로 마룻바닥에 찍어누르고 문질렀다.21)

그러자 썩은 나무가 흐늘흐늘해진 것을 찍어눌러 바스르뜨리는 것처럼 뭉개졌다.22)

그걸 도둑놈이 알아차려 보고는, 혼비백산하고 말았다.23)

'엄청나다는 오빠가 쇠망치를 가지고 때려 부순다고 하더라도, 저리는 못 할 게다.24)

---

10) 光遠がいふやう、「その御許は、薩摩の氏長ばかりこそは、質に取らめ」といひて、
11) 何となくて居たれば、告げつる男、怪しと思ひて、
12) 立ち帰りて、物より覗けば、
13) 九月ばかりの事なれば、薄色の衣一重に、
14) 紅葉の袴を着て、口おほひして居たり。
15) 男は大なる男の恐ろしげなるが、
16) 大の刀を逆手に取りて、腹にさし当てて、
17) 足をもて後より抱きて居たり。
18) この姫君、左の手しては、顔を塞ぎて泣く。
19) 右の手しては、前に矢篦の荒作りたるが、
20) 二三十ばかりあるを取りて、手ずさみに、
21) 節の本を指にて、板敷に押し当ててにじれば、
22) 朽木の柔かなるを押し砕くやうに砕くるを、
23) この盗人目をつけて見るに、あさましくなりぬ。
24) いみじからん兄人の主、金槌をもちて打ち砕くとも、かくはあらじ。

대단한 힘이로군.25) 이렇게 있다가는 순식간에 내가 붙들려 뭉개지고 말 것이다.26) 고약한 노릇이네, 내빼야겠다.'라고 생각하여, 틈을 노려 뛰쳐나가 줄행랑을 쳤다.27)

그때 뒤에서 사람들이 쫓아가서 붙잡았다.28) 그리고 그자를 묶어서 미쓰토에게 끌고 갔다.29)

미쓰토가 "어찌하여 도망쳤느냐?"라고 물으니, 아뢰길,30) "커다란 화살대의 끝마디를, 썩은 나무 다루듯, 찍어눌러 뭉개버리시기에,31) 혼비백산하여, 두려움에 줄행랑친 것입니다."라고 했다.32)

그러자 미쓰토가 크게 웃으며 "무슨 수를 써도 그 여인네는 설마하니 찔리기야 하겠나.33) 찌르려는 손을 붙잡아, 거꾸로 비틀어 위쪽으로 찌르면,34) 어깨뼈가 위쪽으로 삐져나와 비틀어지고 말겠지.35)

용하게 네놈 팔이 뽑히지 않았구나.36) 전생에 인연이 있어서 여인네가 비틀지 않았을 것이다.37)

나조차도 네놈을 손쉽게 죽여버릴 것이다.38) 팔뚝을 비틀고, 배와 가슴을 짓밟으면,

---

25) ゆゆしかりける力かな。
26) このやうにては、只今のまに我は取り砕かれぬべし。
27) 無益なり、逃げなんと思ひて、人目をはかりて、飛び出でて逃げ走る時に、
28) 末に人ども走りあひて捕へつ。
29) 縛りて、光遠がもとへ具して行きぬ。
30) 光遠、「いかに思ひて逃げつるぞ」と問へば、申すやう、
31) 「大なる矢篦の節を、朽木なんどのやうに、押し砕き給ひつるを、
32) あさましと思ひて、恐ろしさに逃げ候ひつるなり」と申せば、
33) 光遠うち笑ひて、「いかなりとも、その御許はよも突かれじ。
34) 突かんとせん手を取りて、かいねぢて、上ざまへ突かば、
35) 肩の骨は上ざまへ出でて、ねぢられなまし。
36) かしこくおのれが腕抜かれまし。
37) 宿世ありて、御許はねぢざりけるなり。

네놈이 살아 있겠느냐?39)

　하물며 그 여인네가 가진 힘은 이 미쓰토 두 사람 정도를 합친 힘이신데 말이지.40)

　저렇게 가녀리게, 여성스럽게 계시지만,41) 내가 손장난을 치겠다며 붙잡은 팔을 붙잡히기라도 하면,42) 손이 저절로 펴져 놓아버리고 마는데 말이지.43)

　아아, 사내로 태어났다면 대적할 맞수가 없었을 텐데.44) 안타깝게도 여자의 몸이다."라고 하는 것을 들으니, 그 도둑은 죽을 맛이었다.45)

　여자라고 생각하여, 제대로 인질을 잡았다고 생각하고 있었는데, 가당치 않다.46)

　"네놈을 죽여야 마땅하지만, 여인네가 죽을 것 같았어야 죽이겠지.47) 네놈이 죽어야 마땅했는데 용하게 재빨리 달아나 피했던 것이로구나.48)

　커다란 사슴의 뿔을 무릎에 대고,49) 작은 썩은 나무로 가느다란 것을 꺾어버리는 것처럼 하는데 말이지."라며,50) 내쫓아버리고 말았다.51)

---

38) 光遠だにも、おれをば手殺しに殺してん。
39) 腕をばねぢて、腹、胸を踏まんに、おのれは生きてんや。
40) それにかの御許の力は、光遠二人ばかり合せたる力にておはするものを。
41) さこそ細やかに、女めかしくおはすれども、
42) 光遠が手戯れするに、捕へたる腕を捕へられぬれば、
43) 手ひろごりてゆるしつべきものを。
44) あはれ男子にてあらましかば、あふ敵なくてぞあらまし。
45) 口惜しく女にてある」といふを聞くに、この盗人死ぬべき心地す。
46) 女と思ひて、いみじき質を取りたると思ひてあれども、その儀はなし。
47) 「おれをば殺すべけれども、御許の死ぬべくはこそ殺さめ。
48) おれ死ぬべかりけるに、かしこう疾く逃げて退きたるよ。
49) 大なる鹿の角を膝に当てて、
50) 小さき枯木の、細きなんどを折るやうにあるものを」とて、
51) 追ひ放ちてやりけり。

167. 환생한 딸인 줄도 모르고서[1]

지금은 옛날, 중국에, 어디라나 하는 지방의 벼슬아치가 되어 내려가려고 하는 사람이 있었다.[2] 이름을 경식(慶植)이라고 한다.[3]

그에게 딸이 하나 있었다.[4] 어디 비할 데 없이 사랑스러웠다.[5]

그런데 열 살 남짓해서 잃고 말았다.[6] 부모가 울며 슬퍼하기가 그지없다.[7]

그리고 2년 남짓 지나, 시골로 내려가게 돼서, 가까운 일가친척과 형제자매들을 모아놓고,[8] 지방으로 내려간다는 이야기를 전하고자 하여,[9] 시장에서 양을 사다가 그들에게 대접하려고 했다.[10]

그런데 어머니가 꿈에서 보길, 잃었던 딸이, 푸른 옷을 입고,[11] 새하얀 천 조각으로

---

1) 『日本古典文学全集』 [13巻7] 「ある唐人女の羊に生れたるを知らずして殺す事」(어떤 중국 사람이 딸이 양으로 태어난 줄 모르고서 죽인 일)
2) 今は昔、唐に、何とかやいふ司になりて、下らんとする者侍りき。
3) 名をば慶植といふ。
4) それが女一人ありけり。
5) ならびなくをかしげなりし。
6) 十余歳にして失せにけり。
7) 父母泣き悲しむ事限なし。
8) さて二年ばかりありて、田舎に下りて、親しき一家の一類はらから集めて、
9) 国へ下るべき由を言ひ侍らんとするに、
10) 市より羊を買ひ取りて、この人々に食はせんとするに、
11) その母が夢に見るやう、失せし女、青き衣を着て、

머리를 두르고, 머리에 옥으로 만든 비녀 한 쌍을 꽂은 차림으로 찾아왔다.12) 살아있을 때와 다르지 않다.13)

어머니에게 말하길 "제가 살아있을 적에 부모님이 저를 어여삐 여기시어,14) 모든 것을 맡겨 주셨습니다만, 부모님께 아뢰지 아니하고, 물건을 꺼내쓰고, 또 다른 사람에게도 건네었습니다.15)

훔친 것은 아니지만, 아뢰지 아니하고 저질렀던 죗값으로 이제 양의 몸을 가졌습니다.16) 찾아와서 그 업보를 끝내려고 합니다.17) 내일 틀림없이 목이 하얀 양이 되어서, 죽임당하려고 합니다.18) 바라옵기는, 제 목숨을 봐주십시오."라고 하는 꿈을 꾸었다.19)

잠에서 깨어, 이튿날 아침, 부엌을 살펴보니,20) 정말로 푸르스름한 양인데 목이 흰 것이 있었다.21)

정강이와 등짝이 희고, 머리에 두 개의 얼룩이 있다.22) 예사 사람이라면 비녀를 꽂는 자리다.23)

어머니가 그걸 보고서 "잠깐, 이 양을 잡지 마십시오.24) 나리가 돌아오시고 나서 사

---

12) 白きさいでして頭を包みて、髪に玉の簪一よそひをさして来たり。
13) 生きたりし折に変らず。
14) 母にいふやう、「我生きて侍りし時に、父母我をかなしうし給ひて、
15) 万を任せ給へりしかば、親に申さで、物を取り使ひ、また人にも取らせ侍りき。
16) 盗みにはあらねど、申さでせし罪によりて、いま羊の身を受けたり。
17) 来たりてその報を尽し侍らんとす。
18) 明日まさに首白き羊になりて、殺されんとす。
19) 願はくは、我が命を許し給へ」といふと見つ。
20) おどろきて、つとめて、食物する所を見れば、
21) まことに青き羊の、首白きあり。
22) 脛、背中白くて、頭に二つの斑あり。
23) 常の人の簪さす所なり。
24) 母これを見て、「暫し、この羊な殺しそ。

정을 아뢰고 놓아주려 합니다."라고 했다.25)

　그런데 벼슬아치가 밖에서 돌아와서 "어찌 사람들에게 대접할 음식이 늦느냐?"라며 역정을 냈다.26)

　그러자 "그러니까 이 양을 손질해서 차리려고 했는데,27) 마님이 '잠시 잡지 마라. 나리에게 아뢰어 놓아주겠다.'라며 막으셨기에."라고 했다.28)

　이에 벼슬아치가 역정이 나서 "엉뚱한 소리 하지 마라."라며 잡으려고 양을 매달았더니,29) 모신 손님들이 와서 보니, 너무나 사랑스러운 모습으로,30) 생김새가 빼어난 열 살 남짓한 여자아이를, 머리에 끈을 묶어 매달아두었다.31)

　그 여자아이가 말하길 "저는 이 벼슬아치의 딸이었습니다만, 양으로 변하여 있는 겁니다.32) 오늘의 목숨을 여러분이 살려주십시오."라고 했다.33)

　이에 그 사람들이 "이를 어쩌나, 이를 어쩌나, 절대로 죽이지 마십시오.34) 아뢰고 오겠습니다."라며 찾아갔다.35)

　하지만 그 음식 차리는 사람에게는 똑같이 양으로 보인다.36)

　"필시 늦다고 역정 내실 거야."라며 때려잡았다.37)

---

25) 殿帰りおはしての後に、案内申して許さんずるぞ」といふに、
26) 守殿、物より帰りて、「など人々参物は遅き」とてむつかる。
27) 「さればこの羊を調じ侍りて、よそはんとするに、
28) うへの御前、『暫しな殺しそ。殿の申して許さん』とて、とどめ給へば」などいへば、
29) 腹立ちて、「僻事なせそ」とて、殺さんとてつりつけたるに、
30) この客人ども来て見れば、いとをかしげにて、
31) 顔よき女子の十歳ばかりなるを、髪に縄つけてつりつけたり。
32) この女子のいふやう、「童は、この守の女にて侍りしが、羊になりて侍るなり。
33) 今日の命を、御前たち助け給へ」といふに、
34) この人々、「あなかしこ、あなかしこ、ゆめゆめ殺すな。
35) 申して来ん」とて、行く程に、
36) この食物する人は、例の羊と見ゆ。

그 양의 울음소리는 거기 잡는 사람의 귀에는 그저 예사 양과 같은 울음소리다.38)

그렇게 양을 잡아 볶고 굽고 이리저리했지만,39) 그 손님들은 아무것도 먹지 않고 돌아가고 말았다.40)

이를 미심쩍게 여겨 사람들에게 물으니, 이러저러하다고 자초지종을 이야기했더니,41) 슬퍼서 어찌할 바를 몰라 하다가, 병들어서 죽고 말았기에,42) 시골로도 내려가지 못하게 되고 말았다.43)

---

37) 「定めて遅しと腹立ちなん」とて、うち殺しつ。
38) その羊のなく声、この殺す者の耳には、ただ常の羊のなく声なり。
39) さて羊を殺して炒り、焼き、さまざまにしたりけれど、
40) この客人どもは、物も食はで帰りにけり。
41) 怪しがりて人々に問へば、しかじかなりと、初より語りければ、
42) 悲しみて惑ひける程に、病になりて死にければ、
43) 田舎にも下り侍らずなりにけり。

168. 어차피 잡아먹힐걸1)

　지금은 옛날, 도읍의 북쪽에, 가미쓰 이즈모사(上つ出雲寺)라고 하는 절이 세워지고 나서,2) 한참이 지나, 불당도 기울어지고, 가지런하게 수리하는 사람도 없었다.3)
　그 가까이에 도감스님이 있었다.4) 그 이름을 죠카쿠(上覚)라고 했다.5)
　이 사람은 이전 도감스님의 아들이었다.6) 대를 이으며 처자식을 둔 법사가 절을 맡았다.7) 마침내 절은 무너지고 황폐해졌다.8)
　그런데 전교대사(伝教大師)가 중국에 머물며 이곳에 천태종을 세울 터를 고르고 계셨을 때,9) 이 절의 터를 그림으로 그려서 보냈었다.10)
　"다카오(高雄_교토[京都]시 우쿄[右京]구의 한 지역)와 히에잔(比叡山_교토 소재 영산)과 가무쓰사(かむつ寺), 이렇게 셋 가운데 어디가 좋을까요?"라고 하니,11) "이 절의 터는, 다른

---

1) 『日本古典文学全集』[13권8]「出雲寺別当父の鯰になりたるを知りながら殺して食ふ事」(이즈모 절의 도감스님이 아버지가 메기로 된 것을 알면서도 잡아먹은 일)
2) 今は昔、王城の北、上つ出雲寺といふ寺、建ててより後、
3) 年久しくなりて、御堂も傾きて、はかばかしう修理する人もなし。
4) この近う、別当侍りき。
5) その名をば上覚となんいひける。
6) これぞ前の別当の子に侍りける。
7) あひ次ぎつつ、妻子もたる法師ぞ知り侍りける。
8) いよいよ寺はこぼれて、荒れ侍りける。
9) さるは伝教大師の唐にて、天台宗立てん所を選び給ひけるに、
10) この寺の所をば、絵に書きて遣はしける。

곳보다 빼어나게 귀하지만,12) 승려가 난잡해질 것이다."라고 했기에, 그에 따라 그만둔 곳이었다.13)

너무나 귀한 곳이지만, 어찌 된 영문인지, 이렇게 황폐해져서 못쓰게 된 것이다.14)

그런데 죠카쿠가 꿈을 꾸길, 자기 아버지인 이전 도감스님이,15) 매우 늙어, 지팡이를 짚고 나타나 말하길,16) "모레, 오후 2시에 큰바람이 불어, 이 절이 무너지려 한다.17)

그런데 나는, 이 절의 기와 밑에서 3척 남짓한 메기가 되어서,18) 갈 곳 없이, 물도 적은데, 좁고 어두운 곳에 머물며, 비참하고 고통스러운 지경에 있다.19)

절이 무너지면, 쏟아져 나와 마당에서 기어 다닐 텐데 그러면 아이들이 때려잡으려고 할 것이다.20)

그때 네 앞으로 가고자 한다.21) 아이들에게 처맞도록 내버려 두지 말고, 가모가와(賀茂川_교토시 동부를 가르는 강)에 풀어주거라.22)

그러면 넓은 세상도 보겠지.23) 큰물로 나가서 편안하게 있어야겠다."라고 했다.24)

---

11) 「高雄、比叡山、かむつ寺と、三つの中にいづれかよかるべき」とあれば、
12) 「この寺の地は、人にすぐれてめでたけれど、
13) 僧なん乱がはしかるべき」とありければ、それによりてとどめたる所なり。
14) いとやんごとなき所なれど、いかなるにか、さなり果てて、わろく侍るなり。
15) それに上覚が夢に見るやう、我が父の前別当、
16) いみじう老いて、杖つきて出で来ていふやう、
17) 「明後日未の時に大風吹きて、この寺倒れなんとす。
18) 然るに我、この寺の瓦の下に、三尺ばかりの鯰にてなん、
19) 行方なく、水も少なく、狭く暗き所にありて、あさましう苦しき目をなん見る。
20) 寺倒れば、こぼれて庭に這ひ歩かば、童部打ち殺してんとす。
21) その時汝が前に行かんとす。
22) 童部に打たせずして、賀茂川に放ちてよ。
23) さらば広き目も見ん。
24) 大水に行きて、頼もしくなんあるべき」といふ。

꿈에서 깨어 "이런 꿈을 꾸었다."라고 말하니,25) "무슨 일일까?"라고 이야기 나누다가 날이 저물었다.26)

그날이 되었는데, 오후 1시 무렵부터 갑자기 하늘이 잔뜩 흐려지고,27) 나무를 부러뜨리고, 집을 무너뜨리는 바람이 일었다.28)

사람들이 서둘러서 집들을 손보고 수선 피우지만, 바람이 더더욱 세차게 불어와,29) 동네에 있는 집들이 온통 바람에 날려 무너지고, 야산의 대나무며 나무며 쓰러져 꺾이고 말았다.30)

이 절은 정말로 오후 2시 남짓에 바람에 날려 무너지고 말았다.31) 기둥이 부러지고 마룻대가 허물어져, 손쓸 도리가 없다.32)

그런데 지붕 아래 널빤지 속에 오랫동안 빗물이 고여있었는데, 거기에 커다란 물고기들이 많이 있었다.33)

그 부근에 사는 사람들이 통을 들고서 모두 쓸어 담으며 야단법석인데,34) 3척 남짓한 메기가 펄떡펄떡하며 마당으로 기어 나왔다.35)

꿈에서 본 것처럼, 죠카쿠의 앞으로 왔는데, 죠카쿠는 짐작하지도 못하고,36) 물고기가

---

25) 夢覚めて、「かかる夢をこそ見つれ」と語れば、
26) 「いかなる事にか」といひて、日暮れぬ。
27) その日になりて、午の時の末より、にはかに空かき曇りて、
28) 木を折り、家を破る風出で来ぬ。
29) 人々あわてて、家ども繕ひ騒げども、風いよいよ吹きまさりて、
30) 村里の家どもみな吹き倒し、野山の竹木倒れ折れぬ。
31) この寺、まことに未の時ばかりに吹き倒されぬ。
32) 柱折れ棟崩れて、ずちなし。
33) さる程に、裏板の中に、年比の雨水たまりけるに、大なる魚ども多かり。
34) そのわたりの者ども、桶をさげて、皆かき入れ騒ぐ程に、
35) 三尺ばかりなる鯰の、ふたふたとして庭に這ひ出でたり。
36) 夢のごとく、上覚が前に来ぬるを、上覚思ひもあへず、

크고 팔팔한 것에 넋을 잃어, 쇠 지팡이 커다란 것을 가지고,37) 메기 머리에 박아넣고, 자기 큰아들의 아이들을 불러서 "이거."라고 했더니,38) 물고기가 커서 잡히지 않으니, 풀 베는 낫이라는 것을 가지고,39) 아가미를 잘라내고 뭔가에 꾸려서 집으로 가지고 들어왔다.40)

그리고 다른 물고기들을 손질하여 통에 담아서 여자들에게 이게 하고,41) 자기 방으로 돌아오자, 아내가 "이 메기는 꿈에 봤던 물고기인 듯싶은데요.42) 어째서 잡으셨습니까?"라고 꺼리었지만, "다른 아이가 죽였어도 매한가지다.43) 상관없잖아, 나는." 따위로 말했다.44)

그리고 "다른 사람을 섞지 아니하고, 큰아들, 작은아들들이 먹는 걸, 돌아가신 아버지는 분명 기뻐하실 거야."라며,45) 뚝뚝 잘라 넣어 삶아서 먹는데,46) "신기하게 어찌 된 영문일까?47) 다른 메기보다도 맛이 좋은 건, 돌아가신 스님의 살덩이라서 좋은 모양이다.48) 그 국물을 들이켜라."라며 즐거이 먹었다.49)

그러다 커다란 뼈가 목에 걸려서, "꺽꺽, 꺽꺽."하다가,50) 금세 빠지지 않았기에, 몹시

---

37) 魚の大にたのしげなるに耽りて、鉄杖の大なるをもちて、
38) 頭につき立てて、我が太郎童部を呼びて、「これ」といひければ、
39) 魚大にてうち取られねば、草刈鎌といふ物をもちて、
40) 鰓をかき切りて、物に包ませて、家に持て入りぬ。
41) さて異魚などしたためて、桶に入れて、女どもにいただかせて、
42) 我が坊に帰りたれば、妻の女、「この鯰は夢に見えける魚にこそあめれ。
43) 何しに殺し給へるぞ」と、心憂がれど、「異童部の殺さましも同じ事。
44) 敢へなん、我は」などといひて、
45) 「異人交ぜず、太郎、次郎童など食ひたらんをぞ、故御房は嬉しと思さん」とて、
46) つぶつぶと切り入れて、煮て食ひて、
47) 「怪しういかなるにか。
48) 異鯰よりも味はひのよきは、故御房の肉むらなれば、よきなめり。
49) これが汁すすれ」など、愛して食ひける程に、

괴로워하다가, 끝내 죽고 말았다.51)

　아내는 꺼림칙해서 메기를 먹지 않게 되었다나 뭐라나.52)

---

50) 大なる骨、喉に立てて、「ゑうゑう」といひける程に、
51) とみに出でざりければ、苦痛して、遂に死に侍り。
52) 妻はゆゆしがりて、鯰をば食はずなりにけりとなん。

169. 염불에만 외골수[1]

　옛날, 미노(美濃_현재 기후[岐阜]현 남부의 옛 지역명) 지방 이부키산(伊吹山_시가[滋賀]현과 기후[岐阜]현의 경계에 있는 산)에 오랫동안 수행한 스님이 있었다.[2]

　아미타불 이외의 일은 알지 못하고, 오로지 염불을 외며 세월을 보내고 있었다.[3]

　밤이 깊어, 불상 앞에서 염불을 외고 있었는데, 하늘에 목소리가 울리더니 고하여 말하길,[4] "너는 간절하게 나를 믿어왔다.[5] 이제는 염불의 분량이 많이 쌓였으니, 내일 오후 2시에 반드시 꼭 찾아와서 너를 맞이할 것이다.[6] 결코 염불을 게을리해서는 아니 된다."라고 한다.[7]

　그 목소리를 듣고서 한없이 간절하게 염불을 외며,[8] 물을 뒤집어쓰고, 향을 피우고, 꽃을 펼쳐놓고, 제자들에게 염불을 함께 외도록 하고,[9] 서쪽을 향해 앉아 있었다.[10]

　그런데 점차 번쩍이는 듯한 것이 있다.[11]

---

1) 『日本古典文学全集』[13巻9]「念仏の僧魔往生の事」(염불하는 승려가 왕생한 일)
2) 昔、美濃国伊吹山に、久しく行ひける聖ありけり。
3) 阿弥陀仏より外の事知らず、他事なく念仏申してぞ年経にける。
4) 夜深く、仏の御前に念仏申して居たるに、空に声ありて告げて曰く、
5) 「汝、ねんごろに我を頼めり。
6) 今は念仏の数多く積りたれば、明日の未の時に、必ず必ず来たりて迎ふべし。
7) ゆめゆめ念仏怠るべからず」といふ。
8) その声を聞きて、限りなくねんごろに念仏申して、
9) 水を浴み、香をたき、花を散して、弟子どもに念仏もろともに申させて、
10) 西に向ひて居たり。

손을 비비고 염불을 외며 살펴보니, 불상의 몸에서 금색 빛을 내뿜어 비추고 있다.12) 그것은 가을에 뜨는 달이 구름 사이로 나오는 것과 같다.13)

　각양각색의 꽃을 뿌리고, 백호(白毫_부처의 눈썹 사이에 있는 흰 털로, 빛을 내뿜는다고 한다)의 빛이, 스님의 몸을 비춘다.14)

　그때 스님은 엉덩이를 곧추세우고 엎드려 조아린다.15) 염주의 끈도 달아 끊어지고 말 것 같다.16)

　관음보살이 연화좌를 받들어서, 스님 앞쪽으로 다가오시니,17) 보랏빛 구름이 두툼히 늘어서는데, 스님이 기어 다가가서 연화좌에 올라탔다.18) 그리고 서편으로 떠나셨다.19)

　방사에 남아 있던 제자들은 울며불며 귀히 여기고, 스님의 내세의 명복을 빌었다.20)

　그렇게 일고여덟 날이 지나고 나서, 방사에서 허드렛일하는 법사들이,21) 염불하는 승려에게 물을 덥혀서 목욕하게 만들어드리고자 하여, 나무하러 깊은 산속으로 들어갔는데,22) 아득히 멀리 폭포를 뒤덮고 있는 삼나무가 있다.23)

　그 나무의 나뭇가지 끄트머리에서 외치는 목소리가 들렸다.24)

---

11) やうやうひらめくやうにする物あり。
12) 手を摺りて、念仏申して見れば、仏の御身より金色の光を放ちて、さし入りたり。
13) 秋の月の、雲間より現れ出でたるがごとし。
14) さまざまの花を降らし、白毫の光、聖の身を照す。
15) この時、聖尻をさかさまになして拝み入る。
16) 数珠の緒も切れぬべし。
17) 観音、蓮台を差し上げて、聖の前に寄り給ふに、
18) 紫雲あつくたなびき、聖這ひ寄りて、蓮台に乗りぬ。
19) さて西の方へ去り給ひぬ。
20) 坊に残れる弟子ども、泣く泣く貴がりて、聖の後世をとぶらひけり。
21) かくて七八日過ぎて後、坊の下種法師ばら、
22) 念仏の僧に、湯沸して浴せ奉らんとて、木こりに奥山に入りたりけるに、
23) 遙なる滝にさし掩ひたる杉の木あり。

괴이하여 올려다보니, 법사를 발가벗겨서, 나뭇가지 끝에 매달아 놓았다.25)

나무를 잘 타는 법사가 올라가서 보니,26) 극락으로 맞아들여 가셨던 우리 스승인 스님을, 칡덩굴로 꽁꽁 묶어두었다.27)

그 법사가 "어찌 우리 스승이 이런 곤경을 당하십니까?"라며,28) 다가가서 줄을 풀었더니, "'곧 맞이하러 오겠다, 그때까지 잠시 이렇게 있어라.'라고 이르고,29) 부처가 떠나가셨는데, 어찌 이렇게 풀어주느냐?"라고 했지만,30) 다가가서 풀었더니 "아미타불, 나를 죽이는 자가 있다. 흑, 흑."이라고 외쳤다.31)

하지만 법사들이 여럿이 올라가서 풀어 내려서, 방사로 함께 갔더니,32) 제자들이 "볼썽사나운 일이다."라며 한숨짓고 몸 둘 바를 몰라 했다.33)

스님은 넋이 나가서, 이삼일 남짓 지나서 죽고 말았다.34)

지혜가 없는 스님이 이렇게 요물에게 속아 넘어갔던 것이다.35)

---

24) その木の梢に叫ぶ声しけり。
25) 怪しくて見上げたれば、法師を裸になして、梢に縛りつけたり。
26) 木登よくする法師、登りて見れば、
27) 極楽へ迎へられ給ひし我が師の聖を、葛にて縛りつけて置きたり。
28) この法師、「いかに我が師は、かかる目をば御覧ずるぞ」とて、
29) 寄りて縄を解きければ、「『今迎へんずるぞ、その程暫しかくて居たれ』とて、
30) 仏のおはしまししをば、何しにかく解きゆるすぞ」といひけれども、
31) 寄りて解きければ、「阿弥陀仏、我を殺す人あり。をうをう」とぞ叫びける。
32) されども法師ばらあまた登りて、解きおろして、坊へ具して行きたれば、
33) 弟子ども、「心憂き事なり」と歎き惑ひけり。
34) 聖は人心もなくて、二日三日ばかりありて死にけり。
35) 智恵なき聖は、かく天狗に欺かれけるなり。

170. 간신히 살아 돌아와서[1]

옛날, 지카쿠 대사(慈覺大師_천태종[天台宗] 산문파[山門派]의 시조 엔닌[円仁_794-864]의 시호)가 불법(佛法)을 익혀 전하고자 하여, 중국으로 건너가셔서 머무셨다.[2]

그 무렵 회창(会昌_당나라 15대 황제인 무종[武宗] 시절의 연호, 840-846) 연간에, 당나라 무종(武宗_814-846)이 불법을 멸하고, 불당과 불탑을 깨부수고,[3] 승려와 비구니를 붙잡아 죽이고, 혹은 환속하게 시키시는 난리를 맞닥뜨리셨다.[4]

대사까지도 붙잡으려고 했는데, 달아나, 어떤 불당 안으로 들어가셨다.[5]

쫓는 자가 불당으로 들어가 찾는 사이, 대사는 어쩔 도리가 없어서,[6] 불상 안으로 도망쳐 들어가, 부동명왕을 기도하셨는데,[7] 쫓는 자가 찾았더니 새로운 부동명왕이 불상 가운데 계셨다.[8]

그것을 수상하게 여겨 부둥켜안아 내려서 보니,[9] 대사가 본래 모습으로 변하셨다.[10]

---

1) 『日本古典文学全集』 [13卷10] 「慈覚大師纐纈城に入り行く事」(지카쿠 대사가 교힐성에 들어간 일)
2) 昔、慈覚大師仏法を習ひ伝へんとて、唐へ渡り給ひておはしける程に、
3) 会昌年中に、唐武宗仏法を滅して、堂塔をこぼち、
4) 僧尼を捕へて失ひ、或は還俗せしめ給ふ乱にあひ給へり。
5) 大師をも捕へんとしける程に、逃げて、ある堂の内へ入り給ひぬ。
6) その使、堂へ入りて捜しける間、大師すべき方なくて、
7) 仏の中に逃げ入りて、不動を念じ給ひける程に、
8) 使求めけるに、新しき不動尊、仏の御中におはしける。
9) それを怪しがりて、抱きおろして見るに、
10) 大師もとの姿になり給ひぬ。

쫓는 자가 놀라서, 천자에게 그 이야기를 아뢰었다.11)

천자가 말씀하시길 "다른 나라에서 온 스님이다.12) 어서 쫓아내야 할 것이다."라고 말씀하셨기에 놓아주었다.13)

대사가 기뻐하며 다른 나라로 달아나시는데, 아득히 먼 산을 사이에 두고 사람 사는 집이 있다.14) 담벼락이 드높게 둘러쳐 있고, 하나의 문이 있다.15) 거기에 사람이 서 있다.16)

기뻐하며 물으시니 "여기는 한 부자의 집입니다. 승려께서는 누구십니까?"라고 묻는다.17)

대답하여 말하길 "일본국에서 불법을 배워 전하고자 하여 건너온 승려입니다.18) 그런데 이러한 참담한 난리를 만나, 한동안 숨어서 있으려고 생각합니다."라고 했다.19)

그러자 "여기는 쉽사리 사람이 오지 않는 곳입니다.20) 한동안 여기에 계시다가, 세상이 잠잠해지고 나서 나가 불법도 배우십시오."라고 했다.21)

이에 대사가 기뻐하며 안으로 들어갔더니 문을 굳게 걸어 잠갔다.22) 그리고 안쪽으로 들어가는데, 꽁무니에 서서 가서 보니,23) 각양각색의 집들이 연달아 지어져 있는데,

---

11) 使驚きて、御門にこの由奏す。
12) 御門仰せられけるは、「他国の聖なり。
13) すみやかに追ひ放つべし」と仰せければ放ちつ。
14) 大師喜びて他国へ逃げ給ふに、遙なる山を隔てて人の家あり。
15) 築地高くつきめぐらして、一つの門あり。
16) そこに人立てり。
17) 悦をなして問ひ給ふに、「これは一人の長者の家なり。わ僧は何人ぞ」と問ふ。
18) 答へて曰く、「日本国より、仏法習ひ伝へんとて、渡れる僧なり。
19) 然るに、かくあさましき乱にあひて、暫し隠れてあらんと思ふなり」といふに、
20) 「これは、おぼろけに人の来たらぬ所なり。
21) 暫くここにおはして、世づまりて後出でて、仏法も習ひ給へ」といへば、
22) 大師喜をなして、内へ入りぬれば、門をさし固めて、
23) 奥の方に入るに、尻に立ちて行きて見れば、

사람이 많고 소란스럽다.24)

　대사를 그 한쪽 구석에서 지내게 했다.25)

　그런데 불법을 배울 만한 곳이 있나 싶어 여기저기 찾아보시는데, 불경이며 승려 같은 것이 전혀 보이지 않는다.26)

　뒤편으로 산에 가깝게 한 채의 집이 있다.27) 다가가서 들어보니, 사람이 앓는 소리가 수도 없이 들린다.28) 수상쩍어서 담장 틈새로 보시니, 사람을 묶어서,29) 위에서 늘어뜨려 두고, 아래에 항아리들을 두고서 피를 흐르게 하여 담는다.30)

　혼비백산하여 그 까닭을 물으니, 대답도 하지 않는다.31)

　너무나도 괴이하여 다시 다른 곳에 가서 들으니, 마찬가지로 앓는 소리가 난다.32)

　틈새로 엿보니, 낯빛이 너무나 창백해진 사람들이,33) 말라비틀어진 사람들이 많이 누워있다.34)

　한 사람을 불러들여서 "이는 어찌 된 일인가?35) 이처럼 견디기 힘들어 보이는 건 무슨 까닭인가?"라고 물었다.36)

---

24) さまざまの屋ども造りつづけて、人多く騒がし。
25) 傍なる所に据ゑつ。
26) さて仏法習ひつべき所やあると、見歩き給ふに、仏経、僧侶等すべて見えず。
27) 後の方、山に寄りて一宅あり。
28) 寄りて聞けば、人のうめく声あまたす。
29) 怪しくて、垣の隙より見給へば、人を縛りて、
30) 上よりつり下げて、下に壺どもを据ゑて、血をたらし入る。
31) あさましくて故を問へども、いらへもせず。
32) 大に怪しくて、また異所を聞けば、同じくによふ音す。
33) 覗きて見れば、色あさましう青びれたる者どもの、
34) やせ損じたるあまた臥せり。
35) 一人を招き寄せて、「これはいかなる事ぞ。
36) かやうに堪へ難げにはいかであるぞ」と問へば、

그러자 나뭇조각을 가지고, 가냘픈 팔을 뻗어서, 바닥에 글을 적었다. 그걸 보니37) "여기는 교힐성(纐纈城)입니다.38) 여기에 들어온 사람에게는 우선 말 못 하는 약을 먹이고,39) 다음으로 살찌는 약을 먹이고, 그러고 나서 높은 곳에 매달고서,40) 여기저기를 찌르고 베어 피를 내서, 그 피로 교힐(纐纈_아스카[飛鳥]·나라[奈良]시대에 행해졌던 졸라매서 염색하는 것의 이름)을 물들여서, 내다 파는 것입니다.41)

　그걸 모르고서 이런 곤경을 당하는 겁니다.42) 먹을 것 가운데 깨처럼 생겨서 거무스름한 것이 있습니다.43) 그것은 말 못 하는 약입니다.44) 그런 것이 들어오면 먹는 시늉만 하고 버리십시오.45)

　그리고 그가 물으면 앓는 소리만 내십시오.46)

　그리고 나서 무슨 수를 써서라도 달아날 채비를 하여 달아나십시오.47) 문은 굳게 잠겨서 쉽사리 달아날 도리가 없습니다."라고 속속들이 가르쳐주었기에,48) 먼저 있던 곳으로 돌아와 가만히 계셨다.49)

　그러고 있는데 누군가 먹을 것을 가지고 왔다.50)

---

37) 木の切をもちて、細き腕を差し出でて、土に書くを見れば、
38) 「これは纐纈城なり。
39) これへ来たる人には、まづ物いはぬ薬を食はせて、
40) 次に肥ゆる薬を食はす、さてその後、高き所につり下げて、
41) 所々をさし切りて、血をあやして、その血にて纐纈を染めて、売り侍るなり。
42) これ知らずして、かかる目を見るなり。
43) 食物の中に、胡麻のやうにて黒ばみたる物あり。
44) それは物いはぬ薬なり。
45) さる物参らせたらば、食ふまねをして捨て給へ。
46) さて人の物申さば、うめきのみうめき給へ。
47) さて後に、いかにもして逃ぐべき支度をして、逃げ給へ。
48) 門は固くさして、おぼろげにて逃ぐべきやうなし」と、くはしく教へければ、
49) ありつる居所に帰り居給ひぬ。

가르쳐준 대로 그런 기색이 있는 것이 안에 들어있다.51)

먹는 척을 하고, 품속에 넣었다가 나중에 버렸다.52)

누군가 와서 뭔가 묻기에 신음하며 말도 못 하신다.53)

이제는 다 이루었다고 생각하여, 살이 찌는 약을 가지각색으로 먹이니,54) 마찬가지로 먹는 시늉을 하고 먹지 아니한다.55)

그가 일어나 나간 틈에, 북동쪽을 향해,56) "내 영산의 삼보(三宝_부처와 경전과 승려)께서 살려주십시오."라고 손을 비비며 기원하시니,57) 커다란 개가 한 마리 나타나서, 대사의 옷소매를 물고 잡아당긴다.58)

까닭이 있어 보이기에, 잡아당기는 쪽으로 나가시니,59) 생각지도 못한 수문이 있는데 거기로 끌어냈다.60)

밖으로 나가고 나니 개는 사라지고 말았다.61)

이제는 다행이라고 생각하여, 발이 향하는 쪽으로 내달리셨다.62)

아득히 먼 산을 넘어 사람이 사는 마을이 있다.63)

---

50) さる程に、人、食物持ちて来たり。
51) 教へつるやうに、気色のある物中にあり。
52) 食ふやうにして、懐に入れて、後に捨てつ。
53) 人来りて物を問へば、うめきて物ものたまはず。
54) 今はしおほせたりと思ひて、肥ゆべき薬をさまざまにして食はすれば、
55) 同じく食ふまねして食はず。
56) 人の立ち去りたるひまに、丑寅の方に向ひて、
57) 「我が山の三宝助け給へ」と、手を摺りて祈請し給ふに、
58) 大なる犬一疋出で来て、大師の御袖を食ひて引く。
59) 様ありと覚えて、引く方に出で給ふに、
60) 思ひかけぬ水門のあるより引き出しつ。
61) 外に出でぬれば、犬は失せにけり。
62) 今はかうと思して、足の向きたる方へ走り給ふ。

사람과 마주쳤는데 "이는 어디에서 오시는 분인데 이렇게 내달리십니까?"라고 묻기에,64) "저런 곳에 갔었는데, 달아나서 온 것입니다."라고 말씀하셨다.65)

그러자 "참으로 놀라운 일이로군요.66) 거기는 교힐성입니다.67) 거기에 갔던 사람이 돌아온 적이 없습니다.68) 전능한 부처의 도움이 아니었다면, 빠져나올 도리가 없습니다.69) 참으로 귀하신 분이로군요."라며 조아리고 떠났다.70)

거기에서 기어이 도망쳐 나와 다시 도읍으로 들어가 숨어 계셨는데,71) 회창 6년에 무종이 붕어하셨다.72)

이듬해인 대중(大中) 원년, 선종(宣宗)이 즉위하시고,73) 불법을 멸하는 일을 그만두었기에, 뜻한 대로 불법을 익히시고,74) 10년이 지나 일본으로 돌아오셔서, 진언(眞言)을 펼치셨다나 뭐라나.75)

---

63) 遙に山を越えて、人里あり。
64) 人あひて、「これはいづ方よりはおはする人の、かくは走り給ふぞ」と問ひければ、
65) 「かかる所へ行きたりつるが、逃げてまかるなり」とのたまふに、
66) 「あはれあさましかりける事かな。
67) それは纈纈城なり。
68) かしこへ行きぬる人の帰ることなし。
69) おぼろけの仏の御助ならでは、出づべきやうなし。
70) あはれ貴くおはしける人かな」とて、拝みて去りぬ。
71) それよりいよいよ逃げ退きて、また都へ入りて、忍びておはするに、
72) 会昌六年に武宗崩じ給ぬ。
73) 翌年大中元年、宣宗位につき給ひて、
74) 仏法滅す事やみぬれば、思ひのごとく仏法習ひ給ひて、
75) 十年といふに、日本へ帰り給ひて、真言を広め給ひけりとなん。

171. 궁금하기에1)

지금은 옛날, 중국에 있던 승려가, 천축으로 건너가서,2) 별다른 일이 아니라, 그저 뭔가를 궁금해했기에,3) 구경하러 돌아다녔는데, 여기저기 구경하고 다녔다.4)

그러다 어떤 외딴 산에 커다란 구멍이 있다.5) 거기에 소가 있었는데 그 구멍으로 들어간 것을 보고, 궁금하게 여겨,6) 소가 가는 것을 따라서 승려도 들어갔다.7)

한참을 가다가 밝은 곳으로 나왔다.8) 둘러보니, 다른 세상으로 느껴지는데,9) 본 적도 없는 꽃이 아름답게 어지러이 피어 있다.10)

소가 그 꽃을 먹었다.11)

승려가 시험 삼아 그 꽃을 한 송이 집어 먹었더니,12) 맛있기가, 하늘의 감로도 이렇

---

1) 『日本古典文学全集』[13巻11]「渡天の僧穴に入る事」(천축에 건너간 승려가 구멍에 들어간 일)
2) 今は昔、唐にありける僧の、天竺に渡りて、
3) 他事にあらず、ただ物のゆかしければ、
4) 物見にしありきければ、所々見行きけり。
5) ある片山に、大なる穴あり。
6) 牛のありけるがこの穴に入りけるを見て、ゆかしく覚えければ、
7) 牛の行くにつきて、僧も入りけり。
8) 遙に行きて、明き所へ出でぬ。
9) 見まはせば、あらぬ世界と覚えて、
10) 見るも知らぬ花の色いみじきが、咲き乱れたり。
11) 牛この花を食ひけり。
12) 試みにこの花を一房取りて食ひたりければ、

지는 못할 거라 여겨서,13) 귀하게 여기는 만큼 많이 먹었기에, 곧바로 살이 오르고 또 올라서 뚱뚱해졌다.14)

영문도 모르고 두렵게 생각하여, 거기 있던 구멍 쪽으로 돌아가는데,15) 처음에는 쉽사리 지나갔던 구멍이, 몸이 뚱뚱해져서,16) 비좁게 느껴졌는데, 간신히 구멍 입구까지는 나왔지만,17) 밖으로 나올 수 없어서, 견디기 어렵기 한이 없다.18)

앞을 지나가는 사람에게 "여기 살려주시오."라고 크게 외쳤지만,19) 귀에 들리는 사람도 없다.20) 도와주는 사람도 없었다.21)

다른 사람 눈에도 어찌 비쳤을까, 이상한 일이다.22) 그렇게 며칠이 지나 죽고 말았다.23) 나중에 돌이 되어, 구멍 입구에 머리를 내민 모양으로 있었다고 한다.24) 현장 삼장법사가 천축으로 건너가셨을 때의 일기에 이 이야기가 적혀있다.25)

---

13) うまき事、天の甘露もかくあらんと覚えて、
14) めでたかりけるままに、多く食ひたりければ、ただ肥えに肥え太りけり。
15) 心得ず恐ろしく思ひて、ありつる穴の方へ帰り行くに、
16) 初はやすく通りつる穴、身の太くなりて、
17) 狭く覚えて、やうやうとして、穴の口までは出でたれども、
18) え出でずして、堪へ難き事限なし。
19) 前を通る人に、「これ助けよ」と呼ばはりけれども、
20) 耳に聞き入るる人もなし。
21) 助くる人もなかりけり。
22) 人の目にも何と見えけるやらん、不思議なり。
23) 日比重りて死にぬ。
24) 後は石になりて、穴の口に頭をさし出したるやうにてなんありける。
25) 玄奘三蔵天竺に渡り給ひたりける日記に、この由記されたり。

172. 바리때 날리기 신공[1]

　지금은 옛날, 미카와(三河) 입도(入道) 쟈쿠쇼(寂昭)라는 사람이, 당나라로 건너가고 나서,[2] 당나라 왕이 훌륭한 스님들을 불러 모아서, 불당을 꾸미고[3] 스님의 식사를 마련하여, 불경을 강설하셨다.[4]

　그런데 왕이 말씀하시길 "오늘 식사 자리에서는, 음식 나르는 도우미가 할 일이 없을 것이오.[5] 각자 자기 바리때를 날려 보내서 음식을 받아야 하오."라고 하신다.[6]

　그 속셈은 일본에서 온 스님을 시험해보기 위함이다.[7]

　그렇게 모든 승려가, 가장 상석에 있는 스님부터 차례대로 바리때를 날리어 음식을 받는다.[8]

　미카와 스님은 말석에 앉아 있었다.[9] 그 차례가 되어, 바리때를 들고서 일어나려고 한다.[10]

---

1) 『日本古典文学全集』 [13巻12] 「寂昭上人鉢を飛す事」(쟈쿠쇼 상인이 바리때를 날린 일)
2) 今は昔、三河入道寂昭といふ人、唐に渡りて後、
3) 唐の王、やんごとなき聖どもを召し集めて、堂を飾りて、
4) 僧膳を設けて、経を講じ給ひけるに、
5) 王のたまはく、「今日の斎莚は、手長の役あるべからず。
6) おのおの我が鉢を飛せやりて、物は受くべし」とのたまふ。
7) その心は、日本僧を試みんがためなり。
8) さて諸僧、一座より次第に鉢を飛せて、物を受く。
9) 三河入道末座に着きたり。
10) その番に当りて、鉢を持ちて立たんとす。

"어찌 그러시오? 바리때를 보내야만 받을 것이오."라며 사람들이 가로막아 세웠다.11)

쟈쿠쇼가 아뢰길 "바리때를 날리는 것은 다른 불법을 수행하고서 하는 일입니다.12) 그런데 저는 아직 그 불법을 전해 받지 못했습니다.13) 일본에서도 그 불법을 수행하는 사람이 있었지만, 후세에는 수행하는 사람이 없습니다.14) 어찌 날리겠습니까?"라고 하고 가만히 있었다.15)

그러자 "일본에서 온 스님, 바리때가 늦네, 바리때가 늦어."라고 다그쳤기에,16) 일본이 있는 쪽을 향해 기원하여 말하길,17) "우리나라의 삼보(三宝), 천지신명이여, 도와주십시오.18) 창피당하게 내버려 두지 마십시오."라고 기도하고 있었다.19)

그런데 바리때가 팽이처럼 빙글빙글 돌며, 당나라 승려의 바리때보다 더욱 빨리 날아서, 음식을 받아 돌아갔다.20)

그렇게 되자 임금을 비롯하여 "참으로 훌륭한 사람이군."이라며 조아렸다고 전해진다.21)

---

11) 「いかで。鉢をやりてこそ受けめ」とて、人々制しとどめけり。
12) 寂昭申しけるは、「鉢を飛する事は、別の法を行ひてするわざなり。
13) 然るに寂昭、いまだこの法を伝へ行はず。
14) 日本国に於ても、この法行ふ人ありけれど、末世には行ふ人なし。
15) いかでか飛さん」といひて居たるに、
16) 「日本の聖、鉢遅し鉢遅し」と責めければ、
17) 日本の方に向ひて、祈念して曰く、
18) 「我が国の三宝、神祇助け給へ。
19) 恥見せ給ふな」と念じ入りて居たる程に、
20) 鉢独楽のやうにくるめきて、唐の僧の鉢よりも速く飛びて、物を受けて帰りぬ。
21) その時、王より始めて、「やんごとなき人なり」とて、拝みけるとぞ申し伝へたる。

173. 잘난 척하더니[1]

지금은 옛날, 기요타키가와(清瀧川)의 깊은 곳에, 잡목으로 암자를 짓고 수행하는 스님이 있었다.[2]

물을 마시고 싶을 때는, 물병을 날려 길으러 보내서 마셨다.[3]

그렇게 한 적이 오래되었기에, 이런 정도로 수행한 자는 달리 없을 것이라고, 이따금 자만심이 일었다.[4]

그렇게 지내고 있었는데, 자기가 기거하는 상류 쪽에서 물병이 날아와서 물을 뜬다.[5]

어떤 자가 또 이렇게 하는 걸까 하고, 시기가 났기에,[6] 밝혀내고자 생각하고 있었는데, 또 그 물병이 날아와서, 물을 길어 간다.[7]

그때 물병을 따라가서 보니, 상류 쪽으로 대여섯 블록 올라가서 암자가 보인다.[8]

가서 보니 세 칸 남짓한 암자가 있다.[9] 그리고 불당을 따로 웅장하게 만들어 두었다.[10] 참으로 훌륭하고 귀하다.[11] 어딘가 모르게 깔끔하게 살고 있다.[12]

---

1) 『日本古典文学全集』 [13卷13] 「清瀧川聖の事」(기요타키가와의 스님에 관한 일)
2) 今は昔、清瀧川の奧に、柴の庵を造りて行ふ僧ありける。
3) 水ほしき時は、水瓶を飛して、汲みにやりて飲みけり。
4) 年経にければ、かばかりの行者はあらじと、時々慢心起りけり。
5) かかりける程に、我が居たる上ざまより、水瓶来て水を汲む。
6) いかなる者の、またかくはするやらんと、そねましく覚えければ、
7) みあらはさんと思ふ程に、例の水瓶飛び来て、水を汲みて行く。
8) その時水瓶につきて行きて見るに、水上に五六十町上りて、庵見ゆ。
9) 行きて見れば、三間ばかりなる庵あり。

마당에는 귤나무가 있다.13) 나무 아래에 불경을 외며 원을 그린 자국이 있다.14)

알가붕(閼伽棚_부처나 보살에게 공양하는 물이나 꽃 따위를 올려놓는 시렁) 아래에, 남은 꽃들이 수도 없이 쌓여 있다.15)

섬돌에 이끼가 끼어있다.16) 너무나 예스럽기가 한량없다.17)

창문 틈새로 들여다보니, 책상에 불경이 수도 없이 말려있거나 한다.18) 끊임없이 향을 피운 연기가 가득하다.19)

가만히 보니, 나이 칠팔십 남짓한 승려인데 귀해 보인다.20) 오고(五鈷_밀교에서 사용하는 법구로 양쪽 끝이 다섯 갈래로 나뉜 금강저)를 쥐고, 사방침에 기대어 잠들어 있었다.21)

그 스님을 시험해보고자 하여, 슬그머니 다가가서, 화염에 휩싸인 부동명왕을 외는 글귀22)를 가지고 기도했다.23)

화염이 느닷없이 일어서 암자에 옮겨붙는다.24)

---

10) 持仏堂別にいみじく造りたり。
11) まことにいみじう貴し。
12) 物清く住ひたり。
13) 庭に橘の木あり。
14) 木の下に行道したる跡あり。
15) 閼伽棚の下に、花がら多く積れり。
16) 砌に苔むしたり。
17) 神さびたる事限なし。
18) 窓の隙より覗けば、机に経多く巻きさしたるなどあり。
19) 不断香の煙満ちたり。
20) よく見れば、歳七八十ばかりなる僧の貴げなり。
21) 五鈷を握り、脇息に押しかかりて、眠り居たり。
22) 원문의 「화계주(火界咒;かかいじゅ)」는 부동명왕(不動明王)의 주문(呪文)이다. 부동명왕에게서 무량한 큰 화염이 뿜어나오는 모습을 관찰하면서 외는 글귀다.
23) この聖を試みんと思ひて、やはら寄りて、火界咒をもちて加持す。

스님은 잠든 채로 지팡이25)를 들어 향수에 담가 사방에 붓는다.26) 그러자 금세 암자에 붙은 불이 꺼지는데, 제 옷에 불이 붙어, 활활 불타오른다.27)

강 아래쪽 스님이 큰 소리를 지르며 어찌할 바를 몰라 하고 있는데, 강 위쪽 스님이 눈을 들어 쳐다보고,28) 지팡이를 들어 강 아래쪽 스님의 머리에 붓는다.29) 그러자 바로 불이 꺼졌다.30)

강 위쪽 스님이 말하길 "무슨 까닭으로 이런 곤욕을 치르시나?"라고 묻는다.31)

이에 대답하여 말하길 "나는 오랫동안 강 언저리에 암자를 짓고, 수행하고 있는 수행자이옵니다.32) 요사이 물병이 날아와서 물을 떠 갈 때,33) 어떤 사람이 계시나 생각하여, 밝혀내 올리고자 하여 찾아온 것입니다.34) 그랬다가 조금 시험해 올리고자 하여, 기도했던 것입니다.35) 용서해주십시오. 이제부터는 제자가 되어 섬기겠습니다."라고 했다.36)

하지만 스님은 이 사람이 도대체 무슨 이야기를 하는지도 생각하지 않는 듯한 모습

---

24) 火焔にはかに起りて庵につく。
25) 원문의 「산장(散杖;さんぢょう)」은 밀교에서 향수를 뿌려 기도하는 수도 방법을 쓸 때 사용하는 길이 50센티 안팎의 법구를 가리킨다.
26) 聖、眠りながら散杖を取りて、香水にさし浸して四方にそそぐ。
27) その時庵の火は消えて、我が衣に火つきて、ただ焼きに焼く。
28) 下の聖、大声を放ちて惑ふ時に、上の聖、目を見上げて、
29) 散杖をもちて、下の聖の頭にそそぐ。
30) その時火消えぬ。
31) 上の聖曰く、「何料にかかる目をば見るぞ」と問ふ。
32) 答へて曰く、「これは、年比川の面に庵を結びて、行ひ候修行者にて候。
33) この程、水瓶の来て、水を汲み候ひつる時に、
34) いかなる人のおはしますぞと思ひ候ひて、見あらはし奉らんとて参りたり。
35) ちと試み奉らんとて、加持しつるなり。
36) 御許し候へ。今日よりは御弟子になりて仕へ侍らん」といふに、

으로 가만히 있었다고 한다.37)

　강 아래쪽 스님이, 자신만큼 귀한 사람은 없을 것이라고 교만한 마음을 가졌기에,38) 부처가 거슬려서 더 뛰어난 스님을 두고, 마주치게 하셨던 것이라고 전해 내려온다.39)

---

37) 聖、人は何事いふぞとも思はぬげにてありけりとぞ。
38) 下の聖、我ばかり貴き者はあらじと、驕慢の心のありければ、
39) 仏の憎みて、まさる聖を設けて、あはせられけるなりとぞ、語り伝へたる。

174. 제대로 망신살이 뻗치고 나서1)

　지금은 옛날, 천축에 부처의 제자로 우바굴다라고 하는 스님이 계셨다.2)

　석가여래가 입적하고 나서 백 년 남짓 지나서, 그 스님에게 제자가 있었다.3) 그런데 어떤 심성을 보신 것인지, "여인에게 다가가는 일이 없도록 하거라.4) 여인에게 다가가면, 생사를 맴도는 일이 수레바퀴와 매한가지다."라고, 항상 경계하셨다.5)

　이에 제자가 아뢰길, "어떠한 면을 보시고, 몇 번이고 거듭 그처럼 말씀하십니까?6) 저도 증과(証果_수행이라는 원인에 의해 얻는 깨달음이라는 결과)를 얻은 몸이기에, 꿈에라도 여인에게 다가가는 일은 없을 겁니다."라고 아뢴다.7)

　나머지 제자들도, 그 가운데서는 가장 귀한 사람을,8) 무슨 까닭에 그리 말씀하시는지, 이상하게 생각하고 있었다.9)

　그런데 그 제자인 승려가 볼일 보러 간다며 강을 건너고 있었을 때,10) 여인이 나타

---

1) 『日本古典文学全集』 [13巻14] 「優婆崛多弟子の事」(우바굴다의 제자에 관한 일)
2) 今は昔、天竺に、仏の御弟子優婆崛多といふ聖おはしき。
3) 如来滅後百年ばかりありて、その聖に弟子ありき。
4) いかなる心ばへをか見給ひたりけん、「女人に近づく事なかれ。
5) 女人に近づけば、生死にめぐる事車輪のごとし」と、常にいさめ給ひければ、
6) 弟子の申さく、「いかなる事を御覧じて、たびたびかやうに承るぞ。
7) 我も証果の身にて侍れば、ゆめ女に近づく事あるべからず」と申す。
8) 余の弟子どもも、この中には殊に貴き人を、
9) いかなればかくのたまふらんと、怪しく思ひける程に、
10) この弟子の僧、物へ行くとて河を渡りける時、

나서, 한가지로 건너고 있었는데, 그만 물에 빠져 떠내려가며,11) "어머나 어쩌지. 저를 구해주십시오. 거기 스님."이라고 했다.12)

하지만 스승님이 하신 말씀이 있다.13) 여인의 말을 귓등으로도 듣지 않으려 했지만, 그만 떴다 가라앉았다 하며 떠내려갔기에,14) 너무 안쓰러워서, 다가가 손을 잡아끌어 건네주었다.15)

그런데 손이 너무나도 희고 포동포동하여 너무 좋았기에 그 손을 놓지 못한다.16)

여인이 "이제 손을 놓아주십시오."17)

무서운 사람인가 보다 생각하는 기색으로 말했기에,18) 스님이 말하길 "전생의 인연이 깊은 까닭일까요?19) 더할 나위 없이 애정이 깊게 생각됩니다.20) 내가 하고자 하는 말을 들어 주시지 않겠습니까?"21)

여자가 대답하길 "지금 죽었어야 할 목숨을 살려주셨으니,22) 무슨 일이라고 해도 어찌 물리칠 수 있겠습니까?"라고 했다.23)

그러자 기쁘게 여겨, 싸리와 억새가 무성하게 자란 곳으로,24) 손을 잡고서 "자, 갑시

---

11) 女人出で来て、同じく渡りけるが、ただ流れに流れて、
12) 「あら悲し。我を助け給へ。あの御坊」といひければ、
13) 師ののたまひし事あり。
14) 耳に聞き入れじと思ひけるが、ただ流れに浮き沈み流れければ、
15) いとほしくて、寄りて手を取りて引き渡しつ。
16) 手のいと白くふくやかにて、いとよかりければ、この手を放しえず。
17) 女、「今は手をはづし給へかし」、
18) 物恐ろしき者かなと、思ひたる気色にていひければ、
19) 僧の日く、「先世の契深き事やらん。
20) きはめて志深く思ひ聞ゆ。
21) 我が申さん事、聞き給ひてんや」といひければ、
22) 女答ふ、「只今死ぬべかりつる命を、助け給ひたれば、
23) いかなる事なりとも、何しにかはいなみ申さん」といひければ、

다."라며 끌어서 들여보냈다.25)

　밀어 자빠뜨리고는, 그만 범하고 또 범하고자 하여, 넓적다리에 끼우고 있을 때,26) 그 여인을 보니, 자기 스승인 존자(尊者)였다.27)

　혼비백산하여, 물러나려 했더니, 우바달다가 넓적다리에 단단히 끼고서,28) "무슨 심산으로 이렇게 늙은 법사를 이렇게 다그치는 것이냐?29) 이래서는 어찌 네가 여자를 범할 마음이 없는 증과를 얻은 성자라는 것이더냐?"라고 말씀하셨다.30)

　이에 넋을 잃고 부끄러워져서 꽉 끼인 것을 벗어나려고 발버둥을 치지만,31) 완전히 단단히 끼어서 놔주지 않는다.32)

　그리고 이렇게 떠들어대셨기에 길 가는 사람들이 모여들어 지켜본다.33) 한심스럽고 창피하기가 그지없다.34)

　이렇게 여러 사람에게 보이고 나서, 일어나셔서, 제자를 붙들고 절로 돌아가셔서,35) 종을 쳐서 승려의 집회를 열고, 온 승려들에게 그 이야기를 말씀하셨다.36)

　사람들의 웃음이 끝이 없다.37)

---

24) 嬉しく思ひて、萩、薄の生ひ茂りたる所へ、
25) 手を取りて、「いざ給へ」とて、引き入れつ。
26) 押し伏せて、ただ犯しに犯さんとて、股に挟まりてある折、
27) この女を見れば、我が師の尊者なり。
28) あさましく思ひて、引き退かんとすれば、優婆崛多、股に強く挟みて、
29) 「何の料に、この老法師をば、かくはせたむるぞや。
30) これや汝、女犯の心なき証果の聖者なる」とのたまひければ、
31) 物覚えず恥かしくなりて、挟まれたるを逃れんとすれども、
32) すべて強く挟みてゆるさず。
33) さて、かくののしり給ひければ、道行く人集りて見る。
34) あさましく恥かしき事限なし。
35) かやうに諸人に見せて後、起き給ひて、弟子を捕へて寺へおはして、
36) 鐘をつき、衆会をなして、大衆にこの由語り給ふ。

제자인 승려는, 살아있는 것도 아니고, 죽은 것도 아닌 심정으로 있었다.38) 하지만 이처럼 지은 죄를 모두 참회했기에, 아나함과(阿那含果)39)를 얻었다.40) 존자가 방편을 궁리하여, 제자를 이끌어 불도로 들어가게 하신 것이었다.41)

---

37) 人々笑ふ事限なし。
38) 弟子の僧、生きたるにもあらず、死にたるにもあらず覚えけり。
39) 「아나함과(阿那含果) : 사과(四果)의 하나. 욕계(欲界)의 아홉 가지 번뇌를 모두 끊고, 죽은 뒤에 천상에 가서 다시 인간에 돌아오지 않는, 성문(聲聞)의 세 번째 지위이다.」(표준국어대사전)
40) かくのごとく罪を懺悔してければ、阿那含果を得つ。
41) 尊者方便をめぐらして、弟子をたばかりて、仏道に入らしめ給ひけり。

175. 여인을 멀리하라 하셨기에[1]

　지금은 옛날, 해운(海雲) 비구승이 길을 가시는데, 열댓 살 남짓한 동자를 길에서 마주쳤다.[2]

　비구승이 동자에게 물어 말하길 "무엇 하는 동자인가?"라고 하신다.[3]

　이에 동자가 대답하여 말하길 "그저 길을 지나가는 사람입니다."라고 한다.[4]

　비구승이 말하길 "너는 법화경을 읽어보았느냐?"라고 묻자,[5] 동자가 말하길 "법화경이라고 한다는 것은 이제껏 이름조차도 듣지 못했습니다."라고 한다.[6]

　비구승이 다시 말하길 "그러면 내 방사로 함께 데리고 가서 법화경을 가르쳐주겠다."라고 하시니,[7] 동자가 "말씀에 따르겠습니다."라고 하고 비구승과 함께 간다.[8]

　그렇게 오대산(五台山)에 있는 방사에 이르러서, 법화경을 가르치신다.[9]

　경을 익히는 동안 나이 어린 승려가 항상 찾아와서는 이야기를 한다.[10] 그게 누구

---

1) 『日本古典文学全集』[14巻1]「海雲比丘の弟子童の事」(해운 비구의 제자인 동자에 관한 일)
2) 今は昔、海雲比丘、道を行き給ふに、十余歳ばかりなる童子、道にあひぬ。
3) 比丘、童に問ひて曰く、「何の料の童ぞ」とのたまふ。
4) 童答へて曰く、「ただ道まかる者にて候」といふ。
5) 比丘いふ、「汝は法華経は読みたりや」と問へば、
6) 童いふ、「法華経と申すらん物こそ、いまだ名をだにも聞き候はね」と申す。
7) 比丘またいふ、「さらば我が房に具して行きて、法華経教へん」とのたまへば、
8) 童、「仰に随ふべし」と申して、比丘の御供に行く。
9) 五台山の坊に行き着きて、法華経を教へ給ふ。
10) 経を習ふ程に、小僧常に来て物語を申す。

인지는 모른다.11)

비구승이 말씀하시길 "항상 찾아오는 나이 어린 덕이 높은 스님을 동자는 알고 있느냐?"라고 한다.12)

그러자 동자는 "모릅니다."라고 한다.13)

비구승이 말하길 "이야말로 이 산에 사시는 문수보살이시다.14) 나에게 이야기하러 오시는 것이다."라고 한다.15)

이런 식으로 가르쳐주시지만, 동자는 문수라고 하는 것도 모르고 있던 것이다.16) 그러니 대수로이 생각해 올리지 아니한다.17)

비구승이 동자에게 말씀하시길 "너는 꿈에라도 여인에게 가까이 가는 일이 없도록 하라.18) 주위에 사람을 물리고, 친하게 지내는 일이 없도록 하라."라고.19)

그런데 동자가 볼일 보러 가는데, 흑갈색 털이 섞인 백마를 탄 여인이,20) 진하게 화장하여 아름다운데, 그 여인을 길에서 마주쳤다.21)

그 여인이 말하길 "여보시오, 이 말의 고삐를 잡아주시게.22) 길이 험하고 사나워서 떨어질까 걱정되기에."라고 했지만,23) 동자는 귓등으로도 듣지 아니하고 그대로 갈 길을

---

11) 誰人と知らず。
12) 比丘ののたまふ、「常に来る小大徳をば、童は知りたりや」と。
13) 童、「知らず」と申す。
14) 比丘のいふ、「これこそこの山に住み給ふ文殊よ。
15) 我に物語しに来給ふなり」と。
16) かうやうに教へ給へども、童は文殊といふ事も知らず候なり。
17) されば何とも思ひ奉らず。
18) 比丘、童にのたまふ、「汝ゆめゆめ女人に近づく事なかれ。
19) あたりを払ひて、馴るる事なかれ」と。
20) 童、物へ行く程に、葦毛なる馬に乗りたる女人の、
21) いみじく化粧して美しきが、道にあひぬ。
22) この女のいふ、「われ、この馬の口引きて給べ。

간다.24)

그런데 그 말이 날뛰어서 여인이 거꾸로 떨어지고 말았다.25)

원망스레 말하길 "나를 살려주시오. 이미 저세상에 간듯한 생각이 드는군."이라고 하지만,26) 전혀 귀담아듣지 아니한다.27)

자기 스승이 여인의 곁에 다가가는 일이 없도록 하라고 말씀하셨기에 하고 생각하여,28) 오대산으로 돌아가서 여인이 있었던 일을 비구승에게 아뢰고서,29) "하지만 귓등으로도 듣지 아니하고 돌아왔습니다."라고 아뢰었다.30)

그러자 "대단한 일을 했도다.31) 그 여인은 문수보살이 둔갑하여 네 마음을 시험해보시려고 벌인 일일 것이다."라고 치켜세우셨다.32)

그러는 사이에 동자는 법화경을 한 부 모두 읽어버렸다.33)

그러자 바로 비구승이 말씀하시길 "너는 법화경을 다 읽었다.34) 이제 법사가 되어서 수계(受戒)해야 할 것이다."라며 법사로 삼으셨다.35)

"하지만 수계를 나는 베풀 수 없다.36) 동경(東京=낙양[洛陽])에 있는 선정사(禪定寺)에

---

23) 道のゆゆしく悪しくて、落ちぬべく覚ゆるに」といひけれども、
24) 童、耳にも聞き入れずして行くに、
25) この馬あらだちて、女さかさまに落ちぬ。
26) 恨みていふ、「我を助けよ。すでに死ぬべく覚ゆるなり」といひけれども、
27) なほ耳に聞き入れず。
28) 我が師の、女人の傍へ寄る事なかれとのたまひしにと思ひて、
29) 五台山へ帰りて、女のありつるやうを、比丘に語り申して、
30) 「されども、耳にも聞き入れずして、帰りぬ」と申しければ、
31) 「いみじくしたり。
32) その女は文殊の化して、汝が心を見給ふにこそあるなれ」とてほめ給ひける。
33) さる程に、童は法華経を一部読み終へにけり。
34) その時比丘のたまはく、「汝法華経を読み果てぬ。
35) 今は法師になりて受戒すべし」とて、法師になされぬ。

계시는 윤(倫) 법사라고 하는 사람이,37) 요사이 조정으로부터 칙령을 받아, 수계를 행하시는 사람이다.38) 그 사람이 있는 곳으로 가서 받아야 할 것이다.39) 이제는 너를 볼 수 없는 사정이 있는 것이다."라며 우시기에 하염없다.40)

동자가 아뢰길 "수계를 받고 나서는 곧바로 돌아와 있을 것입니다.41) 어찌 생각하시어 그리 말씀하십니까?"라고.42)

또 "무슨 일이기에 그리 우십니까?"라고 아뢰니,43) "그저 슬픈 사정이 있는 것이다."라며 우신다.44)

그리고 동자에게 "수계 스님에게 가서는 '어디에서 온 사람인가?'라고 물으면,45) '청량산의 해운 비구가 있는 곳에서'라고 해야 할 것이다."라고 가르쳐주시고서,46) 줄곧 울며 배웅하셨다.47)

동자는 말씀에 따라서 윤 법사가 있는 곳으로 가서, 수계할 것을 아뢰니,48) 짐작했던 대로 "어디에서 온 사람인가?"라고 물으셨기에,49) 가르쳐 받은 대로 아뢰었더니,50)

---

36) 「受戒をば我は授くべからず。
37) 東京に禅定寺にいまする、倫法師と申す人、
38) この比おほやけの宣旨を蒙りて、受戒を行ひ給ふ人なり。
39) その人のもとへ行きて受くべきなり。
40) ただ今は汝を見るまじき事のあるなり」とて、泣き給ふ事限りなし。
41) 童の申す、「受戒仕りては、則ち帰り参り候べし。
42) いかに思し召して、かくは仰せ候ぞ」と。
43) また、「いかなれば、かく泣かせ給ふぞ」と申せば、
44) 「ただ悲しき事のあるなり」とて泣き給ふ。
45) さて童に、「戒師のもとに行きたらんに、『いづ方より来たる人ぞ』と問はば、
46) 『清涼山の海雲比丘のもとより』と申すべきなり」と教へ給ひて、
47) 泣く泣く見送り給ひぬ。
48) 童、仰に随ひて、倫法師のもとにゆきて、受戒すべき由申しければ、
49) 案のごとく、「いづ方より来たる人ぞ」と問ひ給ひければ、

윤 법사가 놀라서, "귀한 일이로다."라며 절하고 말하길,51)

"오대산에는 문수보살만이 머무시는 곳이다.52) 너 사미(沙彌_어린 남자 승려)는 해운 비구라는 선지식(善知識)을 만나서,53) 문수보살을 제대로 모셨던 것이로구나."라며 귀하게 여기기가 한량없다.54)

그리고 수계하고 오대산으로 돌아와서, 항상 머물렀던 방사가 있던 곳을 보니,55) 전혀 사람이 지냈던 흔적이 없다.56) 울며불며 온 산을 찾아 헤매지만, 도무지 살던 곳이 없다.57)

이는, 우바굴다의 제자인 승려는, 빼어나지만 마음이 약하여 여인에게 다가갔던 것이다.58)

하지만 이는 비록 어리지만, 마음이 굳건하여 여인에게 다가가지 아니한다.59)

그렇기에 문수보살이 이를 용한 사람이기에 교화하여 불도에 들어가게 하신 것이다.60)

그러니 세상 사람이 계를 깨뜨려서는 아니 될 것이다.61)

---

50) 教へ給ひつるやう申しければ、
51) 倫法師驚きて、「貴き事なり」とて、礼拝していふ、
52) 「五台山には文殊の限住み給ふ所なり。
53) 汝沙弥は、海雲比丘の善知識にあひて、
54) 文殊をよく拝み奉りけるにこそありけれ」とて、貴ぶ事限なし。
55) さて受戒して、五台山へ帰りて、日比居たりつる坊の在所を見れば、
56) すべて人の住みたる気色なし。
57) 泣く泣く一山を尋ね歩けども、遂に在所なし。
58) これは、優婆崛多の弟子の僧、かしこけれども心弱く、女に近づきけり。
59) これはいとけなけれども、心強くて、女人に近づかず。
60) かるが故に、文殊、これをかしこき者なれば、教化して仏道に入らしめ給ふなり。
61) されば世の人、戒をば破るべからず。

176. 살짝 걸어찼는데[1]

지금은 옛날, 헨죠지(遍照寺_교토[京都]시 우쿄[右京]구 소재 진언종[眞言宗] 오무로[御室]파의 사찰. 989년 간초[寬朝]가 창립) 승정(僧正) 간초(寬朝)라는 사람이 닌나지(仁和寺_교토시 우쿄구 소재 진언종 오무로파의 총본산. 888년 창건)까지도 관리하고 있었다.[2]

닌나지의 망가진 곳을 수리시킨다고 하여, 목수들이 많이 모여서 손보고 있었다.[3]

날이 저물어 목수들이 하나둘 모두 떠나고 나서,[4] 오늘 일은 얼마나 진척되었는지 보려고 하여,[5] 승정이 허리띠를 둘러매고, 굽 높은 나막신을 신고, 단 혼자서 걸어와서,[6] 오르는 디딤널들을 짜 놓은 곳의 아래에서 서성거리며, 어슴푸레한 속에서 둘러보고 있었다.[7]

그런데 시커먼 옷차림을 한 사내가, 고깔을 늘어뜨리고, 얼굴은 또렷이 보이지 않는데,[8] 승정 앞으로 나와서는, 무릎을 꿇고, 칼을 거꾸로 뽑아,[9] 감추듯 꾸미고서, 가만히 있었기에,[10] 승정이 "이는 누구인가?"라고 물었다.[11]

---

1) 『日本古典文学全集』 [14巻2] 「寬朝僧正勇力の事」(간초 승정이 장사인 일)
2) 今は昔、遍照寺僧正寬朝といふ人、仁和寺をも知りければ、
3) 仁和寺の破れたる所修理せさすとて、番匠どもあまた集ひて作りけり。
4) 日暮れて、番匠どもおのおの出でて後に、
5) 今日の造作はいか程したるぞと見んと思ひて、
6) 僧正中結うちして、高足駄はきて、ただ一人歩み来て、
7) あがるくいども結ひたるもとに立ちまはりて、なま夕暮に見られける程に、
8) 黒き装束したる男の、烏帽子引きたれて、顔たしかにも見えずして、
9) 僧正の前に出で来て、つい居て、刀をさかさまに抜きて、

그러자 사내는 한쪽 무릎을 꿇고서, "불쌍한 사람이옵니다.12) 추위를 견디기 어렵사오니, 그 입으신 옷을,13) 한두 벌 물려주십사 생각하옵니다."라고 하면서,14) 덤벼들고자 생각하는 기색이었다.15)

이에 "별일 아닌 모양이구먼.16) 이렇게 무섭게 으르지 않아도 될 것을, 그냥 가만히 구걸하지 아니하고,17) 버르장머리 없는 녀석의 심보로군."이라고 했다.18)

그리고 바로 뒤로 돌아가서, 엉덩이를 힘껏 걷어찼더니,19) 걷어차이기가 무섭게, 사내가 사라져서, 보이지 않게 되었다.20)

그러자 승정이 천천히 걸어 돌아가, 방사 가까이에 가서,21) "게 누구 있느냐?"라고 큰 목소리로 불렀더니, 방사에서 젊은 승려가 달려 나왔다.22)

승정이 "가서 불을 밝혀 따라오거라.23) 저기 내 옷을 벗기려 했던 사내가, 갑자기 사라져버린 것이 수상쩍기에,24) 찾아보고자 한다. 법사들을 불러 모아 데리고 오거

---

10) 引き隠したるやうにもてなして、居たりければ、
11) 僧正、「かれは何者ぞ」と問ひけり。
12) 男片膝をつきて、「わび人に侍り。
13) 寒さの堪へ難く侍るに、その奉りたる御衣、
14) 一つ二つおろし申さんと思ひ給ふなり」といふままに、
15) 飛びかからんと思ひたる気色なりければ、
16) 「ことにもあらぬ事にこそあんなれ。
17) かく恐ろしげにおどさずとも、ただ乞はで、
18) けしからぬ主の心際かな」といふままに、
19) ちうと立ちめぐりて、尻をふたと蹴たりければ、
20) 蹴らるるままに、男かき消ちて、見えずなりにければ、
21) やはら歩み帰りて、坊のもと近く行きて、
22) 「人やある」と、高やかに呼びければ、坊より小法師走り来にけり。
23) 僧正、「行きて火ともして来よ。
24) ここに我が衣剥がんとしつる男の、にはかに失せぬるが怪しければ、

라."라고 말씀하셨다.25)

이에 젊은 승려가 내달려 돌아가서는 "스님이 들치기 당하셨다.26) 승려들은 이리로 오시오."라고 고함치며 돌아다녔다.27)

그러자 방사에 있던 온 승려들이, 불을 밝히고, 큰 칼을 차고, 일고여덟 사람, 열 사람 찾아 나왔다.28)

"어디에 도둑놈이 있습니까?"라고 물으니,29) "여기에 있던 도둑놈이 내 옷을 벗기려 했기에,30) 옷이 벗겨져서는 추울 테지 생각해서, 엉덩이를 툭 하고 찼더니 사라져 버린 게다.31) 불을 높게 밝히고 숨어있지 않은 지 살펴보거라."라고 말씀하셨다.32)

그러자 법사들이 "괴상하게도 말씀하시는군."이라며 불을 이리저리 흔들면서,33) 위쪽을 살펴보는데, 오르는 디딤널 가운데 떨어져 꽉 끼어서, 꼼짝하지 못하는 사내가 있다.34)

"바로 저기에 사람이 보였습니다.35) 목수가 아닌가 했지만, 시커먼 옷차림입니다."라고 하여,36) 올라가서 보니, 오르는 디딤널 가운데 떨어져 꽉 끼어서,37) 꼼짝할 도리도

---

25) 見んと思ふぞ。法師ばら呼び具して来」とのたまひければ、
26) 小法師走り帰り、「御坊引剥ぎにあはせ給ひたり。
27) 御房たち、参り給へ」と呼ばはりければ、
28) 坊々にありとある僧ども、火ともし、太刀さげて、七八人、十人と出で来にけり。
29) 「いづくに盗人は候ぞ」と問ひければ、
30) 「ここに居たりつる盗人の、我が衣を剥がんとしつれば、
31) 剥がれては寒かりぬべく覚えて、尻をほうと蹴たれば、失せぬるなり。
32) 火を高くともして、隠れ居るかと見よ」とのたまひければ、
33) 法師ばら、「をかしくも仰せらるるかな」とて、火をうち振りつつ、
34) 上ざまを見る程に、あがるくいの中に落ちつまりて、えはたらかぬ男あり。
35) 「かしこにこそ人は見え侍りけれ。
36) 番匠にやあらんと思へども、黒き装束したり」といひて、
37) 上りて見れば、あがるくいの中に落ち挟りて、

없어서, 풀이 죽은 얼굴을 짓고 있었다.38)

　거꾸로 뽑았던 칼은 아직도 들고 있다.39)

　그것을 찾아내고, 법사들이 다가가서, 칼과 상투와 팔을 붙잡아 끌어올려서,40) 바닥에 내려 끌고 왔다.41)

　함께 방사로 돌아와서, "이제부터 앞으로 늙은 법사라고 해서 얕잡아보지 말거라.42) 몹시도 안쓰러운 일이도다."라며, 입고 있던 옷 가운데,43) 솜이 두툼하게 든 것을 벗어 건네주고서, 쫓아내 보내주고 말았다.44)

---

38) みじろくべきやうもなくて、倦んじ顔作りてあり。
39) 逆手に抜きたりける刀は、いまだ持ちたり。
40) それを見つけて、法師ばら寄りて、刀も髻も腕とを取りて引きあげて、
41) おろして率て参りたり。
42) 具して坊に帰りて、「今より後、老法師とて、な侮りそ。
43) いと便なき事なり」といひて、着たりける衣の中に、
44) 綿厚かりけるを脱ぎて取らせて、追ひ出してやりてけり。

177. 뱀과의 사투1)

옛날, 쓰네요리(経頼)라고 했던 씨름꾼이 사는 집의 곁에,2) 오래된 강이 있었는데, 거기에 깊은 못 형상을 한 곳이 있었다.3)

그런데 여름에 그 강 가까이에 나무 그늘이 있었기에, 홑겹 옷만 입고, 허리띠를 지르고,4) 나막신을 신고, 끄트머리가 갈라진 지팡이를 짚고,5) 아이 하나를 함께 데리고 서, 이리저리 돌아다니고 있었는데,6) 더위를 식히고자 해서 그 못 가에 있는 나무 그늘에 머물고 있었다.7)

못은 시퍼런 빛으로 무서운 기운이 느껴지는데, 밑바닥도 보이지 않는다.8)

갈대며 줄 같은 것들이 무성하게 우거져 있는 것을 쳐다보며, 물가에 서 있었다.9)

그런데 반대편 강가가 예닐곱 단 정도는 물러나 있나 싶었다가,10) 물이 차올라서, 이쪽으로 밀려오니,11) 뭐가 이렇게 하는 걸까 생각하고 있었다.12)

---

1) 『日本古典文学全集』 [14巻3] 「経頼蛇にあふ事」(쓰네요리가 뱀을 만난 일)
2) 昔、経頼といひける相撲の家の傍に、
3) 古河のありけるが、深き淵なる所ありけるに、
4) 夏その川近く、木陰のありければ、帷ばかり着て、中結ひて、
5) 足駄はきて、またふり杖といふものつき、
6) 小童一人供に具して、とかく歩きけるが、
7) 涼まんとて、その淵の傍の木陰に居にけり。
8) 淵青く、恐ろしげにて、底も見えず。
9) 葦、菰などいふ物、生ひ茂りたりけるを見て、汀近く立てりけるに、
10) あなたの岸は、六七段ばかりは退きたるらんと見ゆるに、

그때 이쪽 물가 가까이에 이르러 뱀이 머리를 내밀었다.13)

그러니 "이 뱀은 분명 커다랄 것이다. 물 밖으로 올라오려는 것일까?"라며 지켜보고 있었는데,14) 뱀이 머리를 치켜들고서 뚫어지도록 노려보고 있었다.15)

어쩔 셈일까 하여, 물가에서 한 걸음 남짓 물러서서, 끄트머리 가까이 서서 보았더니,16) 한참을 가만히 지켜보다가, 머리를 집어넣고 말았다.17)

그리고 저편 강가 쪽에 물이 차올랐나 싶었더니,18) 다시 이쪽에 물결이 일고 나서 뱀이 꼬리를 물가에서 추켜세워서,19) 내가 서 있는 쪽으로 뻗쳐왔기에,20) "이 뱀이 심산이 있으니 이러겠지."라며, 하는 대로 두고 보며 서 있었다.21)

그러자 더 뻗쳐와서 쓰네요리의 발을 서너 번쯤 휘감았다.22) 어쩌려고 이러나 싶어 그냥 서 있었는데,23) 다 휘감고서 질질 잡아당기니,24) 강물 속으로 끌고 들어가려 하나 보다 비로소 깨달았다.25)

---

11) 水のみなぎりて、こなたざまに来ければ、
12) 何のするにかあらんと思ふ程に、
13) この方の汀近くなりて、蛇の頭をさし出でたりければ、
14) 「この蛇大ならんかし。外ざまに上らんとするにや」と、見立てりける程に、
15) 蛇頭をもたげて、つくづくとまもりけり。
16) いかに思ふにかあらんと思ひて、汀一尺ばかり退きて、端近く立ちて見ければ、
17) 暫しばかりまもりまもりて、頭を引き入れてけり。
18) さてあなたの岸ざまに、水みなぎると見ける程に、
19) またこなたざまに水波立ちて後、蛇の尾を汀よりさし上げて、
20) 我が立てる方ざまにさし寄せければ、
21) 「この蛇思ふやうのあるにこそ」とて、まかせて見立てりければ、
22) なほさし寄せて、経頼が足を三四返ばかりまとひけり。
23) いかにせんずるにかあらんと思ひて、立てる程に、
24) まとひ得て、きしきしと引きければ、
25) 川に引き入れんとするにこそありけれと、その折に知りて、

그래서 힘껏 발을 디디고 버티고 있었더니, 엄청나게 세차게 잡아당기는데,26) 그러다가 신고 있던 나막신의 굽을 디디다 부러뜨리고 말았다.27)

끌려가 자빠질 뻔했는데, 몸을 놀려 고쳐 디디고 버텼더니, 세차게 잡아당긴다는 말로는 모자라다.28)

끌려갈 뻔한 것을, 발을 힘껏 디디고 서 있었기에,29) 한쪽 편에 대여섯 치 남짓, 발을 디녀 박고 서 있었다.30)

잘도 끌어당긴다고 생각하고 있었는데, 밧줄 같은 게 끊어지는 것처럼 끊어지기가 무섭게,31) 물속에 피가 확 뿜어나오는 듯싶게 보였기에,32) 끊어져 버린 모양이라며, 다리를 잡아당겼더니, 뱀이 당기기를 멈추고 물 위로 올라왔다.33)

그때 발에 휘감겨 있던 꼬리를 풀어버리고서,34) 발을 물로 씻었지만, 뱀 자국이 사라지지 않았다.35)

그런데 "술로 씻어낸다."라고 누군가 말했기에,36) 술을 가지러 보내 씻어내거나 하고 나서, 하인들을 불러서,37) 꼬리 쪽을 끌어올렸더니, 그냥 크다는 말로는 모자라다.38)

---

26) 踏み強りて立てりければ、いみじう強く引くと思ふ程に、
27) はきたる足駄の歯を踏み折りつ。
28) 引き倒されぬべきを、構へて踏み直りて立てれば、強く引くともおろかなり。
29) 引き取られぬべく覚ゆるを、足を強く踏み立てければ、
30) かたつらに五六寸ばかり、足を踏み入れて立てりけり。
31) よく引くなりと思ふ程に、縄などの切るるやうに切るるままに、
32) 水中に血のさつと沸き出づるやうに見えければ、
33) 切れぬるなりとて、足を引きければ、蛇引きさして上りけり。
34) その時、足にまとひたる尾を引きほどきて、
35) 足を水に洗ひけれども、蛇の跡失せざりければ、
36) 「酒にてぞ洗ふ」と人のいひければ、
37) 酒取りにやりて洗ひなどして後に、従者ども呼びて、
38) 尾の方を引き上げさせたりければ、大きなりなどもおろかなり。

잘린 곳의 크기는, 지름이 한 자 남짓은 족히 되는 걸로 보였다.39) 머리 쪽 잘린 곳을 보러 보냈더니,40) 저편 강가에 커다란 나무의 뿌리가 있었는데,41) 거기에 머리 쪽을 수도 없이 칭칭 휘감고서,42) 꼬리를 뻗쳐서 발을 휘감아 끌어당겼던 것이었다.43)

그러다가 힘에 부쳐서, 가운데에서 잘리고 말았던 모양이다.44)

자기 몸이 끊어지는 줄도 모르고 잡아당긴 모양인데, 넋이 나갈 노릇이다.45)

그러고 나서 뱀이 가진 힘이 어느 정도인지, 몇 사람 정도의 힘이었는지 시험해보겠다며,46) 커다란 밧줄을 뱀이 휘감았던 곳에 묶고서,47) 열 사람 남짓해서 잡아당기게 했지만,48) "여전히 모자라는군. 모자라."라고 했다.49)

그러다가 육십 명 남짓이 매달려 잡아당겼을 때야 "이 정도 느낌이었지."라고 했다.50)

그걸 보면, 쓰네요리의 힘은,51) 그건 백 명 남짓의 힘을 가졌나 생각되는 것이다.52)

---

39) 切口の大さ、径一尺ばかりあるらんとぞ見えける。
40) 頭の方の切を見せにやりたりければ、
41) あなたの岸に大なる木の根のありけるに、
42) 頭の方をあまた返りまとひて、
43) 尾をさしおこして、足をまとひて引くなりけり。
44) 力劣りて、中より切れにけるなめり。
45) 我が身の切るるをも知らず引きけん、あさましき事なりかし。
46) その後蛇の力の程、幾人ばかりの力にかありしと試みんとて、
47) 大なる縄を蛇の巻きたる所につけて、
48) 人十人ばかりして引かせけれども、
49) 「なほ足らず足らず」といひて、
50) 六十人ばかりかかりて引きける時にぞ、「かばかりぞ覚えし」といひける。
51) それを思ふに、経頼が力は、
52) さは、百人ばかりが力を持たるにやと覚ゆるなり。

178. 물고기가 실어다 준 아이1)

지금은 옛날, 어떤 견당사가 당나라에 있는 동안 아내를 두어 아이를 낳게 했다.2) 그 아이가 아직 어렸을 때, 일본으로 돌아왔다.3)

아내에게 약조하여 말하길 "다른 견당사가 가게 되면 거기에 맞춰 소식을 보내겠소.4) 또한 이 아이를 유모를 뗄 즈음에는 마중하여 맞아들일 것이오."라고 약조하고 귀국했다.5)

그 어미는 견당사가 올 때마다 "소식이 있나?" 하고 물었지만, 전혀 소식도 없다.6)

어미가 몹시 원망하여, 그 아이를 안고서, 일본을 향해,7) 아이 목에 견당사 아무개의 아이라는 표찰을 적어 매달고서,8) "전생의 인연이 있다면 부자지간이니 다시 만나겠지."라며 바다에 던져넣고 돌아갔다.9)

아버지가 어느 날 나니와(難波_오사카[大阪]시와 그 부근의 옛 이름) 해변을 지나가는데,10) 먼바다 쪽에 새가 떠 있는 것처럼 하얀 무언가가 보인다.11)

---

1) 『日本古典文学全集』 [14巻4] 「魚養の事」(어양에 관한 일)
2) 今は昔、遣唐使の唐にある間に、妻を設けて、子を生ませつ。
3) その子いまだいとけなき程に、日本に帰る。
4) 妻に契りて曰く、「異遣唐使行かんにつけて、消息やるべし。
5) またこの子、乳母離れん程には迎へ取るべし」と契りて帰朝しぬ。
6) 母、遣唐使の来るごとに、「消息やある」と尋ぬれど、敢へて音もなし。
7) 母大に恨みて、この児を抱きて、日本へ向きて、
8) 児の首に、遣唐使それがしが子といふ札を書きて、結ひつけて、
9) 「宿世あらば、親子の中は行きあひなん」といひて、海に投げ入れて帰りぬ。

점점 다가오기에 살펴보니 아이인 걸로 보였다.12)

괴이하기에 말을 세우고 지켜보니, 매우 가까이 다가오는데,13) 네 살 남짓한 아이인데, 살결이 희고 귀여운 아이가, 파도를 타고 다가왔다.14)

말을 가까이 대고 살펴보니, 아이는 커다란 물고기 등에 올라타 있다.15) 하인들을 시켜서 안아 들어 살펴보니, 목에 표찰이 있다.16) 견당사 아무개의 아이라고 적혀있다.17)

그러니 내 아이인 모양이다,18) 당나라에서 약조했던 아이인데, 찾지 아니한다고 하여,19) 어미가 성이 치밀어 바다에 던져넣었던 것이,20) 그럴만한 인연이 있어서 이렇게 물고기를 타고 찾아온 모양이라며,21) 용하게 여기어, 너무나도 사랑스럽게 키운다.22)

나중에 견당사가 건너간 참에 그 이야기를 적어서 보냈더니,23) 어미도 이제는 죽은 목숨이려니 생각하고 있었는데,24) 그러하다는 이야기를 듣고서, 희한한 일이라며 기뻐했다.25)

---

10) 父ある時難波の浦の辺を行くに、
11) 沖の方に鳥の浮びたるやうにて、白き物見ゆ。
12) 近くなるままに見れば、童に見なしつ。
13) 怪しければ、馬を控へて見れば、いと近く寄りくるに、
14) 四つばかりなる児の、白くをかしげなる、波につきて寄り来たり。
15) 馬をうち寄せて見れば、大なる魚の背中に乗れり。
16) 従者をもちて、抱き取らせて見ければ、首に札あり。
17) 遣唐使それがしが子と書けり。
18) さは、我が子にこそありけれ、
19) 唐にて言ひ契りし児を、問はずとて、
20) 母が腹立ちて、海に投げ入れてけるが、
21) 然るべき縁ありて、かく魚に乗りて来たるなめりと、
22) あはれに覚えて、いみじうかなしくて養ふ。
23) 遣唐使の行きけるにつけて、この由を書きやりたりければ、
24) 母も、今ははかなきものに思ひけるに、

그런데 그 아이가, 점점 성장해가며 글자를 멋들어지게 썼다.26)

물고기가 살렸기에 이름을 어양(魚養)이라 붙였다.27)

칠대사(七大寺)28)에 내걸린 액자(額字)들은 이 사람이 쓴 것이라나.29)

---

25) かくと聞きてなん、希有の事なりと悦びける。
26) さてこの子、大人になるままに、手をめでたく書きけり。
27) 魚に助けられたりければ、名をば魚養とぞつけたりける。
28) 나라(奈良)에 있는 도다이지(東大寺)·고후쿠지(興福寺)·간고지(元興寺)·다이안지(大安寺)·야쿠시지(薬師寺)·사이다이지(西大寺)·호류지(法隆寺)의 총칭.
29) 七大寺の額どもは、これが書きたるなりけりと。

179. 바다를 뛰어넘은 기도의 영험1)

이것도 지금은 옛날, 신라국에 왕비가 계셨다.2)

그 왕비는 남몰래 샛서방을 두고 있었다.3)

임금이 그 이야기를 들으시고, 왕비를 붙잡아, 머리카락에 밧줄을 묶어,4) 위로 붙들어 매달고, 다리를 허공에 두세 척 끌어올려 두었다.5)

그러니 어쩔 도리도 없이, 마음속으로 생각하시길,6) 이렇게 서러운 꼴을 당하는데도, 도와줄 사람도 없구나.7) 전해 듣자 하니 우리나라에서 동쪽에 일본이라는 나라가 있다던데.8) 그 나라에 하세(長谷) 관음(觀音)이라고 하는 부처가 나타나신다고 한다.9) 보살의 자비가 우리나라에까지 헤아릴 수 없게 들려온다.10) 기원하여 올리면 어찌 도와주시지 않으려나 라며,11) 눈을 꼭 감고, 깊이 기원하셨다.12)

---

1) 『日本古典文学全集』[14巻5]「新羅国の后金の榻の事」(신라국의 왕비 금 디딤대에 관한 일)
2) これも今は昔、新羅国に后おはしけり。
3) その后、忍びて密男を設けてけり。
4) 御門この由を聞き給ひて、后を捕へて、髪に縄をつけて、
5) 上へつりつけて、足を二三尺引き上げて置きたりければ、
6) すべきやうもなくて、心のうちに思ひ給ひけるやう、
7) かかる悲しき目を見れども、助くる人もなし。
8) 伝へて聞けば、この国より東に日本といふ国あなり。
9) その国に長谷観音と申す仏現じ給ふなり。
10) 菩薩の御慈悲、この国まで聞えてはかりなし。
11) たのみをかけ奉らば、などかは助け給はざらんとて、

그러자 금으로 된 디딤대가 발밑에 생겨났다.13)

그것을 딛고 서 있으니 조금도 괴롭지 않다.14)

다른 사람이 볼 때는 그 디딤대가 보이지 않는다.15)

그렇게 한참이 지나서 용서받으셨다.16)

나중에 왕비는 가지고 계셨던 보물들을 많이, 사신을 보내어 하세(長谷)17) 절에 바치셨다.18)

그 가운데 커다란 방울과 거울과 금으로 된 발이 지금도 전해진다고 한다.19)

그 관음을 기원해 올리니, 다른 나라 사람이라고 해도 영험을 얻지 못하는 일이 없다는 것이다.20)

---

12) 目をふさぎて、念じ入り給ふ程に、
13) 金の榻足の下に出で来ぬ。
14) それを踏へて立てるに、すべて苦しみなし。
15) 人の見るには、この榻見えず。
16) 日比ありて、ゆるされ給ひぬ。
17) 「長谷寺(はせでら)」는 나라(奈良)현 사쿠라이(桜井)시 하세(初瀬)에 있는 진언종(真言宗) 부잔(豊山)파(派)의 총본산이다.
18) 後に、后、持ち給へる宝どもを多く、使をさして長谷寺に奉り給ふ。
19) その中に大なる鈴、鏡、金の簾今にありとぞ。
20) かの観音念じ奉れば、他国の人も験を蒙らずといふ事なしとなん。

180. 얼마나 값진 구슬인데[1]

　이것도 지금은 옛날, 쓰쿠시(筑紫_규슈[九州]의 옛 이름)에 대부(大夫) 사다시게라고 하는 사람이 있었다.[2]

　요사이 있는 하코자키(箱崎)의 대부 노리시게의 할아버지다.[3]

　그 사다시게가 도읍에 올라와 있을 때, 돌아가신 우지(宇治) 나리에게 드리고,[4] 또 사적으로 알고 있는 사람들에게도 마음을 표하고자 하여,[5] 당나라 사람에게 옷감을 육칠천 필 정도 빌린다며, 큰 칼을 열 자루 담보로 두었다.[6]

　그리고 도읍으로 올라가서 우지 나리에게 드리고,[7] 생각했던 대로 사적으로 아는 사람들에게 건네거나 하고서 돌아 내려왔다.[8]

　그 길에 요도(淀_교토[京都]시 후시미[伏見]구에 있는 지명. 요도가와[淀川]에 면한 낮은 습지대)에서 배를 탔을 때, 누군가가 마련하거나 했기에,[9] 그것을 먹거나 하며 있었다.[10]

---

1) 『日本古典文学全集』[14巻6]「玉の価はかりなき事」(구슬의 값어치를 헤아릴 수 없는 일)
2) これも今は昔、筑紫に大夫さだしげと申す者ありけり。
3) この比ある箱崎の大夫のりしげが祖父なり。
4) そのさだしげ京上しけるに、故宇治殿に参らせ、
5) またわたくしの知りたる人々にも心ざさんとて、
6) 唐人に物を六七千疋が程借るとて、太刀を十腰ぞ質に置きける。
7) さて京に上りて、宇治殿に参らせ、
8) 思のままにわたくしの人人にやりなどして、帰り下りけるに、
9) 淀にて舟に乗りける程に、人設けしたりければ、
10) これぞ食ひなどして居たりける程に、

그때 작은 배를 가지고 장사하는 사람들이 다가와서,11) "거기 물건 사겠소? 저기 물건 사겠소?"라며 물으며 돌아다녔다.12)

그 가운데 "구슬을 사겠소?"라고 하는 말을 귀담아들어 주는 사람도 없었는데,13) 사다시게의 몸종으로 시중들던 사내인데, 배 끄트머리에 서 있었던 사내가,14) "여기로 가지고 오시오. 보겠소."라고 했기에,15) 아랫도리 허리춤에서 진주인데16) 커다란 콩만 한 것을 꺼내서, 건네주었다.17)

그러자 입고 있던 겉옷을 벗어서, "이걸로 바꾸려는데."라고 했더니,18) 구슬 주인인 사내가 이득이라 여겼는지,19) 서둘러 받고서, 붙였던 배를 떼어서 떠나갔다.20)

몸종도 비싸게 산 걸까 생각했지만, 서둘러 떠나갔기에,21) 분하다고 생각하고 또 생각하며, 아랫도리 허리춤에 꾸려 넣고, 다른 겉옷으로 갈아입고 가만히 있었다.22)

그러다가 날이 꽤 지나서 하카타(博多)라고 하는 곳에 다다랐다.23)

사다시게가 배에서 내리자마자 옷감을 빌려주었던 당나라 사람에게,24) "담보가 적

---

11) 端舟にて商する者ども寄り来て、
12) 「その物や買ふ。かの物や買ふ」など尋ね問ひける中に、
13) 「玉をや買ふ」といひけるを、聞き入るる人もなかりけるに、
14) さだしげが舎人に仕へけるをのこ、舟の舳に立てりけるが、
15) 「ここへ持ておはせ。見ん」といひければ、
16) 袴の腰よりあこやの玉の、
17) 大なる豆ばかりありけるを取り出して、取らせたりければ、
18) 着たりける水干を脱ぎて、「これにかへてんや」といひければ、
19) 玉の主の男、所得たりと思ひけるに、
20) 惑ひ取りて、舟さし放ちて去にければ、
21) 舎人も高く買ひたるにやと思ひけれども、惑ひ去にければ、
22) 悔しと思ふ思ふ、袴の腰に包みて、異水干着かへてぞありける。
23) かかる程に、日数積りて、博多といふ所に行き着きにけり。
24) さだしげ舟よりおるるままに、物貸したりし唐人のもとに、

었는데, 옷감은 많았소이다." 등등 이야기하겠다며 갔었는데,25) 당나라 사람도 기다리다 기뻐하며, 술을 대접하거나 하며 이야기를 나누고 있었다.26)

그런데 그 구슬을 가진 사내가, 심부름하는 당나라 사람을 만나서, "구슬 사겠소?"라고 하며,27) 아랫도리 허리춤에서 구슬을 꺼내 건넸더니,28) 당나라 사람이 구슬을 받아서 손바닥 위에 올려놓고서,29) 부들부들 떨며 보자마자, 넋이 나간 듯 보이는 낯빛으로,30) "이것은 얼마면?"이라고 묻기에, 갖고 싶어 하는 낯빛을 보고,31) "열 관"이라고 했더니, 서둘러서 "열 관에 사겠소."라고 했다.32)

이에 "사실은 스무 관"이라고 했더니, 그것도 서둘러서 "사겠소."라고 했다.33)

그렇다면 값이 비싼 물건인 모양이라고 생각해서 "돌려줘, 우선."이라고 보챘더니,34) 아까웠지만 너무나도 보챘기에 제정신 아니게 건네주었다.35)

그러자 "이제 제대로 값을 매겨서 팔겠소."라며 아랫도리 허리춤에 꾸려 넣고, 떠나갔다.36)

이에 당나라 사람이 어쩔 도리도 없어서, 사다시게와 마주 앉은 뱃사람에게 와서는,37) 무슨 일인지도 모르게 주절거렸더니, 그 뱃사람이 크게 끄덕이고서,38) 사다시

---

25) 「質は少なかりしに、物は多くありし」などいはんとて、行きたりければ、
26) 唐人も待ち悦びて、酒飲ませなどして物語しける程に、
27) この玉持のをのこ、下種唐人にあひて、「玉や買ふ」といひて、
28) 袴の腰より玉を取り出でて取らせければ、
29) 唐人玉を受け取りて、手の上に置きて、
30) うち振りて見るままに、あさましと思ひたる顔気色にて、
31) 「これはいくら程」と問ひければ、ほしと思ひたる顔気色を見て、
32) 「十貫」といひければ、惑ひて、「十貫に買はん」といひけり。
33) 「まことは廿貫」といひければ、それをも惑ひ、「買はん」といひけり。
34) さては価高き物にやあらんと思ひて、「賜べ、まづ」と乞ひけるを、
35) 惜みけれども、いたく乞ひければ、我にもあらで取らせたりければ、
36) 「今よく定めて売らん」とて、袴の腰に包みて、退きにければ、

게에게 말하길,

"부리시는 사람 가운데 구슬을 가지고 있는 사람이 있습니다.39) 그 구슬을 가져다 주십시오."라고 말했다.40)

이에 사다시게가 사람을 불러서 "여기 따르는 자 가운데 구슬을 가지고 있는 자가 있느냐?41) 그걸 찾아서 부르거라."라고 했다.42)

그러자 그 주절거렸던 당나라 사람이 달려 나와서, 이내 그 사내의 옷소매를 젖히고,43) "자, 이거야, 이거."라며 꺼냈기에,44) 사다시게가 "정말로 구슬을 가지고 있느냐?"라고 물었다.45)

그러자 떨떠름하게 연유를 말했더니, "나와서 주거라."라고 보채자,46) 아랫도리 허리춤에서 꺼낸 것을, 사다시게가 아랫사람에게 시켜 건네주었다.47)

그것을 받고서 마주 앉아 있던 당나라 사람이 손에 넣어 받아들고서,48) 부들부들 떨며 살펴보고는, 일어서서 내달려 안으로 들어갔다.49)

무슨 일이 벌어진 것인지 살펴보고 있는데, 사다시게가 칠십 관의 담보로 두었던

---

37) 唐人すべきやうもなくて、さだしげと向ひたる船頭がもとに来て、
38) その事ともなくさへづりければ、この船頭うち頷きて、
39) さだしげにいふやう、「御従者の中に、玉持ちたる者あり。
40) その玉取りて給らん」といひければ、
41) さだしげ、人を呼びて、「この供なる者の中に、玉持ちたる者やある。
42) それ尋ねて呼べ」といひければ、
43) このさへづる唐人走り出でて、やがてそのをのこの袖を控へて、
44) 「くは、これぞこれぞ」とて、引き出でたりければ、
45) さだしげ、「まことに玉や持ちたる」と問ひければ、
46) しぶしぶに、候由をいひければ、「いで、くれよ」と乞はれて、
47) 袴の腰より取り出でたりけるを、さだしげ、郎等して取らせけり。
48) それを取りて、向ひ居たる唐人、手に入れ受け取りて、
49) うち振りてみて、立ち走り、内に入りぬ。

큰 칼들을,50) 열 자루 모두 돌려주었기에, 사다시게는 넋이 나간 듯 가만히 있었다.51) 낡은 겉옷 한 벌과 바꾼 것인데, 수많은 옷감과 바꾸어 끝냈으니,52) 참으로 놀라 자빠질 노릇이다.53)

사실 구슬의 값어치는 한량이 없다는 것은 이제 새삼스레 시작된 일이 아니다.54)

쓰쿠시(筑紫)에 도쇼즈라고 하는 사람이 있다.55) 그가 이야기했던 것은, 볼일 보러 가는 길에,56) 어떤 사내가 "구슬 사겠소?"라며 못쓰게 된 종잇조각 끄트머리로 꾸린 구슬을,57) 품속에서 꺼내서 건넸는데, 그것을 보니,58) 염주로 만드는 모감주나무 씨보다도 작은 구슬이었다.59)

"이건 얼마요?"라고 물었더니 "비단 스무 필."이라고 했다.60)

그러자 한심하다고 여겨서, 볼일 보러 가는 걸음을 멈추고,61) 구슬을 가진 사내와 함께 집으로 돌아가서,62) 집에 있는 비단을 다 털어서, 육십 필을 건넸다.63)

"이것은 스무 필로는 어림도 없는데, 적게 부르는 게 안됐기에,64) 육십 필을 건네는

---

50) 何事にかあらんと見る程に、さだしげが七十貫が質に置きし太刀どもを、
51) 十ながら取らせたりければ、さだしげはあきれたるやうにてぞありける。
52) 古水干一つにかへたるものを、そこばくの物にかへてやみにけん、
53) げにあきれぬべき事ぞかし。
54) 玉の価は限なきものといふ事は、今始めたる事にはあらず。
55) 筑紫にたうしせうずといふ者あり。
56) それが語りけるは、物へ行きける道に、
57) をのこの、「玉や買ふ」といひて、反古の端に包みたる玉を、
58) 懐より引き出でて、取らせたりけるを見れば、
59) 木欒子よりも小さき玉にてぞありける。
60) 「これはいくら」と問ひければ、「絹廿疋」といひければ、
61) あさましと思ひて、物へ行きけるをとどめて、
62) 玉持のをのこ具して家に帰りて、
63) 絹のありけるままに、六十疋ぞ取らせたりける。

게요."라고 했더니, 그 사내가 기뻐하며 떠나갔다.65)

　그 구슬을 가지고 당나라로 건너갔는데, 가는 길에 무서웠지만,66) 몸에서 떼지 아니하고, 마치 부적이라도 되는 양, 목에 걸고 있었다.67)

　그러다 사나운 바람이 불었는데, 당나라 사람은 사나운 풍파를 만났다면,68) 배 안에 제일가는 보물이라 생각하는 물건을 바다에 던져넣는다는데,69) "바로 이 쇼즈가 가진 구슬을 바다에 집어넣어야겠다."라고 했다.70)

　그러자 쇼즈가 말하길 "이 구슬을 바다에 던져넣어서는 살아있은들 소용이 없을 것이오.71) 그냥 내 몸과 하나로 집어넣는다면 집어넣으시오."라며 품에 안고 버티고 있었다.72)

　아무리 그래도 사람을 물속에 던져넣을 도리도 없었기에, 이러저러하고 있는 사이에,73) 구슬을 잃지 않을 업보가 있었던 것인지, 바람이 잔잔해졌기에, 기뻐하며, 던져넣어지지 않고 풀리고 말았다.74)

　그 배에서 우두머리 뱃사람이라고 하는 사람도 커다란 구슬을 갖고 있었는데,75) 그것은 조금 평범해서, 이 구슬에는 모자란 것이었다.76)

---

64)「これは廿疋のみはすまじきものを、少なくいふがいとほしさに、
65) 六十疋を取らするなり」といひければ、をのこ悦びて去にけり。
66) その玉を持ちて、唐に渡りけるに、道の程恐ろしかりけれども、
67) 身をも放たず、守などのやうに、首にかけてぞありける。
68) 悪しき風の吹きければ、唐人は悪しき波風にあひぬれば、
69) 舟の内に一の宝と思ふ物を海に入るるなるに、
70)「このせうずが玉を海に入れん」といひければ、
71) せうずがいひけるやうは、「この玉を海に入れては、生きてもかひあるまじ。
72) ただ我が身ながら入れば入れよ」とて、抱へて居たり。
73) さすがに人を入るべきやうもなかりければ、とかくいひける程に、
74) 玉失ふまじき報やありけん、風直りにければ、悦びて、入れずなりにけり。
75) その舟の一の船頭といふ者も、大きなる玉持ちたりけれども、

그리하여 당나라에 다다라서 "구슬 사겠소."라고 한 사람에게 가서,77) 뱃사람이 가진 구슬을 이 쇼즈에게 들려서 보냈는데, 길에서 떨어뜨리고 말았다.78)

어찌할 바를 몰라 소란 피우며 돌아와 찾았지만, 도대체 어디에 있는 건지 낙망하여,79) 자기 구슬을 챙겨서 "그 구슬을 잃어버렸으니 어쩔 도리가 없습니다.80) 그 대신 이것을 보시지요."라며 건넸다.81)

그러자 "내 구슬은 이보다는 모자란 것이었도다.82) 그 구슬 대신 이 구슬을 얻는다면 죄가 깊을 것이다."라며 되돌려주었는데,83) 과연 여기 사람과는 달랐다.84) 우리나라 사람이라면 그냥 받아 챙기지 않았을까?85)

이처럼 그 잃어버린 구슬 일로 한숨짓고 있다가, 논다니가 있는 곳으로 떠나갔다.86) 두 사람이 이야기를 나누다가, 가슴을 더듬으며, "어찌 가슴이 벌렁거리는가?"라고 물었더니,87) "이래저래 한 사람의 구슬을 잃어버려서, 그 소중함을 생각하니, 가슴이 벌렁거립니다."라고 했더니,88) "지당한 일입니다."라고 했다.89)

---

76) それは少し平にて、この玉には劣りてぞありける。
77) かくて唐に行き着きて、「玉買はん」といひける人のもとに、
78) 船頭が玉を、このせうずに持たせてやりける程に、道に落してけり。
79) あきれ騒ぎて、帰り求めけれども、いづくにあらんずると思ひ侘びて、
80) 我が玉を具して、「そこの玉落しつれば、すべき方なし。
81) それがかはりにこれを見よ」とて取らせたれば、
82) 「我が玉はこれには劣りたりつるなり。
83) その玉のかはりに、この玉を得たらば、罪深かりなん」とて返しけるぞ、
84) さすがにここの人には違ひたりける。
85) この国の人ならば取らざらんやは。
86) かくてこの失ひつる玉の事を歎く程に、遊のもとに去にけり。
87) 二人物語しけるついでに、胸を探りて、「など胸は騒ぐぞ」と問ひければ、
88) 「しかじかの人の玉を落して、それが大事なる事を思えば、胸騒ぐぞ」といひければ、
89) 「ことわりなり」とぞいひける。

그리고 돌아오고 나서 이틀 남짓 지나서,90) 그 논다니로부터 "각별한 이야기를 전하고자 합니다.91) 지금 바로 지체하지 말고 오세요."라고 했기에,92) 무슨 일이 있나 하여 서둘러 갔다.93)

그런데 전에 들어간 쪽으로는 들이지 아니하고, 숨겨진 방향으로 불러들였다.94)

무슨 일이 있나 싶어 이리저리 궁리하며 들어갔더니,95) "이것이 혹시 거기서 떨어뜨렸던 구슬인가요?"라며,96) 꺼내 놓은 것을 보니, 틀림없이 그 구슬이다.97)

"이게 어찌?"라며 넋이 나가 물으니,98) "여기에 구슬을 팔겠다며 지나가는 사람이 있었는데, 그런 이야기를 했었던 게 떠올라서,99) 불러들여서 살펴보니, 구슬이 크기에, 혹시나 그럴지도 모르겠다 생각해서,100) 잡아두고서 부르러 보냈던 겁니다."라고 했다.101)

"말로도 모자라다. 어디냐? 그 구슬을 가지고 있다는 자는?"이라고 하자,102) "저쪽에 있습니다."라고 하는데, 부르러 보내서, 구슬 주인에게 데리고 가서,103) "이건 이래

90) さて帰りて後、二日ばかりありて、
91) この遊のもとより、「さしたる事なんいはんと思ふ。
92) 今の程時かはさず来」といひければ、
93) 何事かあらんとて、急ぎ行きたりけるを、
94) 例の入る方よりは入れずして、隠れの方より呼び入れければ、
95) いかなる事にあらんと、思ふ思ふ入りたりければ、
96) 「これは、もしそれに落したりけん玉か」とて、
97) 取り出でたるを見れば、違はずその玉なり。
98) 「こはいかに」とあさましくて問へば、
99) 「ここに玉売らんとて過ぎつるを、さる事いひしぞかしと思ひて、
100) 呼び入れて見るに、玉の大なりつれば、もしさもやと思ひて、
101) いひとどめて呼びにやりつるなり」といふに、
102) 「事もおろかなり。いづくぞ、その玉持ちたりつらん者は」といへば、
103) 「かしこに居たり」といふを、呼び取りてやりて、玉の主のもとに率て行きて、

저래 해서 그 언저리에서 떨어뜨렸던 구슬이다."라고 했다.104)

그러자 거스르지 아니하고 "그 언저리에서 찾아낸 구슬이었습니다."라고 했다.105) 이에 소소한 사례를 건네고 보내주었다.106)

그런데 그 구슬을 돌려주고 나서, 당나라 비단 하나를, 당나라에서는 미노(美濃_기후[岐阜]현 남부의 옛 지명) 비단 다섯 필 정도로 통용한다던데,107) 쇼즈의 구슬을, 당나라 비단 오천 단으로 바꾼 것이었다.108)

그 값어치가 어느 정도인지 따져보면, 여기에서는 비단 육십 필로 바꾼 구슬을,109) 오만 관에 판 것이 되는 셈이다.110)

그걸 생각하니, 사다시게가 칠십 관의 담보를 돌려받았다고 하는 일도,111) 그리 놀랄 만한 것도 아니었다고, 사람들이 이야기하고 있었다.112)

---

104) 「これはしかじかして、その程に落したりし玉なり」といへば、
105) えあらがはで、「その程に見つけたる玉なりけり」とぞいひける。
106) いささかなる物取らせてぞやりける。
107) さてその玉を返して後、唐綾一つをば、唐には美濃五疋が程にぞ用ひるなる。
108) せうずが玉をば、唐綾五千段にぞかへたりける。
109) その価の程を思ふに、ここにては絹六十疋にかへたる玉を、
110) 五万貫に売りたるにこそあんなれ。
111) それを思へば、さだしげが七十貫が質を返したりけんも、
112) 驚くべくもなき事にてありけりと、人の語りしなり。

옮긴이 **민병찬**
인하대학교 일본언어문화학과 교수

· 저서

『중세 일본 설화모음집 2 -일한대역『우지슈이모노가타리宇治拾遺物語』②』, 2023
『중세 일본 설화모음집 1 -일한대역『우지슈이모노가타리宇治拾遺物語』①』, 2022
『역주 첩해신어(원간본·개수본)의 일본어(中)』, 2021
『역주 첩해신어(원간본·개수본)의 일본어(上)』, 2020
『역주 일본판 삼강행실도 1(효자)』, 2017
『역주 일본판 삼강행실도 2(충신)』, 2018
『역주 일본판 삼강행실도 3(열녀)』, 2019
『고지엔 제6판 일한사전』(제1-2권), 2012
『일본인의 국어인식과 神代文字』, 2012
『일본어 옛글 연구』, 2005
『日本韻學과 韓語』, 2004
『일본어고전문법개설』, 2003

· 논문

▶외래어 번역양상에 관한 통시적 일고찰,『비교일본학』54, 2022
▶『全一道人』의 일본어에 관한 일고찰 -〈欲遣繼妻〉에 대한 번역어를 중심으로-,『비교일본학』 48, 2020
▶『小公子』와『쇼영웅(小英雄)』에 관한 일고찰 -언어연구 자료로서의 활용 가치를 중심으로-, 『일본학보』, 2018
▶『捷解新語』의 〈'못' 부정〉과 그 改修에 관한 일고찰,『비교일본학』40, 2017
▶가능표현의 일한번역에 관한 통시적 일고찰,『일본학보』, 2016
▶『보감(寶鑑)』과 20세기초 일한번역의 양상,『비교일본학』35, 2015
▶〈べし〉의 대역어 〈可하다〉에 대하여 -『조선총독부관보』를 중심으로-,『비교일본학』 32, 2014
▶〈べし〉의 한국어 번역에 관한 일고찰 -〈べから-〉에 대한 대역어를 중심으로-,『일본학보』, 2014
▶『朝鮮總督府官報』의 언어자료로서의 활용 가능성에 대하여 -〈努む〉에 대한 대역어를 중심으로-,『일본학보』, 2014
▶『日文譯法』의 일한번역 양상에 대하여,『일본학보』, 2013
▶조선총독부관보의 '조선역문'에 대하여,『일본학보』, 2012
▶헤본·브라운譯『馬可傳』에 있어서「べし」에 대하여,『일본학보』, 2012
▶伴信友와 神代文字: 平田篤胤와의 비교를 중심으로,『일본학보』, 2012
▶落合直澄와 韓語 -『日本古代文字考』를 중심으로-,『일본학보』, 2011

초판인쇄　2024년 3월 05일
초판발행　2024년 3월 15일
저　　자　민병찬
발 행 인　권호순
발 행 처　시간의물레
주　　소　경기도 파주시 숲속노을로 150, 708-701
전　　화　031-945-3867
팩　　스　031-945-3868
전자우편　timeofr@naver.com
홈페이지　http://www.mulretime.com
블 로 그　http://blog.naver.com/mulretime
I S B N　978-89-6511-454-3 (93830)
정　　가　25,000원

ⓒ 2024 민병찬
* 잘못된 책은 바꾸어 드립니다.